教师教育

聚焦幼儿教育丛书

聚焦幼儿教师专业发展

从骨干到名师

JUJIAO YOU'ER JIAOSHI ZHUANYE FAZHAN:CONG GUGAN DAO MINGSHI

刘占兰　杨丽欣 主编

北京师范大学出版集团
BEIJING NORMAL UNIVERSITY PUBLISHING GROUP
北京师范大学出版社

图书在版编目(CIP)数据

聚焦幼儿教师专业发展：从骨干到名师/刘占兰，杨丽欣主编. —北京：北京师范大学出版社，2014.1(2025.1重印)

ISBN 978-7-303-17177-4

Ⅰ.①聚… Ⅱ.①刘… ②杨… Ⅲ.①幼教人员－师资培养－研究 Ⅳ.①G615

中国版本图书馆 CIP 数据核字(2013)第 242566 号

出版发行：北京师范大学出版社 https://www.bnupg.com
北京市西城区新街口外大街 12-3 号
邮政编码：100088

印　　刷：北京虎彩文化传播有限公司
经　　销：全国新华书店
开　　本：730 mm×980 mm　1/16
印　　张：19.5
字　　数：310 千字
版　　次：2014 年 1 月第 1 版
印　　次：2025 年 1 月第 7 次印刷
定　　价：39.00 元

策划编辑：张丽娟　罗佩珍　　　　责任编辑：鲍红玉
美术编辑：焦　丽　　　　　　　　装帧设计：吴乾文
责任校对：李　菡　　　　　　　　责任印制：赵　龙

编　委　会

主　编

　　刘占兰　杨丽欣

主要作者（按姓氏汉语拼音为序）

　　白立茹　蔡　涛　陈　晶　金　东

　　梁　艳　梁燕京　刘玉秀　刘占兰

　　任咏泽　杨丽欣　张雅静

序

　　幼儿园教师的专业化发展是《国家中长期教育改革和发展规划纲要（2010—2020年）》和《国务院关于当前发展学前教育的若干意见》（也称"国十条"）对教师队伍建设的新要求，北京市学前教育名师工作室正是适应国家学前教育发展的新形势，加快北京市学前教育发展的步伐而采取的具有前瞻性的重要举措。早在2008年年初，北京市教委就启动了学前教育名师工作室，现在已从首批九个增加到二十个，几十位指导教师和数百名北京市骨干教师组成了这些工作室，他们共同合作，教学相长，在导师的引领下，骨干教师们刻苦钻研，积极探索，在师德和专业上得到了双重的提升。刘占兰老师的工作室是这些工作室中最为突出的一个，是一个由国家级层面专家作为主持人的工作室。刘占兰老师是走进北京各级各类幼儿园最多的专家之一，她注重实践研究，将理论与实践紧密结合，帮助幼儿园走上学前教育教科研兴教之路，引领骨干教师专业成长并走上名师之路，是深受我们信服的幼儿教育专家。

　　《聚焦幼儿教师专业发展：从骨干到名师》这本书正是在刘占兰老师的主持下编写的，是北京市学前教育名师工作室的一个典型代表，反映了北京市学前教育名师工作的理论和实践探索。从整本书的框架结构我们可以看到，工作室老师们的成长经历了四个阶段：第一阶段，通过自我反思、理论学习、同伴分享、向身边的名师学习等方式，让老师们清楚地看到了自己的优势，同时也发现了自身的不足、与名师的差距，在此基础上制订自己的发展计划。第二阶段，根据每个人的发展计划，工作室为每位教师确定一个专题，引导和支持每位教师围绕专题进行深入研究。每个骨干教师的研究专题都特别切合他们自身的经验、兴趣和特点，拓展和深化了每个人的优势，理论和实践能力得到进一步的提升。第三阶段，在导师的引领和帮助下，老师们学习和运用先进的自然情境观察方法，对自

1

已所在班级的幼儿进行了深入细致的研究，老师们都学会了各种有效的观察方法，深入、细致、全面地看到幼儿，看到幼儿的发展过程和个体差异，真正做到了《幼儿园教师专业标准》中的相关专业能力要求。第四阶段，老师们反思和回顾了自己的成长历程、深切的感受与专业的成长。应该说，经过工作室的学习和研究，这些骨干教师们已经占到了新的平台上，有的已经成为北京市的名师，有的已经行走在从骨干到名师的道路上。我相信她们在北京市的学前教育事业发展和幼儿园教师队伍建设中将发挥更大、更好的作用。

从这本书收录的几十篇文章中，我们不仅看到了生动的案例，而且读到了发人深思的观点和论述；不仅看到了教师们的专业智慧，还看到了教师们对职业的高度认同、对事业的认真负责和对幼儿的高度尊重与关爱，更看到了孩子们因此获得的良好发展。每一份收获都凝结着工作室导师和全体成员的共同努力，每一份收获都体现了刘占兰老师追求卓越的教育理想和超乎寻常的教育智慧，每一份收获都反映了工作室所在幼儿园管理者的辛勤付出。在此，我对工作室的成绩和老师们的收获表示衷心的祝贺。感谢所有参与和支持这项工作的人们！感谢承接工作室日常工作的朝阳区安华里第二幼儿园和枣营幼儿园，正是你们的支持与帮助，各项工作才得以顺利开展！

在这里，还要特别感谢刘占兰老师为北京学前教育教师专业化成长与发展付出的辛勤汗水和做出的重要贡献。并衷心祝愿刘占兰老师和她的工作室成员们在这条通往科学的、大众的、规范的具有北京特点的学前教育研究发展之路上幸福快乐并乐在其中。

最后，祝福我们共同的学前教育事业拥有更美好的明天。

张小红

2013 年 11 月

目录

Contents

引言 让名师成为火种

刘占兰

　　最近，名师工程在一些市区县兴起，"名师工作站""名师工作室""名师工程点"等纷纷建立，目的是把那些已经成为市区级骨干教师的人进一步培养成名师。2012年，海淀名师工作站成立，邀请我做指导顾问。由于性格的原因，我不可能做到顾而不问，不仅问了，而且还问得很认真、很执着。

　　进入了这个新的角色，我首先是自问：名师是什么样的教师？要把这些已经是各级骨干教师的人引向哪里才能成为名师？如何引导他们向着理想的目标迈进？随后，我又进行了他问，让老师们用书面的形式思考并描述自己的优势和特长，追问自己到底期望在名师工作站中获得什么发展，并让他们每人提供两份自己最满意的论文和案例。通过这些资料，结合老师们在日常活动中的言谈举止，我们可以初步了解、分析和判断老师们的人格特点与需求，专业水平和能力。在分析中我发现，老师们迫切地希望提高自己，希望做自己感兴趣的研究，尽快把自己的本职工作做得更好，等等。显然，老师们都有迫切在各方面提高自己的愿望，这是十分令人欣喜的，但我隐约觉得这还不够，还不是名师的真正内涵。

　　名师的真正内涵到底是什么呢？显然不可能有一致的答案，领导有领导的标准，幼儿园有幼儿园的尺度，不同的教师也各有自己的一杆秤，其中也难免有功利心。但我作为顾问在和区县的老师们共同工作的这两年时间里，我也逐渐清晰了自己对她们的期望，正是这些在老师看来很高的期望，使我在和她们的日常工作中显得有些严厉和苛刻。这些期望也许是善意的，但不合情理；也许是理想的，但不合实际。无论如何，我都愿意坦诚与同行们分享，为这项正在兴起的工作贡献一点点经验与教训，使更多的人做得更好。

让名师具有出色的内涵

我理解的名师或者说我心目中理想的名师是"出色"的教师而不仅仅是"知名"的教师。因为一个人出名和知名的方式很多，而出色则需要更多艰苦的努力。作为幼儿园的名师，他应该是集各种优秀品德与能力为一体的教师；他可能已经拥有或者还没拥有"道德之星"的称号，但他已经具有了这样的行为；他可能已经是或者还不是学科带头人，但他已经具有了这样的专业水平和能力，发挥了这样的作用……总之他们应该是具有深刻内涵的骨干教师，他们要有高尚的情操和品质，要有很高的专业水平；乐于思考而不浮躁；能够合作而不自私自傲；会研究并能体会到教育科学的严谨与求实；尊重职业特点，保持纯洁而美好的心灵。

乐于思考而不浮躁应该是作为名师的基本要求。那些表面的工作、花哨的活动应该是名师无心插柳的产物。出色的教师是那些能够潜心工作、深入思考的教师；是不断反思自己的行为，追问自己的行为对幼儿发展的适宜性、价值与作用的教师。

能够合作而不自私自傲是时代对名师提出的必然要求。当代的名师不应该是那些过于注重宣扬自己的观点、彰显自己的个性、悄然筑起自己坚固的防线的教师。不愿意暴露自己的想法和做法，怕别人指出自己工作中的问题，怕别人把自己的好做法学了去以及那些做法不符合当今学习型社会对教师合作学习和合作研究的基本要求的现象，都不应该在名师的行为中出现。

会研究并能体会到教育科学的严谨与求实是名师应有的学风。名师必须要成为研究型的教师。作为名师的研究应该有别于一般的研究。他们所做的研究应该更符合教育科学研究的本质，更具有幼儿教师的专业性质。在对教育发展历程的反思和研究中，人们越来越深刻地认识到，教育科学研究应该具有科学研究的基本性质，是有客观规律可循的，而不是随心所欲的。教育科学研究可以有一套指导原则①；提出重要的可以进行实证研究的问题；将实践研究与相关的理论相联

---

① 教育研究的科学原则委员会．教育的科学研究[M]．北京：教育科学出版社，2006：10．

系；使用能直接研究所提出的问题的方法；提供合理、明确的推理过程；进行各种验证性研究与推广性研究；发表研究结果以鼓励专业人员的检查和批评。名师们的研究应该是一种严谨、严肃、尊重事实证据、鼓励公开和批评的研究。这些研究，应该是经得起实践检验的研究；应该是以儿童的行为与发展、以教师的行为与发展为判断依据的实证性研究；应该避免"写作性研究""文章性研究""脱离事实和实践的研究"，让严谨求实成为名师的学风和品质。

尊重职业特点，保持纯洁而美好的心灵是对幼儿园名师的特殊要求。幼儿园教师的工作对象是最天真、最稚嫩的幼儿，他们需要更多的爱心和宽容，需要更多的耐心与细心。孩子们特殊的年龄阶段使他们的是非判断和道德判断还处于初始水平，他们更需要教师具有纯洁的心灵和高尚的品格。总之，名师应该成为对稚嫩的幼儿和处于弱势的幼教事业负有极大热情和高度责任心的人。

使老师们获得人格与专业的双重提升

让名师成为出色的教师，获得丰富而深厚的思想内涵和专业发展，是我们名师工作的理想，要向着这样的理想迈进，我们要做许多深入细致的工作。我个人认为做好以下几个方面非常重要。

第一，引导老师们在读书中克服浮躁的心理与情绪。

爱读书、会读书对于克服老师们浮躁的心理，把握时代发展的脉搏，及时了解他人所思、所想、所为是至关重要的。许多老师常常抱怨自己工作忙，没有时间看书，使得自己的所想所为停留在旧有的模式中还全然不知；或者独自埋头实践探索和思考，而别人早已做过，但自己并不了解。自得其乐，自鸣得意，自我欣赏，却不知周围世界早已走出了很远。读书，可以使老师们避免走进这些低级的误区。

要读书，但不能盲目地读、孤独地读或什么书都读。我认为要读好书、深读书和研讨书，才能叫作会读书，发挥读书的作用。

市场上有关幼儿教育的书很多，学者们各抒己见、仁者见仁、智者见智。但我个人认为，对于老师们来说好书更应该是名家名著，作者的人品、学术水平与学风、观点的正确性与实证性都至关重要。当然，我们也应该选择最适合老师们的、对他们有帮助、他们能读懂的书。作为专业引领者，要为老师们并引导老师们学会选择好书进行阅读。

读书不是要追求数量的多少，关键在于从书中所获得的收益。为了让老师们获得更大更多的收益，我们作为专业引领者为老师们选定的书自己一定要先读懂读透，并能提出几个关键的问题来引发和引导老师们的思考。

通常，让老师们同读一本书，并在读书之后组织老师们围绕着几个关键问题进行深入研讨非常重要。老师们有机会对同一个问题发表自己的意见和观点，学着列举书中和自己实践经历中的证据，进行有理有据的思考、解释和交流；老师们会从同伴的观点中获得新经验、新思路和新视角。这种读书的收益远远大于独自读书的收益。

总之，要引导和指导老师们读好书，并在读书中获得更多的收获。

第二，建立学习与合作的共同体，鼓励老师们不断地分享与交流。

要打破教师个人的壁垒，营造一个名师之间分享与合作的氛围和习惯，构建团队的方式是至关重要的。

组织方式是保证老师们能分享与合作的基础。海淀十几名名师在确定时就采取了相对集中的方式，来自相对集中的几个园，这样每个园都有 2～4 位教师，他们本身就可以组成一个小组，小组再组成大组。这样的组织方式既使老师们有相同的工作环境作为基础，又有新的组合，合作起来会更容易。

为了让老师们能够分享与合作，在读书、实地调查、交流和报告撰写等活动中，都采用小组合作的工作方式，让大家有明确的分工与协作，在工作中彼此加深了解，增进感情，逐渐达到协调与相互配合。他们在学习和研究工作中，不仅承担着自身发展的任务，同时肩负着小组共同发展的责任。

当学习和研究的团队组成以后，每个幼儿园、每个成员反思、总结自己的已有经验是非常重要的。应鼓励老师们经过思考和讨论，把自己幼儿园、个人最有价值的经验进行整理，与同伴进行分享和交流。这个过程可以让名师们逐渐清楚自己已经有了什么？我还需要什么？我可以从同伴那里借鉴什么？我还需要发展什么？

作为一个学习共同体的老师们，同伴之间的实质性的交流与互动，观点的相互碰撞与交锋是非常重要的，正是在这个过程中，不断获得新认识、新视角。

第三，用科学、严谨、求实的态度开展基于实践的专题研究。

幼儿园的名师不应是擅长外交的活动家，不应是夸夸其谈的演说家，而应是注重实践的实干家。重视实践，通过专题研究不断地改进和改善以实践为己任的工作方式，应该是名师具有的基本能力和品质。

实践是教师专业成长的土壤，教师成长为名师的过程也不例外。对于带班的教师，要更多地结合他们自身的实践，进行观察、分析和研究，将他们已经意识到的积极做法加以强化和巩固，将那些他们还没有意识到的适宜的做法加以明晰与分析，使其成为自觉的行为。对于那些已经不在一线的名师，更要让他们不断地回归、分析和研究实践，以免他们远离甚至脱离实践。

基于实践的专题研究，尤其是案例分析与现场研究，是教师将理论与实践建立联系的较好方式之一。案例来源于实践，是对实践的客观反映，对案例的分析能够使老师们用理性的眼光，用理论的思考来分析实践。在这个过程中，提高教师的理论与实践的双重能力。

"名师"需要理论的提升，但理论的提升要以实践为基础，理论的学习也要能联系和指导实践。在对这些名师进行专业引领时，重要的是不断地引导他们建立理论与实践之间的联系与相互转换。

最终，作为名师，要让研究成为他们的工作习惯。在遇到问题时，应鼓励自己运用研究的方式找到问题的答案，要不断提醒自己多问几个是什么和为什么，不断地追问和思考教育的意义和价值。

结　语

近两年接触名师工作使我越来越感到，名师工作不能只着眼于培养几个名师，更重要的是通过这样的活动，培养骨干教师的群体、培植研究的基地，以获得幼儿教育的可持续发展能力。确立了这样的目标，不仅可以使名师个体获得发展和提高，而且能够形成一个由这些名师组成的相对稳定的骨干教师的教研组织。在这样的群体中，教师们需要树立整体观和大局观，不仅要思考我能发展什么，还要思考我能为集体贡献什么。使这个集体成为一个具有可持续发展性的集体。

名师自身应该具有可持续发展的能力，他们所在的机构应该获得可持续发展的能力，他们所组成的教师群体也应该具有可持续发展的能力。通过名师，要带动他们所在幼儿园的发展与提高，使他们所在的幼儿园成为研究的基地。不断有充满活力的针对幼儿园实践的研究，不断获得新成果，不断为本区域中的其他幼儿园提供新经验。这也意味着名师在拥有这个称号的同时，也拥有了更多的责任。他们要自己获得提高，他们要带动周围的同事，带动整个幼儿园，并影响其他园。名师是一颗火种，一颗有着巨大生机和影响力的种子！

第一篇　悟名师之道　明自身方向

感悟名师的风范，反思自身的言行；
聆听专家的指导，深知自身的差距；
分享同伴的收获，坚定成长的信念。

走专业发展之路, 感受幸福职业人生

主讲人：国秀华老师　　　整理：陈晶

　　人是在不断挣脱原有束缚的过程中成长的，这个过程可能是痛苦的，但经历了痛苦之后才能体验成长的幸福。今天我要讲的是我个人的人生经历，有经验也有教训，讲出来是为了让大家吸取经验教训，让大家在专业成长的路上走得更顺畅。

　　我是一位没有专业起点的老师，是在"文化大革命"中成长的。1974年插队回京，当时只有"文革"期间的初中水平。当时幼教的地位还处于"家有三斗粮，不做孩子王"的阶段。北师大幼儿园当时的情况是硕士生当园长，有三个大学生和很多优秀的老幼师做教师。而且，在插队回来的人中也不乏多才多艺的人才。当时自己的条件最差，感觉自卑，因此，我找到园长和领导要求调离，但都被婉言谢绝了。

　　人要适应社会，不是让社会适应人。在经历了一番思想斗争后，我留了下来，并树立了自己的信念，"既然调不走就要好好干，一定能干好，但是要努力。"

一、沐浴师大园风，奠定专业信念

　　历史是"根"，文化是"魂"，一个单位的文化对个人的成长作用很大。北师大幼儿园有着自己丰厚的文化底蕴和特点。在那个特殊的时期和年代，外面的世界如此动荡，但北师大幼儿园的教师们却认真地关注着"如何上好每一节课"。为备好课，教师们周日下午都要回到园里备课、练琴，园长更是坚持每天下班吃过晚饭后八点回园看书至十点。

要关注周围人的言行，并不断去思考为什么，才能分析判断和吸纳成长。"在这样的社会背景下，她们已具备了那么好的条件，为什么还能如此投入地学习？"带着这样的问题和困惑，1975年，我参加了园长组织的知青培训。园长请来教授为我们开展讲座，请来小学美术教师给我们培训美术技法。培训让我对幼教职业有了新的认识：原来幼教工作的内涵如此丰富，是有学问、有规律的，是需要学习、需要知识的。

这时，我的专业信念得到了进一步的提升：既然调不走，就要调整心态、端正态度、把握时光、从头开始，做个好老师。有了专业目标，学习也更加努力了。"自己天资不够，起点低，怎样才能赶上大家？"勤能补拙，只有用更多的时间去学习，用更大的努力去提高。就这样，我从一个不安于工作的人变成了一个踏实工作的人。

二、刻苦学习，夯实专业根基

（一）勤奋学习，获得自信与机会

我告诫自己，要敢于吃别人不愿吃的苦，乐于花别人不愿花的时间，愿意下别人不愿下的功夫。于是，我白天拼命工作，当时带56天大的婴儿，每天早来晚走，什么活都抢着干，是一个很勤快、不怕脏的老师。

要做个好老师，行为一定是全方位的。晚上刻苦学习，每周一、三、五补文化课，休息日中午参加园内的专业培训，还常常到图书馆借书回来看，帮助自己理解老师讲的知识内容。就这样，从不懂到懂，从不会到会，从知青中的中下等一跃到了前三名，建立了自信，逐步确立"经过努力你是行的"这样的信心。这时，园长选出知青中的前四名，奖励我们向韩德常老师学钢琴，每周学两三个曲子。四个人中有的有基础，有的有相貌，自己又是条件最差的。勤能补拙，我每天练琴三小时以上，早上七点半上班前弹一小时，晚上下班上完补习课再弹到十点，两年后，自己可以弹琴上音乐课了。

工作之初的经历使我懂得，只要有了目标，脚踏实地朝着目标去努力，就能成功。人不怕起点低，但一定要有理想和追求，有生活和工作的目标，一定要为了实现自己的目标脚踏实地、勤奋努力、坚持不懈。机会是给不断努力的、有准备的人的。

(二)理论联系实际，专业发展又上一个台阶

专业的园长知道教师素质的提高是第一位的。1978年，第一批大学生进校，园长又把幼儿园中的前三名送入大学学习。大学的学习，让理论与实践进行了很好的对接，对我产生了非常大的影响。讲完"三学"，进行讨论后，教师就要求我们在实践中观察分析；讲完教法，教授又给备课，让我们上观摩课，再进行点评。这种理论指导实践、分析实践，实践再上升到理论的过程，帮助我形成了分析与反思的意识和能力。

大学的学习让我的视野有了宽度，思想有了深度，分析有了厚度。更让我感到了幼儿教育的渊博，幼教知识的深度，也发现了自己的不足，特别是文化底子不行。于是，我又在自己孩子两个月时，通过了四门考试，考入了中央广播电视大学中文专业，学习各种文体的写作，接触各种文学作品。

我的体会是：要不断提高自己，让自己的视角更高、更宽，自己对人生、对生活的态度也都会改变，人生也会更扎实。要珍惜在班上的每一天，认认真真工作每一天，做好每一件事。每一天的积累都是给自己的，既能不断丰满自己，也不荒废孩子们的时光。学习使人充实与进步，学习是为了提高认识，改进工作实践，因此必须理论联系实际的学。学习是一个不断积累的过程，今天的你是过去所有你的积累。自主反思是教师职业发展的重要方式。

三、学以致用，大胆改革传统的美术教学

20世纪80年代，幼儿园对外观摩开放多了，自己也更自信了。但是外宾在观摩后的谈话引发了我的思考。一次外宾参观后说："中国的孩子怎么那么听话，画的画一模一样。"我的心里很不舒服，也很困惑："我们怎么了？"于是，我积极参加各种会议，看到了外国孩子们的画，他们的绘画作品真的各不相同，这更加引发了我的思考：真的是我们的美术教学有问题吗？不好在哪儿？为什么呢？

带着问题我查阅了大量资料，以了解各方的认识，一本书中这样写道"中国的美术教育是传统的美术教育，孩子像复印机一样复制着老师的作品，孩子的画

都和老师一样。""中国的教育是教师中心，教师是太阳，孩子都围着太阳转。"但是，什么样的才是对的呢？我又看了很多书，《小学美术教育》《美学论》等，一定要找到根源。在书中我看到"真正的美术教育是以孩子的自我感受为目的、为核心的。"对比分析我们的孩子为什么总是不敢画？我感到有了初步的答案：我们的美术教育都是让孩子临摹教师的作品，成人娴熟的线条对孩子是多么大的压力。

既然临摹的教法是一种心理压力，那么"怎样改变自己？改变孩子的绘画？从哪儿改变呢？我不示范，又要让孩子学，怎么办？"经过思考我开始了改革线条画的探索。以画球为例，我让孩子的绘画过程经历了六个步骤：第一步，让孩子从感受入手，带孩子一起玩儿球、观察球，等孩子有了表达的愿望再画。第二步，让孩子中会画的来示范。我经常鼓励孩子们："谁想画？谁想画就去画到黑板上。"孩子们积极响应，勇于示范。第三步，点评幼儿作品。我一般用语言提炼孩子的画，讲清重点。第四步，鼓励更多的孩子画。我常用的指导语是："谁还想画，画到纸上。"第五步，开放性的画纸。我经常鼓励孩子们画到大纸上，甚至让孩子们在操场上作画。第六步，创想与添画。如在画球的时候我鼓励孩子们创意想象：皮球还可以变成什么？

在积累了经验之后，我又对命题画进行了改革。我们的命题画往往都是有范围的，不能打开孩子们的思路；都是写实的，不能充分发挥想象力。于是，我尝试给孩子们一些新的、有想象空间的命题。如"我的梦""天上飞下什么"……实践证明，这样一些新颖的、范围比较宽泛的命题给孩子们之后，取得了良好的效果。

我还率先进行了幼儿色彩画的尝试。在看资料、参加会议时我了解到更多的国外信息，发现国外幼儿的绘画作品以色彩活动居多，于是引发了我的思考"这种活动是为什么？对孩子有什么好处？"在尝试着做的过程中我发现和认识到：大色块的作品符合幼儿大肌肉动作为主的生理特点，而且成功率高，能带给孩子自信，没有挫败感，对于幼儿自信开朗性格的形成十分有益，而且能满足幼儿的心理需求。色彩的感受强烈，色块视觉冲击力更大，能更好地帮幼儿感知色彩。色彩画的变化随意，有利于幼儿发散思维。因此，对于幼儿来说应该从色彩开始，再慢慢进入线条画，但何时进入的时机要再思考。我的经验体会是孩子的拘谨不是天生的，是教育的不得法造成的。

经过积极的研究，我对人民教育出版社教材的出版作出了贡献，到中央电视台进行了一个系列讲座，到新加坡进行教师培训，取得了一些成绩。我的感悟是学以致用，不断地超越与创新是专业成长的关键因素。要善于发现问题，要潜心研究问题。面对孩子，我们要有一份责任与使命，必须要用最好的教法和内容去教育孩子。因此，不能轻易让问题从身边滑过，要不断地审视自己的行为是否都到位、适宜。发现问题一定要改，才能完成使命与责任。孩子的成长只有一次，不允许我们知错不改或停滞不前。改革是个摸索的过程，也是个创造的过程。

可以说，我们职业的幸福来源于我们的成果——孩子的发展；还来源于我们职业的特质。我们的职业给我们一个不断发现、改革的创造空间，使我们的创造潜能得以发挥，并最终更好地促进孩子的成长。

四、践行《幼儿园工作规程》精神，让墙壁装饰发挥应有的教育价值

实践者最能发现问题，研究与实践联系最紧密，找到的方法也最适宜孩子。作为教师，我们要不断追问自己"为什么"和"怎么做"。

以前，墙面布置关注美，要让美的环境感染孩子。1996年颁布的《幼儿园工作规程》提出"创设与教育相适应的环境""让幼儿在与环境的互动中获得发展"的要求。我开始思考这两句话的深刻含义是什么？怎样让孩子在与墙面的互动中学习？怎样让孩子参与墙面装饰？在参与的过程中孩子都获得了哪些发展？怎样让墙面装饰与活动结合？围绕着这些问题，我开展了一系列的研究和探索，解决了许多困惑的问题，改进了实践工作，也取得了丰富的经验和成果。1992年撰写发表了《让墙面发挥更大价值》，1996年又发表了《让墙面会说话》等五篇相关文章。

我的体会是：要在认真分析审视的基础上去学习和吸纳，要分析"学什么""为什么学"和"怎么学"。更新教育观念，改进教育方法，提高专业能力都需要我们拥有一定的研究意识，去主动洞察身边教育的问题，敏感地发现问题，积极反思，进行探索与创新，这是教师专业成长的必经之路。

五、善于反思、勤于笔耕，不断提升专业思想与技能

认真备课、回顾反思都是一种思考和分析，都不能忽视。工作中我们常常激

动或沮丧，要有心地关注这些时刻，认真地思考和记录下来。因为把我们零散的经验和感悟记录下来也是一种反思、分析、梳理、学习、提升的过程，是让我们更深入地思考的过程。"为什么好？怎么证明好？为什么不好？怎么证明不好？"更是一个用教育的原理说明教育行为的深刻分析和理性思考的过程。不断地审视判断是人成长的重要因素。这种记录与思考也能加深印象，固化优质行为，形成自身风格。

反思与笔耕是专业成长中除实践外另一个重要途径。自 1991 年至 1995 年，我发表了 37 篇文章。教育要有研究，还要不断记录下来，发表出来。我给自己定了一个目标——在教育生涯中发表 100 篇文章，现在已经实现了。这些文章都集结在《师者智慧》这本文集中。

我的体会是：只要善于实践、勇于反思、勤于笔耕，就能成功实现自身教育理想，不断更新完善专业经验及知识结构。时间是挤出来的，要善于将零碎的时间与整块的时间相结合，利用零碎的时间回顾、反思、学习、梳理，利用整块的时间撰写。一定要在学习的基础上思考和撰写。

六、爱每一个孩子，让班上的每一名孩子都能快乐健康地成长

爱孩子是职业的根基。"让身边的每一种孩子都感到快乐"是我的追求。最后我想说的是，我们要学会享受作为幼儿教师这份幸福的职业人生。我们的职业是一个无限地让自己发挥创造潜能的职业。我们的事业是人的最根基的事业，而人是世界上最宝贵的部分。我们的职业是爱的职业、净化的职业、神圣的职业。从事幼儿教育是辛苦的，但也是天底下最美好、最幸福的职业。

刘占兰老师点评

今天，国老师用生动的事例给大家上了一课，与那一代幼教工作者相比，现在大家不能再以条件不好为借口了。

从国老师的介绍中，我们应该感悟作为名师要做到以下九点：

第一，有对职业的信念与爱心。做一个好老师，有对专业的执着追求，

做一个专业的好老师。

第二，刻苦学习与钻研的精神与行动。将不断的钻研与学习作为职业生涯的追求和习惯。

第三，抓住时机和机遇。把每一次机会作为学习和成长的时机，更刻苦地学习、钻研和成长；利用机会更大限度地提高自己；耐心地、潜心地听取不同意见，从别人的意见中思考和提高。国老师刚才说得很好，机会是给有准备的人的。只有做好了充分的准备，时机才会到来，机会才能抓住。希望大家能够把"抓住作为名师工作室成员的机会，最大限度地提高自己"作为自己追求的目标。

第四，将新的机会与成功当作对自己的奖赏，但要敢于揭开自己的面纱，看到自己的问题；要用超功利主义的眼光看待荣誉。你的荣誉与责任是画等号的，有了多大荣誉就有多大的责任。

第五，要在理论的学习和实践的反思中实现理论与实践的相互对接，并实现理论与实践的相互生成、相互促进。实践是产生理论不尽的源泉，只有在不断的实践过程中才能实现理论的不断升华与实践的不断改进，才能让理论与实践灵活转化。

第六，将不断的自我改进与超越作为自己的追求。要勇于发现自己的问题，承认自己的问题；要不断地改进自身的实践，实现不断的自我超越。

第七，要审视、思考、判断、本土化地借鉴外来经验。要具有批判的眼光、宽容的眼光和判断的能力。

第八，要让读书和写作成为追求和习惯。要自定目标、自我要求、自我约束、自我检验。

第九，体会到工作的乐趣和成功，要认识到创造是产生职业幸福感的基础。把创造当成快乐的人才能成为名师。因此，必须不断地去创新，要学会创造，能够创造。

成为一个名师的要素是不能穷尽的，希望大家能深刻地反思自己，为自己确立一个明确的目标。

感受名师风范，追求完美职业生涯

刘占兰

最初接近国老师还是在 25 年前，我上大学三年级到幼儿园实习的时候，小小的个子、三十岁左右的她总是温和地看着我们笑，上起课来是那么认真、那么投入，总爱微笑着向一边歪着点头，用娓娓动听的声音与孩子们交流……最让我们羡慕和佩服的是，那些调皮的、总是刁难我们的孩子们和国老师在一起却是那么认真、那么投入。当时我们也曾学过那样的动作和表情，但我清楚地记得，一切照旧，只能感叹自己学不来，学不像。

十几年后，2000 年年底，我们同去法国学习"做中学"时，在一所幼儿园里，国老师代表我们给孩子们送礼物，我已经记不清当时送的是什么了，让我印象深刻的是，又是那同样的表情、动作和声音，向孩子们问候、介绍着要送的礼物，其实孩子们根本听不懂她在说什么，却一下子被吸引了过去，孩子们都围拢在她周围，和她热切、认真而投入地交流着……我在惊讶和赞叹的同时似乎明白了其中的奥妙，这时，一位陪同我们的法国科学院院士用英文对我说"an excellent teacher !"（一位好老师呀!）一句话让我彻底明白了，国老师是一位已经修炼成功的好老师。无论在什么时间、什么地方，只要和孩子们在一起，作为"好老师"的、无法用语言描述的、炉火纯青的特质，立即化作感召力、亲和力和教育智慧，完美地表现出来。

出于对国老师的敬佩，在这之后的八九年时间里，我们的个人交往与工作合作日益增多和紧密，随着了解的增多和加深，我对这位学长、师长的敬佩之情也日益加深。在我的心目中，国老师是真正的名师，是靠着超乎寻常的勤奋和努力，靠着坚韧不拔的毅力，靠着天性的质朴、善良所生成的发自内心的对孩子们深厚的爱，一路修炼而成的名师，透着一身的执着与坚韧、完美与纯洁。

　　教育家乌申斯基说过："使学生对教师尊敬的唯一源泉在于教师的德和才。"从国老师一步步走向成功的经历中，我们已经看到成为名师不可缺少的，也是最值得我们学习的这两个方面：教育智慧和道德智慧。国老师身上所具有的这两个方面的智慧也是我从她身上深刻感受到的名师风范。

一、追求完美，自强不息，不断提升教育智慧

　　21岁时，"做一名懂专业的好老师"的理想成为国老师追求完美职业生涯的基本动力。最让人震撼的是，她用超乎寻常的毅力刻苦勤奋地学习，竟然使自己"天生的小手长大了"，能够顺利地弹琴了；基础最差的她成绩最好。"三学六法"一项一项攻克，练成了扎实的基本功。这也成为她日后专业发展的重要前提和坚实基础。

　　最可贵的是，每一次成功都没有成为止步和休息的借口与理由，为了成为一名"好老师"，她能够不断地发现自身的问题，看到自己的不足，她总是马不停蹄地为自己设定一个又一个新的目标，把新的机遇和新的成功作为对自己的奖赏，使不断的自我改进和自我超越成为对教师职业的追求。

　　机会是留给有准备的人的。的确，一个个机会不断地惠顾勤奋好学的国老师。不断地学习进修、公开展示、对外交流和课题研究，养成了国老师勤于思考的习惯和富有创造性的智慧。

　　国老师之所以能够成功，非常重要的一点还在于她与那些专爱听好话和专门拣好话听的老师不同，她善于听取别人对自己的意见，从中发现有价值的观点；善于听取和自己不同的看法和质疑，并立即进行研究和实践探索，从而实现一次又一次的自我超越。在二十多年前第一次接待外国代表团参观时，他们提出了不同意见，刘焱老师也提出过一些否定意见等，国老师却把这一切都作为进一步理论学习和实践探索与改进的契机。在与国老师交往密切的这几年里，尽管她年龄比我大，实践经验也比我丰富，我却常常能与她真正地进行平等的交流和相互质疑，由于性格过于单纯直白，有时，我还当着许多老师的面和她争论、提出反面意见，让她很没面子，常常下不来台。我常常事后又后悔了，造成的结果已经无

法挽回。开始我真的担心国老师会从此记恨我，但她不但没有记恨我，还和我更亲近了，常常给我提出很多质疑，描述很多现象让我解释。后来我明白了，喜欢质疑和接受挑战是我们共同的特点。但我自愧不如的是，二十多年来国老师一直是在这些不断自我质疑和接受新挑战中，在自我的不断否定与超越中修炼自己的。国老师经历了苦学、善学、真学三个阶段的专业修炼过程，最终走上了专业化发展之路，获得了专业上的成功。

二、仁爱之心，厚德载物，不断修炼道德智慧

教育根植于爱，没有爱就没有教育。爱是促进一切生命积极成长的最大动力源泉。幼教事业是良心与爱心的事业，是责任与使命的事业。与其他学段相比，幼儿阶段的教育更需要爱。因此，幼儿教师这个职业的道德，是以爱为核心道德圈构筑起来的道德体系。幼儿教师这个职业更需要有仁爱之心、宽容之心、公正之举。

对公正的深刻理解与付诸实践需要崇高的道德智慧。苏霍姆林斯基说过："在学校生活中，没有也不可能有什么抽象的公正。教育上的公正，意味着教师要有足够的精神力量和深厚细致的仁爱之心去关心每一个儿童。用一个模式、毫无区别的态度去对待所有的儿童，那是漠不关心、不公正的最坏表现。如果儿童感到别人眼里没有他，不想去知道他个人的小小的不幸，把他丢在一边不管，那么他会认为这是一种痛苦的屈辱和极大的不公正。"国老师正是用自己的行动实践着伟大教育家所倡导的教师品德和道德智慧，她公正地关爱每一个孩子，公正地满足每一个孩子的发展需要。无论孩子的家庭背景如何，无论孩子的体质如何，无论孩子的性格与智商如何，她都能平等地对待、宽容地接纳。不仅如此，她还特别关爱和激励那些有特殊需要的孩子，努力发现他们的闪光点，燃起他们的自信和勇气；照顾那些体弱和父母无暇顾及的孩子，把他们带回家，和自己的女儿一起吃饭和玩耍。就是在前些时候，在幼教圈子之外的朋友告诉我，他朋友的已为人父、现已三十多岁的儿子，在上幼儿园时在国老师家住过，我很惊讶，而且得知，说起这事儿，朋友的朋友和儿子都表现出发自内心的感动、感激和敬佩。听了这些事儿，我发自内心的为国老师自豪和骄傲，更多了几分敬佩。我

想，他们一辈子都不会忘记而且会时时提起这件事，这件事的影响也一定是深刻的。正如美国历史学家亚当斯所说："优秀教师的影响是永恒的，无法估量他的影响会有多深远。"可以想象，国老师曾经用她高尚的道德智慧体察、发觉和抚慰过多少个有着小小的不幸和特殊需求与渴求的孩子，使经常躲到一边的子婵、遭人嫌弃的阿牛、体弱多病的阿朋、父母老不来接他的小庆等一个个小小的心灵得到了爱的抚慰和滋养，这份爱的价值无法估量，这份爱的深远无法测量。

在2005年和2007年世界学前教育组织（OMEP）主办的两次"北京支持西部"的活动中，作为团队中的长者、实践经验丰富的教师，国老师不仅尽心尽力地参与活动的准备和对支教教师的指导，而且，还真诚地一再提示我们："西部的教师工作条件艰苦，他们的精神是值得我们学习和敬佩的。我们的言行举止一定要表现出对西部的老师和孩子们的尊重和爱护。"我们深深地感觉到，插过队的她比我们更能理解西部的教师，更懂得爱护西部的教师和孩子。在与西部老师和孩子们的交流中，从她含泪的眼神中，从她温暖、激励的表情和话语中，我读出了宽厚的真爱与发自心底的关怀。也正是有了她的提示和榜样作用，我们团队中的每一个成员，也一次次地在与西部教师和孩子们的互动与交流中，扩展和加深着发自内心的真爱。

国老师今天的成功是勤奋铸造出来的，国老师今天的成功是爱心滋养出来的。

国老师作为我的师长、学长和校友，作为北师大幼儿园的教师，是北师大校训——"学为人师，行为世范"的成功实践者。她是我心中的楷模，学习的榜样。我也会像她那样拥有一个完美、纯洁的职业生涯。为我们的幼教事业贡献自己的一份力量，为母校增光添彩！

超越与幸福

杨丽欣

"超越与幸福"或者说"挑战与幸福",是我这次聆听名师国秀华老师"走专业发展之路,感受幸福职业人生"讲座最深的体会。

在学前教育界,国老师的专业水平,无论是在教育理论高度、教学实践能力还是在教师指导策略上,都可谓是大名鼎鼎、首屈一指,无不为大家所赞叹与仰慕。半天的讲座下来,我们从国老师生动、真实的叙述中,感受到了这些令人瞩目的骄人成绩背后是"敢于吃别人不愿吃的苦,乐于花别人不愿花的时间,愿意下别人不愿下的功夫。"在她的事业初始之路上,一些客观条件比其他人低,但是"在其他地方能干好,在这里也能干好。不行,就更要干好"的信念使她"白天拼命工作,晚上拼命学习。"从起步到成长再到成功,在一个个接踵而来的挑战面前,国老师都以比常人更坚强的毅力战胜自我、超越自我,从奠定专业信念、夯实专业根基,到学以致用、践行《幼儿园工作规程》精神,再到善于反思、勤于笔耕,不断地提升专业思想与技能。我们深深地感悟到教师职业是无限的发挥创造潜能的职业,是进行着社会中最宝贵的元素——人最根基的培养的职业,每一天面对纯真而充满希望的孩子们,我们就是幸福的。讲座中,在场的每一个人都被这种幸福深深地感染了,每一个人的职业激情都被激发了出来。在这里,有几个词最能表现此情此景:感触、感悟、感谢。感触国老师的成长历程,感悟自己与名师的差距与距离,感谢工作室能为我们提供这样的成长机会。

面对名师的成长与成功,面对专家的指导与期望,激情过后,接下来是我深深的思考:什么样的人能成为名师?我与名师之间还有哪些差距?要成为名师我还要做哪些努力?

一、挑战自我，超越自我——关于目标与定位

一段时间以来，我在已有的各项荣誉前一直告诫自己要知足。现在仔细想想，这其中慢慢地出现了一些满足的因素。在有意无意间，我放慢了前行的脚步，降低了对自身专业发展的要求；在客观主观间，我对自身的专业定位也有了一丝偏离。一些现有的客观因素使得我的工作事务多、头绪多，往往还是任务重、时间紧，使我在专业成长方面的定位与目标有些模糊。没有时间进班、没有条件带班是客观原因，但也是我面对挑战的一种借口。通过工作室的几次活动，特别是这次讲座之后，我清楚地认识到：不是人人都有这样的成长环境与机会，明确的目标是人成长的动力。我要挑战、要超越的是自身的主观因素，成为一名具有专业思想、专业精神和专业能力的专业管理者，将是我努力奋斗的目标。

二、静下心来做教师，潜下心来看孩子——关于认真与钻研

许多人说我做事认真，但是面对名师应有的认真，我还缺乏对工作、对专业的钻研与执着，有时会出现一些浮躁与粗糙，有时也会缺乏投入与专注。如果现在让我带班，还真有些不自信。放下一些不必要的干扰，就像我自己成长过程中那样"苦尽甘来、厚积薄发"，排除杂念，静心做一名爱孩子、懂孩子、助孩子成长的教师，我希望自己对专业的钻研再细一点、再深一层、再进一步。

在国老师报告的最后，我的记录本上留下这样一句话：放下"名"字，你会成为一位真正的好老师。

三、善于思考，勤于笔耕——关于读书与写作

学习的时间是自己挤出来的，工作的效率是自己干出来的，成长的机会是自己赢得的。

谈到思考，就我本身来讲，还是有一定的问题与反思意识的，也每每在观察、质疑、思考，使问题得以解答后，乐在其中。更会因为是通过自己的独立思

考，并能体现出自己的独特见解，而更能体会到成功的快乐。一直以来，我始终认为思考是一件很有意思的、很有乐趣的事情。但是谈到"善于"，我自知那还需要站在更高的理论层面，需要更深厚的实践功底，不仅是对问题的思考要更加全面、系统、严谨、细致，就思考过程的本身而言也应如此。

而谈到"勤于笔耕"，可以说是我最不愿提及的。多少次，有人这样告诫过我：有很好的想法、很好的做法，只可惜没有留下文字的痕迹。正像国老师所讲的那样：不写，教育思想难以深化，只是一种感觉，不是在用理性思考，想想会过去、会淡化，而写写就会深入，可以再审视、再回味。只有理性思考下的有效教育行为，才能逐步形成教育特色。要成为名师是不能凭着感觉走的，一时的感悟如不动笔保留，就会与需要理性思考而不断积累的教育智慧擦肩而过。理性思考并将其书面化，才能使我们的实践清晰化、深刻化。"勤于笔耕"我会从任务开始，逐步形成习惯，进而成为乐趣。

读书，一直是我乐于做的，而近一两年来，我读书的数量与质量却在悄然下降。我深知读书是自身的理论、实践与思考之间架起的一座桥梁，三者之间互为支持、互为补充、互为促进。已有的好习惯不仅要重拾，更要进一步巩固与提升，读书、思考与写作将成为我专业成长的重要途径。

在不断的自我反思与超越中体悟成长的快乐与职业的幸福

陈　晶

　　从共同参与庞老师"社会性"课题到同在刘老师指导下开展"做中学"研究，我与国老师相识已经十年有余了。一直以来，她的专业水平与研究能力都是我十分崇敬而又望尘莫及的。通过刘老师工作室，听到国老师对自己专业成长历程的回顾，让我对这位名师、长者不仅有了更深一步的了解，更从她身上深刻感悟到了成为名师应具备的要素：高尚的职业追求、勤奋刻苦的精神、关注理论与实践的紧密对接和把学习和写作当成习惯等。此外，我想国老师成功的"秘诀"还有更重要的一条，那就是在不断的自我反思与超越中体悟成长的快乐与职业的幸福。

　　国老师的成长之路可谓艰辛，有些困难对我们这一代人来说甚至是无法想象的。但是，无论是应对初入职时的"天资不足"，还是孩子尚小又要学习考试的双重压力；无论是面对外国同行对自己教育成果的"质疑"，还是《幼儿园工作规程》颁布初期新理念带来的新挑战，她都能以积极的态度迎接它们，以勤奋的学习把握它们，以大胆的实践攻克它们。正是不断地自我反思与自我超越，为国老师的职业生涯留下了一个个坚实的脚印，成就了国老师的名师之路。

　　然而，不断地自我反思与超越需要的是巨大的决心、勇气和艰苦的努力。为了一次次的自我超越，国老师也付出了很多很多。但是，无论讲到顺境还是逆境，无论叙述艰难还是困苦，无论介绍成功还是挫败，国老师始终娓娓道来，让听者感受到的竟是她对这一切的回味与享受。为什么有那么多困难，付出了那么多，国老师还能如此沉醉其中，坚持不懈呢？细细地回味与反思后，我找到了问题的答案：她找到了幼儿教师职业幸福的源泉——我们的职业是一个无限地让自己发挥创造潜能的职业，并在不断的创造与自我超越中体味着成长的快乐与职业的幸福。

一分耕耘一分收获，一份努力一份甘甜，正如工作室同伴梁燕京所说："今天的成功源于昨天的积累，是国老师自己成就了她今天的成绩。"感悟国老师的名师之路，反思我的现状，我深深地感到自己望尘莫及的绝不仅仅是表面看到的专业水平与研究能力，更重要的是缺少刻苦的精神与不断自我超越的信念追求。

特别是近几年，随着年龄的增长和管理任务的增多，我对自己成长的关注渐渐少了，更多的是围着事情转，围着任务转，结果忙忙碌碌之后却发现自己在原地踏步。此外，懒得动笔也是我的一个问题，常常借口忙而忽视写，时间长了甚至想写或任务来了要求写时却不知道该写些什么，该怎样写了。即便这样，以前我也认为作为管理者不能太追求名利，要多为幼儿园发展贡献力量，为教师的成长提供帮助，只要幼儿园出成绩、老师出成绩就够了。但是，现在想一想，我对成长与进步的理解太狭隘了，追求个人的不断成长绝不等同于追求名利，专业成长应该是每个幼教工作者一生的追求。况且，作为幼儿园的业务干部，如果自己不追求进步又如何能不断促进幼儿园教育工作质量和教师专业水平的提高呢？

谢谢您，国老师，名师的报告让我深受教育。

谢谢您，刘老师，导师的教诲使我备受激励。

今后，我会以名师为榜样，重新树立自我超越的信念追求，进一步加强理论学习与以理论为依托的实践反思，并逐渐把写作当成习惯，向着自己职业生涯的新高度努力奋斗，以不负刘老师的培养与期望，也让自己有能力更好地为幼儿园服务，为教师们服务。

追求专业发展，感受职业幸福

金 东

2008年12月6日，我们名师工作室的老师们聆听了北师大幼儿园国秀华副园长关于"走专业发展之路，感受幸福职业人生"的报告。在国老师的娓娓道来中我仿佛看到了一位幼教专家一路走来的心路历程。当听完国老师的报告后，我们在座的每一位聆听者无不心潮澎湃、激动不已。国老师在自己从教三十多年的时间里，在不断地用理想和对人生的追求来给自己重新定位，在不懈的专业发展之路上走出了一条成功之路，非常值得自己好好地学习。我的两点深切感悟如下。

感悟之一：和国老师相比，自己还差得很远

(一)不同的发展时期要为自己制订不同的奋斗目标

国老师之所以能够从最初认为自己条件最差的老师最终成为幼教界中的佼佼者，这其中饱含了国老师对幼儿教育的信念和执着追求。在最初的日子里，国老师勤奋学习专业技能和文化知识，吃了别人不愿意吃的苦，花了别人不愿意花的时间，下了别人不愿意下的功夫。终于在十四名同时进入幼儿园的老师中脱颖而出，被园长保送到北师大参加大学的学习。而此时，国老师并未停滞不前，她将学到的理论与实际工作相结合，不断地进行积累、分析和反思。去图书馆摘抄笔记为自己积淀丰厚的知识，读各个领域的相关书籍为自己不断开阔视野。这时的国老师，拓展了知识的宽度，增加了知识的厚度，也更为今后的成功夯实了基础。这点正是一名教师自主发展的基础和核心。

听到这里，我不禁开始分析自己的现状，有的时候自己在工作中会找不到前

进的方向，有的时候又会出现安于现状的情绪。偶尔也会认为自己到了现在这个程度已经不错了，与周围的同事们相比自己可能还比他们强一些呢。静下心来想一想，也知道自己应该向着一个更高的标准去努力，然而这个更高的标准是什么？今后自己的路应该怎样走？自己心里就不清楚了。今天通过听国老师的报告，终于明白了人在不同的时期要有不同的奋斗目标，要为自己不断地提出新的奋斗目标，永远不能满足于现状。只有这样，今后才会有前进的方向。

(二)做个勤于思考、善于反思的教师

在听到国老师大胆改革传统美术教学时，自己的感触很大。比如，当国老师进行小班传统美术教学时发现，有些孩子说："老师我不会画。"而有些孩子则是用手捂着自己的画不让老师看。当国老师发现这种情况后及时进行了反思："我的美术活动问题出在哪里呢？为什么临摹画孩子说不会画？"这时国老师又在书中寻找答案，通过学习孩子的年龄特点发现原来小班孩子的小肌肉还在发育，对于自己小手的控制力把握不好出现了心理压力。接下来国老师又为自己提出了下一个反思的问题："我不示范怎么办？"无数个怎么办促使国老师不断地思考，不断地去寻找解决问题的答案。就这样，国老师在一次次的反思中完成了不断超越与创新的过程，也在美术领域中形成了自己的特色。

其实像国老师在美术教学中遇到的问题，在我的课堂上也多次出现过。我反问自己为什么会视而不见呢？当发现问题时为什么没有多问几个为什么呢？究其原因还是自己没有思考的意识，当这个问题多次出现时就会见怪不怪了，认为它是孩子成长过程中的一个必然阶段。现在想一想这种做法对孩子是多么不负责任啊！为了使孩子获得更好的发展，我们一定要养成思考问题的习惯，学会发现问题和解决问题，在改进的过程中再去创造。正如国老师所说："学以致用，不断超越与创新是专业成长的关键因素。"

(三)勤于笔耕，不断提升专业水平

正是因为国老师多年来养成了不断积累、勤于笔耕的习惯，到今年为止，国老师已经完成了她的第一百篇文章。我相信这一百篇并不是她的目标，在今后我们还会不断地看到她的新文章。动笔是一个理性思考的过程，我们需要在不断的理性思考过程中来深化自己对教育理念的理解。对照自己，懒得动笔是自己的一个主要问题，并且还为懒得动笔找出各种理由。比如没有时间、不会写、工作忙等原因。而我们再看看国老师又是怎样做的呢？国老师说："时间是挤出来的，自己要先不断地思考，查资料多看看别人的东西，再写时就会落笔如有神了。"这点也正如刘老师对我们提出的要求一样：要把写作当成任务、当作乐趣、当成习惯，在不断追求的过程中完善自我。

感悟之二：和国老师相比自己任重而道远

与国老师的比较，让我看到了自己的差距，新学年我要从以下三个方面做起：

(一)向专家学习，不断提升自己的专业水平

认真参加名师工作室的每一次活动，端正自己的学习态度，不能因为怕提问题而出现抵触情绪。认真对待每次作业。通过专题研究，在和专家的学习过程中加深对教育理念的理解。

(二)把写作当成任务来完成

每周对在工作和学习中遇到的问题进行分析，有针对性地写出一篇教育反思。每学期写出一篇有研究性的论文。每学期完成两篇教育案例的设计和总结。争取新学年有两篇文章可以发表。

(三)养成读书的习惯

结合每次活动时工作室推荐和共同学习的早期阅读文章，带领本班幼儿进行阅读活动。阅读工作室推荐的书籍，重温幼儿认知发展的关键经验，帮助自己解决工作中的困难。学习对于我们每一个人来说都是长期的事情，要想使自己不断地进步就要不断地提升自己。参加名师工作室正是提升自己的好机会，我会抓住时机和机遇克服先天不足，在专业成长道路上最大限度地提高自己。

勤于笔耕，勤能补拙

梁燕京

听了国老师的报告使我收获最大的就是：善于反思、勤于笔耕是不断提升专业思想与技能的有效途径和手段。国老师的这句话，其实听起来并不陌生，我在以往的工作中，虽然谈不上善于反思，但反思的意识还是有的。但提到"勤于笔耕"，我的的确确是没有做到。一想起要写东西首先从思想上就会抵触，就会发愁自己写不好，于是就会尽量的少写或者不写。

国老师说到不断反思自己的教育行为和教育效果，并且把它记录下来，就会让模糊的感觉逐渐清晰化，思考深入化，能够让我们审视和判断自己的行为正确与否。如果总是不写东西，那么，教育行为只是在跟着感觉走，缺乏理性的思考与支持。反思是我们实践之外的另一个非常有效的途径。只要你善于实践、勇于反思、勤于笔耕，就能成功地实现自身的教育理想，不断更新完善专业经验及知识结构。国老师的心愿是在自己的教师生涯中要发表一百篇文章。事实证明国老师做到了，她成功了。而真正触动我的是：本来各方面条件都很一般，甚至和别人有一定差距的国老师，始终坚信"勤能补拙"，抱着"敢吃别人不愿吃的苦，乐于花别人不愿花的时间，能够下别人不愿下的功夫"的思想，凭借着不懈的努力，用自己的实际行动成就了自己的今天。

对比国老师，自己有太多的优越条件，又有太多的消极和懒惰的思想。针对自己的问题，尤其是在写作方面的懒惰思想，我要从现在做起，在今后的一年中逐渐克服它，并在今后的两年中逐渐养成善于思考、善于学习、善于整理的好习惯。就像刘老师对我们提出的希望那样，可以先把写作当成任务，给自己确定一个目标，然后努力去完成它；再逐渐把写作当成乐趣与追求；最后要把写作当成是一种习惯。

　　针对自己的问题，我想从下个学期开始每周写 2～3 篇较高质量的文章（反思笔记、随笔、论文、活动案例等），争取在今后的一年中实现在市区级比赛中获奖或在各类杂志上发表文章；力求在今后的两年中实现在市区级比赛中获奖或在各类杂志上发表更多文章，实现自己在写作方面质的飞跃。

感谢与感悟

梁 艳

真的感到很荣幸，能参加名师工作室，近距离地感受名师的风采。这次刘占兰老师又给我们提供了和国老师面对面对话的机会。通过这次对话使我感受到了名师的人格魅力，体会到了名师的先进教育理念与教育智慧。从名师成长的生动感人的事例里，感悟到自身的差距，为我的专业化成长提供了一份不可多得的精神食粮。

仔细回顾国老师的成长历程，给我深深的震撼。国老师的成长并不是一帆风顺的，也遇到很多挫折和挑战。她的起点并不比别人高，甚至可以说在有些方面还略逊一等，但国老师凭借着自己对幼教事业执着的追求，通过自己的努力一步步的实现着自己的人生价值。她在不断面对新的挑战中成就了自己的教育人生。

一、充实自我，终身学习

从国老师的成长经历中不难看出，"勤于读书、终身学习"这种思想一直伴随着她。要想成为名师，首先要多读书、会读书，勤于学习，充实自我。教育的智慧不可能从外面灌输进去，没有任何一个人可以直截了当地告诉我们教育的窍门，它应该是从我们内心生长出来的。一个人的文化素养也是难以培训和灌输的，靠的是日积月累的浸润和孕育。而浸润和孕育的土壤就是书籍，多读书、读好书，让读书成为习惯，这没有捷径可走。"教，如逆水行舟，不进则退。"我想为什么有的时候总感觉自己的教育底气不足，就是平时看的书、学的理论太少，因此在教育实践中很难游刃有余。我最大的弱点就是读书不能坚持，总是给自己找这样那样的借口，只有需要用的时候才觉得自己书读得少。当务之急我必须扎扎实实地多读书，这样才能提高自己的理论水平，克服浮躁情绪，才能静下心来审视自己的教育行为，指导自己的实践工作。我想要获得专业化发展，必须坚持不懈地加强自己的专业学习，提高教育理论水平。

二、善于动笔，善于思考

国老师发表了许多优秀作品，我想很多都是她在教学过程中记录下来的。既有成功的经验，也有失败的教训；既有典型的案例，也不乏自己点滴的感悟。这些在平时看起来虽然是星星点点，但天长日久积累起来就像星星之火一样可以燎原。不太记得有谁曾经这样说过：教师的随笔能够激发教师的职业热情，让教师享受到教育的幸福。的确，每天写一些，虽然有时只是记下只言片语的随感，星星点点的思考，但是只要坚持动笔，相信一分耕耘总有一分收获，就不难体会到职业的幸福感。

我很清楚表达能力和写作能力是我的弱项。读书少是一方面，缺少主动性才是主要原因。要想改善这种状况，就应该从现在开始，及时记录自己的点滴感悟，形成习惯。由要我写到我要写，变被动为主动。

三、确定目标，不断超越

国老师已经是名师了，但是她不满足于已有的成绩，在工作中不断给自己确定新的定位和目标，勇于挑战自己，敢于否定和超越自己，这种精神太值得我学习了。有时自己总是满足于现有的，不敢给自己提出新的目标，同时由于虚荣心作怪，不敢把自己的一些想法说出来，怕说错了，这样就造成了自己停滞不前。

教育是一门艺术，是一幅精美的图画。临摹是可以的，更重要的是神似，而不是形似。我想学习名师的教育思想和经验，也不能简单地临摹，重要的是要领悟名师的精神，认识教育的真谛。在和名师的交流中，我重新审视自己：自己有没有全身心地投入工作？有没有注意学习和总结？工作中有没有勤思考？为什么和名师比起来，自己差这么多？我想我不是没有用心，而是工作中有太多惰性，有时也有付出，但和国老师比起来，缺的是奋斗精神。国老师刻苦学习的精神，执着的追求、深刻的思索、勇敢的探索，为幼教事业勤奋努力、持之以恒的钻研精神，都令我折服。通过和国老师的交流，我寻找到努力的方向，深刻地领会到：我要把幼儿教育看作是事业，而不是职业，要为她奉献自己全部的精力；同时，幼儿教育是一门科学，要用心、刻苦的钻研；幼儿教育又是一门艺术，需要不断创新。

感悟与反思

蔡　涛

在刘老师的精心安排之下，我有幸聆听了国老师"走专业发展之路，感受幸福职业人生"的报告。既领略到幼教名师的风范，开阔了教育的新思路，又感受到了国老师的人格魅力，同时也感悟到提高自身修养的新方法。报告让我的思想和心灵受到强烈的冲击和震撼，留下了诸多值得回味与思考的问题。我深感在学习中得到了专业提高，在感悟中得到了人生成长。

一、感悟

(一)坚持不懈的学习是我努力的方向

这次报告给我最大的体会与感受就是要坚持不懈地学习。国老师娓娓道来的畅谈、深入浅出的阐述，显示了她坚实的实践积累、丰实的知识积淀，国老师用自己的行动为我们树立了学习的榜样。

一个人的眼界，在很大程度上决定了一个人的能力。我们只有不断地学习，才能扩大自己的眼界，才能拓展自己工作的思路；只有不断地学习，才能不断地改善自己的知识结构，才能让自己拥有智慧和洞察力，让自己的工作更加得心应手；只有不断地学习，才能不断地修身养性，陶冶自己的性情，使自己拥有"开阔的心怀，开放的心态"。开阔眼界的学习，可以是外出参观、实地考察；还可以是潜心读书，以书为友。要想成为一名有学识、有能力、素养高的教师，必须要养成"多读书、读好书"的习惯，让书籍陪伴自己的生活，让书籍促进自己的成长。

(二)将勤能补拙的信念作为前进的动力

在国老师的报告中我感受到了她"勤能补拙"的信念。正是因为有了这样的信念，她在教育生涯中始终做到"敢于吃别人不愿吃的苦，乐于花别人不愿花的时间，愿意下别人不愿下的功夫"。从国老师的身上我感受到了一股不认输、不服输的劲头，这股劲头完全由一个"勤"字在支撑着。在我看来这个"勤"字包含着深刻的内涵："眼勤"，善于观察，及时发现、捕捉身边的问题及解决问题的线索；"脑勤"，善于思考，不断反思、评价，提升工作中的经验；"嘴勤"，放平心态，以一个学习者的身份与周围的人去交流、讨论，在工作中多问几个为什么，鞭策自己深入地去寻找解决的方法，做到知其然并知其所以然；"手勤"，积极地去实践操作，在实际工作中积累，不断地在实践的过程中探索、发现，将理论与实践相结合，以理论指导实践，用实践验证理论的科学性，取得新经验、获得新提升。

(三)将"静心""爱心""责任心"作为追求的心境

国老师从不同的角度讲述着自己的教育故事。从她的身上，我们感受到了国老师的朴实、真诚、奉献和创新，她那淡泊名利、无私奉献的情怀，静心教书、潜心育人的行为，深深启发了我。新时期的教育工作者需要更多的"静心""爱心"与"责任心"。

静下心来反思工作中的得失，静下心来钻研自己的业务，静下心来阅读启迪智慧的书籍，只有真正的"静心"，我们才会思考、工作才有收效、思路才会创新、能力才会提高。作为教师，对事业、对学生要拥有"爱心"，真心地爱着身边的每一名幼儿；因为爱心，会让我们尊重、相信每一位幼儿；因为爱心，会让我们公平地善待每一位幼儿；因为爱心，能够使自己有奋发向上的动力；因为爱心，才能让每一位幼儿都能健康快乐地成长。无论是谁都需要有工作的"责任心"，尤其是教师。我们要把自己的岗位当成责任，有了责任心，凡事就会尽心尽力而为；有了责任心，工作就一定会主动、踏实、勤奋地完成；有了责任心，就一定会处处、事事以工作为重；有了责任心，做每一件事都会坚持到底；有了责任心，就一定能取得教育成果。

二、反思

我很荣幸地成为了刘老师名师工作室中的成员。说到"名师"一词，不由得让我静下心来细细思考：什么是名师？名师的真正含义应该是什么？刘老师曾这样说过："名师是'出色'的教师而不仅仅是'知名'的教师。因为一个人出名的方式很多，而出色则需要更多的努力。名师应该具有深刻内涵，有高尚的情操和品质，高水平的专业化程度。做到了会思考而不浮躁；能够与同伴合作而不自私自傲；会研究并能体会到教育科学的严谨与实事求是；保持纯洁而美好的心灵。"现在的我，肩头多了一份沉甸甸的责任，心头也多了一份沉甸甸的使命，这一切，向我提出了更高的要求和挑战，真正做到"胜任"，需要孜孜不倦的学习和成长，成为一名名副其实的出色的教师。

（一）多学习

人类积累的文化财富浩如烟海，教科书中的知识信息不过是沧海一粟。21世纪，知识以前所未有的速度增长，人类社会现有的知识，只代表过去的认识水平，可能将由于新的发现而更新。因此我要不断地学习，让学习成为自己的习惯，使自己发展成为具有多种业务知识和多项教学技能的复合型教师。唯有如此才能做到给学生一杯水，我不仅有一桶水，而且有长流水。

（二）多读书

读书可以帮助我转变教育理念，具有明晰和正确的教育理念，要形成新的教育观、学生观和教育活动观，这样我才可能"站在时代的高度认识自己看似平凡的工作，从平凡中感受为人类自身发展的教育事业之伟大，也唯有如此，才能具备真正自觉而高尚的师德"。读书可以帮助我更新知识，完善知识结构，通过读书建立这种多维度、多层次的复合知识结构。读书，可以帮助我分享当代的教育成果，从而获得教育的智慧与灵感。因此我要扎扎实实多读一些好书，做到深读和研讨读。通过读书克服自己浮躁的心理，把握时代发展的脉搏。总之要从书中获得收益，从根本上提高自己的文化底蕴和素养。

（三）多反思

自我反思是教师提高业务水平的重要途径，是教师从"经验型"向"科研型"转变的重要手段。在日常的教学过程中，我要努力做到三个反思：教学前反思，从幼儿发展出发，优化教学方案设计；教学中反思，及时主动地在行动中反思，培养过程中反思和自我监控的习惯；教学后反思，即时审视和修正，提高教育的效果。只有不断的反思，才能使我真正的成长、成熟和发展，实现从青涩到成熟的蜕变，获得不断的成功，实现不断的超越。

（四）多实践

努力探索、大胆实践、不断创新，做教育教学的研究者。在自己的教学中，努力营造尊重、赞赏、宽容的师生关系，加强师生的对话交流，力争完成从传统的知识传授者向幼儿发展的促进者的转变。努力形成自己的特色，让每个活动都精彩。

（五）多总结

及时对自己的教育教学工作进行总结，有所沉淀，不断积累。及时的动笔记录、总结、分析是帮助我提高写作能力和表达能力的有效方式，文字所体现出来的真挚、清新、深刻、精准，能够慢慢地影响我的语言和思维方式。所以我要坚持写教育随笔，写读书笔记，在对教学实践的不断反思中，在实践——认识——再实践——再认识的过程中提高自己教书育人的本领。

勤于学习，　不断提高

刘玉秀

2008 年 12 月 6 日，名师工作室的刘老师安排我们听北师大幼儿园国秀华副园长讲她的成长经历。

国老师以"走专业发展之路，感受幸福职业人生"为题，用简洁生动的语言把老一辈教育家的崇高理想和对幼教事业的追求展示在我们年轻教师面前。国老师从她 1974 年插队返京分到北师大幼儿园开始讲起，详细地告诉了我们自己是怎样从不懂幼教专业知识到逐步掌握丰厚的专业知识；从不想当幼儿园老师到立志干好幼教事业；从抓住每一次学习机会到积累了丰厚的专业成果；从自己的点滴体会到获得工作、生活的人生启示。随着国老师的娓娓道来，让我感受到她不愧是一位名师。同时她的经历也使我感到只要自己有心、肯钻研，专业水平就会不断提高。国老师作为知名园长和名师，她那种爱孩子、爱幼教事业、栽培年轻教师、潜心研究幼儿教育的执着精神鼓舞着我。国老师已近退休，她还在努力更新观念，努力提升自己的专业理念和技能。这些告诉我，名师的特殊之处就在于他们一直没有放松对幼教事业的追求和对专业水平的提升。我自愧不如的同时，也决心努力向他们学习。

连续听完三次讲座后，我体会到刘老师对我们的良苦用心。她希望我们认真完成教学实践，从阅读写作做起，点点滴滴坚持积累，尽快提高自己的专业水平。原本名师、特级教师在我们心里是高高在上、不可逾越的，但是国老师的成长之路让我体会到：第一，在多读书、多实践、开阔视野、丰富专业知识的前提下，吸收的专业知识和教育技能才会更快、更全面。第二，只要肯吃苦、肯钻研，就像国老师总结的那样，"敢于吃别人不愿吃的苦，乐于花别人不愿花的时间，愿意下别人不愿下的功夫"，专业上就会有所提高。第三，抓住机会，善于思考，不断创新，及时总结调整方法，就会积累更多的教育教学经验。之后，刘老师给我们总结了九点提示，她的提示具体又有深度，看起来能做，但坚持下来是要花费一番心血的，也是能令人很快提高的。

想想前一次，刘老师给我们讲她的读书写作提高的经验和过程，跟国老师有相通之处，她们在别人还在睡懒觉时就已经起来读书了，在别人休息后，还在思考和写作，她们的勤奋和吃苦精神令我钦佩。刘老师对教育工作的认真、对治学的严谨、对我们的严格要求都让我感受很深。从最初的怕和敬畏，到如今的尊敬与钦佩。今天，听了国老师的成功之路，想想她之所以能有那样高的成就，秘方就是勤奋、刻苦加上钻研吧。

我们现在的工作条件、生活条件比他们那时好很多倍，学习的渠道也很多，但是我们每天就事论事地做好一天的教学工作，看的书也只是现学现用的本班年龄段的教材，没能站在一个更高的角度思考现象背后的教育本质，这就显得很浅薄，教育经验缺乏深度，专业知识缺乏广度。

我对照国老师的经历和刘老师的要求，发现自己的差距还很大。首先，我缺乏吃苦精神和毅力，不够勤奋刻苦；其次，我不善于思考和总结，往往事情过去就放下了，对某个教育教学现象没再追问"为什么会这样？怎么做才不会这样？"反思能力较弱。再有，我做事拖沓，总显得很忙，但是效率却不高。我对教育目标、孩子的年龄特点和学科特点的把握也还不够准确。

时间对大家都是一样的长度，同样都是女同志、同样的家庭角色，国老师和刘老师就能安排好家务，挤时间读书、思考。我想我可能比不上老一辈幼教专家的十分之一，但是我想努力试一试。

第一，刘老师要求我们一年至少读十本书，我刚读完三本，相差还很多。我计划利用早上和晚上及寒假时间加紧读完，以便于开阔视野，与其他老师缩短差距。

第二，尝试培养自己的写作习惯，增加写作的数量。我每周挑一篇好的教育笔记或教育反思，查阅教育学和心理学书籍，力求分析更到位，教育措施更有针对性，整理得更好一些以便能提高更快一些。

第三，我要在开展主题、区域、游戏等各项活动前查阅相关的资料，活动中留下详细资料，不断提高教育能力和水平。

不断改进与超越自己

任咏泽

2008 年 12 月 6 日，聆听了国老师的"走专业发展之路，感受幸福职业人生"的讲座，深深地触动了我的心灵，感触很多，想法也很多。

听讲座之前，与国老师从没有过"亲密接触"，但对于她的许多突出事迹与成绩却是早有耳闻，让我很是敬仰！一直认为这些活跃在幼教界的名师们都有过人之处，我们只有羡慕的份儿。然而在认真倾听了国老师朴实无华的讲述后，我发现国老师也同常人一样，并不是一帆风顺的，经历了不少风雨与坎坷，甚至是我们都不曾体会到的艰辛。一句"勤能补拙"很好的影射出国老师在最初迈入幼教行业的坚定信念；"敢于吃别人不愿吃的苦，乐于花别人不愿花的时间，愿意下别人不愿下的功夫"是国老师面对机会的态度；刻苦钻研理论，不断反思实践，积累经验是国老师拓宽教育视野、不断提升专业水平的法宝；面对世人的质疑，勇敢地突破传统方式，探究改进新方法以适应孩子的发展需求，寻找到了教育走本土化的准确方向；潜心做好根的事业是国老师积极乐观的人生观念。与国老师的幸福职业人生相比，我深深地感受到了自己的无知与浅薄，同时也体会到了刘老师对我们严格教导的初衷与良苦用心。

现在的我，与国老师相比，面对的条件与环境可谓是无比优越，我们付出的努力却是如此的吝啬；虽然得到了许多指导与帮助，但与名师的差距却仍然很远，此时我才真正体会到了刘老师常常提到的"不进则退，小进也是退"的道理所在！

紧密切合自身实际，寻找自身差距，我制订了以下整改措施。

一、加强读书写作基本功，吸取名师记录好方法

作为教育工作者，丰厚的知识储备与积累，是新一代教师专业成长道路上有效的补给品。工作多年的我深刻意识到这一点，也体会到自己在这方面吃了不少的亏。正是由于日常没有读书的习惯，每到动笔写些什么的时候总是感到观念陈旧、词语匮乏，这都是日常的学习积累与总结的不够。记得在每次参看名师撰写的文章时，总是节选段落的阅读，并没有真正吃透文章的主旨，总是看过、用过同时也忘过，所以我在日后读文章时要做到完整阅读后提炼出文章表述的中心思想，对点睛之笔要做重点标记，采用剪报或摘抄的方式积累在专门一个本中，并将每条警句与格言转化为自己能理解的语言，深入思考与领悟，在一旁记录下落实到自己工作中的效果情况，这样使每一次阅读都能给自己留下些收获。

二、提升教育高度，拓宽视野与思路

在座谈中国老师提到："外因是通过内因起作用，质变也一定是通过量变的积累而来的，今天的你是过去所有你的积累！"由此我感到，我们面对做过的活动，成功了沾沾自喜，失败了放之而不顾，从没有过多的深究，而名师面对问题会刨根问底，这种精神就很值得我们学习，这点我对刘老师谈"理论是实践的指导，而实践是产生新的理论不尽的源泉"的观点很是赞同。每一次教育活动，我们都要认真对待，与老师不断的研讨教法，自己反复琢磨实施策略，实践后总结经验；失败环节要仔细分析，究其原因，做到知其然并知其所以然；要使活动后的反思起到实效作用，以便很好的指导自己日后的教育行为。为此我要求自己开始养成做周小结和月反思的习惯，具体体现在一周带班工作结束后，要厘清自己在一周教学工作中的思路与脉络，提取出最值得收集记录的一点小经验或小心得，记录下来附在活动计划之后，起到指导下一周工作的提示作用；而在一个月工作结束后，将各周小结综合起来进行分析：这一个月我都为孩子们做了哪些促进其发展的活动？孩子对哪些活动最感兴趣？哪些方面对孩子们的成长具有价值？孩子们在哪些地方有了明显的提高？等等。做个有心的人，相信一学期下

来，自己的成长又有一份丰厚的收获。

三、抓住现有时机与机遇，准确判断与选择

"机会是留给不断努力且有准备的人的。"目前，能参加到刘老师的名师工作室里学习，在刘老师手把手认真的指导并与工作室各位老师互助交流下成长，对于我来说既是一个机遇又是一种挑战。我认识到作为决心加入工作室并努力学习的老师就要做好一切准备，不管是专业能力的准备、前沿的教育理念的准备、还是精神面貌的准备，都要靠自己努力去充实与丰富。刘老师拥有深厚的学识与理论水平，给我们提供学习机会，为我们指明了学习的方向，为每个人创造了成长条件。工作室的每位老师也各有自己的优势，做到互通有无，彼此经验共享，我没有理由不立刻行动起来。此时的我感受到了一份更加艰巨的责任，这份责任来自于对班里孩子的一份责任，对幼教这项"根的事业"的一份责任，对导师无限期望的一份责任，而更重要的是对自己日后不断提升、不断成长的一份责任。

"师父领进门，修行在个人。"拥有了良好的机遇后，关键要靠自己的不断追求与积极进取，在工作中主动发现问题，发挥自己的创造潜能，不断改进与超越自己，向着自己的理想——"做未来名师"努力。

学习名师， 反思自己

张雅静

2008 年 12 月 6 日，我们名师工作室有幸请来了北师大幼儿园的国园长为我们做了一堂生动的讲座——"走专业发展道路，感受幸福职业人生"。国园长用自己的亲身经历给我们的心灵做了一次洗礼。从她自己如何被动地选择了这份职业，到逐渐喜欢上这份职业，到最后爱上这份值得自豪的职业，每一步都能让我们深深地感受到名师道路的艰辛与快乐，感受到我们的职业是最能发挥自己潜能的职业。

国园长一个个生动的例子让我感动，尤其讲到要"爱每一个孩子，让班上的每一名孩子都能健康地成长"是教师的天职时，说到他们班上曾经有个内向的女孩，从来都不会引起大家的注意，但是有一天，她对老师说："老师，小朋友的背心掉了。"就这么简单的一句话，被国老师发现，国老师觉得她是个细心的孩子，马上在班上表扬了她，树立了她的自信心，这个孩子从此就开始有了变化。听到这里，我回想起自己班上也有这样的孩子，每天不怎么说话，看上去很老实、很听话的样子，觉得没有什么可以说，更多的是去关注那些淘气的孩子或爱表现的孩子。静下来想想，如果长期关注不到那些孩子，他们能得到什么发展呢？国老师提到的这个学生现在已经上了大学，她在日记里写到："长大后要当个幼儿园老师。"这都是源于国老师的一句话、一个发现，树立了她的自信，也从那时起，使她对幼儿园老师这个职业充满了敬仰。此时，我的眼圈湿润了，我觉得这才是老师最大的收获——每个孩子的潜能都得以发挥，让他们在幼儿园快乐、自主、健康的发展！

国园长讲的每个内容，都能使我联想到自己的工作，感受到自己与名师的差距。感触最深的一个是国园长讲的"勤能补拙"，人不怕起点低，就怕认真两字，关键要有目标和追求。勤奋学习，能够找到自信与机会。国园长当时并不是很愿意在幼儿园工作，因为自己各方面都不如别人，但是受当时园长和周围老师的影响，从不安心到决心做好，用比别人多的时间去练习、学习，"敢于吃别人不愿吃的苦，乐于花别人不愿花的时间，愿意下别人不愿下的功夫"，一点点赶上甚至超过了别人。国园长一直在强调不怕吃苦，我觉得说得很有道理，这是做好工作的前提。我是属牛的，可能天生有股吃苦耐劳的精神，但是我并不是个很聪明的人。记得我刚刚工作不久，园里进行语言课的评比，认真的准备了一节诗歌教学活动，还运用了幻灯，很有激情的上了下来，可评比结果，我是最后一名。当时我的心情特别不好，可以说是一盆凉水把我的热情全部浇湿，我认为自己的能力不行，不能胜任这份工作，但是我看到孩子，听到孩子们说"老师，我喜欢跟你玩""老师，我们做实验吧"，每当这时，我又觉得他们是那么天真。当初，我选择这份职业时，就是因为自己喜欢孩子，难道就因为这次小小的挫折，就把我的梦想打破了吗？从那一刻起，我就下决心：要多多学习，在下次的评比中一定取得好成绩。于是，我经常去图书大厦，找相关的书籍，拿一些案例运用到工作中，并向老教师请教，多用眼睛看。慢慢的我发现了许多工作中的乐趣，愿意每天都跟孩子在一起做游戏。也许是自己不怕吃苦，加班加点也不在乎，所以慢慢的自己的成绩也越来越多，在评比的活动中终于得到了认可，我真正感受到付出后就会有收获的真正含义。但随着年龄的增长，成绩获得的增多，现在自己突然有时感到茫然，不知道如何再往前走。没有了那么多激情和灵感，总觉得自己在原地踏步，产生了职业倦怠感。可就在这个时候，我听到了国园长的讲座，她像及时雨一样，使我又有了前进的方向，让我从工作中再次找到幸福感。虽然要经历艰苦的过程与付出，可能会痛苦，但回味是无穷的，心里是甜的。就像我带过的学生，现在已经上六年级了，每年的春节，她都要给我打电话，告诉我她的学习成绩及对我的祝福，今年教师节的时候，她还给我寄来了一张她自己新手绘制的贺卡，当时我的心里有种说不出的喜悦与激动，这是我最大的收获，任何成绩都比不了。我想，这可能也就是国老师所说的"幸福的职业人生"。

　　第二个感触最深的是讲到的"善于反思，勤于笔耕，不断提升专业思想与技能"。教育反思是必需的，它是专业发展的一个有效途径，是思想深化的过程。

如果不反思，教育只能凭着感觉走，缺乏理性的思考与行动。只要善于实践，勇于反思，勤于笔耕，就能成功实现自身教育行为的不断改进。工作中经常会有触动自己的事件，及时反思，多问几个为什么，并去找相应的理论来支撑，再次去实践，这样经过梳理后就会总结出规律，使自己的思想与技能得到提高。想想自己，缺乏的就是动笔，虽然做了许多工作，但是不能及时记录下来进行总结，不能很好地收集素材，使得自己积累的东西很少。在前几年工作时，自己每天会将孩子的行为或语言记录在本子上，没事的时候翻开看看，觉得很有意思，而且有时会从中发现许多好的素材，给自己带来很多启示。但是只坚持了两年，便放弃了。今天听了国老师的讲座后，我最想做的就是马上把这个做法捡起来，每天认真地观察和记录孩子的表现，让班上每个孩子都成为我的朋友，发现他们每个人身上的闪光点，及时给予肯定，树立起他们的自信心。同时不为自己找理由，每天挤出时间学习，只有多学习才能使自己永远不落到别人后面，让家长认可，让孩子快乐发展。就像刘老师提到的，让读书、写作成为习惯。多动眼，随时捕捉孩子的精彩镜头；多动笔，记录下精彩内容；多动脑，反思工作中的问题。我想这样一定会收获多多，幸福多多。

现在我认为自己最大的差距有两个：一是学习读书不够，许多时候没有理论支撑；二是缺乏反思能力，不能很好地针对自己的工作进行思考，不愿意问"为什么"，也不敢将自己的想法推翻。这些都是我今后马上要提高的。下一步我的目标和提高的重点有三个。

一是提高观察孩子的能力。认真观察孩子，发现他们的优点，尽可能发挥出他们的潜能，保护好他们的自尊心。继续坚持记录孩子的表现，重点记录个别孩子的行为，分析他们的想法，找出相应的措施，因材施教，使每个孩子都在原有的基础上得到发展。

二是多读书，多写作。将读过的书再仔仔细细地读一遍，同时再读完推荐的书。几种主要的杂志每期都认真读，并做下笔记。每天的写作数量增多，把看书作为自己的一个习惯。每周写两篇反思或教育案例或读书笔记。

三是提升教育教学能力。用快乐的心情对待每一天，真正做到尊重孩子、相信孩子，给他们提供自主学习的机会。设计好每次的活动，每次都问问教育的价值在哪，对孩子的发展是什么。及时反思，调整活动，每次活动后要整理资料，及时总结。多承担园里的活动，不断与大家交流分享活动，用所学的理论来开展工作，使自己的教育判断力有所提高。

最后，我想说的是，我会为自己永远是一名教师而感到欣慰与幸福！我会尽自己的最大努力朝着名师的方向努力，我会加油的！

与名师面对面

白立茹

对国老师我一直都非常敬仰，但一直是只闻其名，始终无缘相见。这次通过参加刘老师的名师工作室活动，能够有机会这么近距离的聆听国老师的成长经历，感受她的为人，真是感到非常的激动。见到国老师，发现她是这样的慈祥又平易近人。在听国老师讲座的过程中，我的心情一直不能平静，一边聆听，一边对照自己的工作现状。感慨非常非常多，下面就谈谈我的感受。

一、脚踏实地，勤能补拙

没想到这样一位优秀的名师居然是从没有任何专业基础开始职业生涯的。可以想象国老师在进入幼教大门的最初阶段是非常艰难的，面对的压力也一定是非常大的。但是面对困难，国老师没有退缩，而是勇敢地接受了现实，并通过自己的不懈努力为自己的成长赢得了一个又一个的机会。

国老师说："既然打算不走了，要做就要做个好老师。"从这句话中就能够看出国老师是一个做事十分认真，有目标、有追求的人。她说："正确地面对自己的优势和弱点，自己的天资不够、起点低，那就要付出加倍的努力才能赶上大家。"

相比之下，我觉得自己只是每天埋头苦干，对下一步的发展心中没有目标，特别是从来没有静下心来对自己有一个客观的评价，没有一个奋斗的方向。因此，下一步我要充分思考一下自己过去几年做了什么？有了什么进步？现在正处于什么发展状态？未来几年，自己都想做点什么？想向什么目标发展？为自己接下来的个人职业生涯设定一个发展的规划。

国老师多次说"要脚踏实地的工作"，我非常的认同。国老师的经历中大量的事实说明了教师脚踏实地工作的重要性。国老师利用了几乎所有的业余时间学习、补课。她说："勤能补拙，敢于吃别人不愿吃的苦，乐于花别人不愿花的时间，愿意下别人不愿下的功夫。"正是靠着这份执着的精神使国老师获得了一次又一次发展机会，不断加快前进的步伐。

我对国老师钦佩至极。反思自己便觉得非常惭愧，我有着较好的专业起点，有那么多的进修和学习的机会。特别是参加了刘老师的名师工作室，这是一个多么好的学习和成长的机会啊。可是自己却没有足够的重视过，写案例的时候草草应付，受到批评的时候还回家躲在被窝里哭。此时，我深感自己真是"身在福中不知福"。单位和教委的领导真是给我们创造了很多很多的机会，现在的条件比起国老师当年真是好过不知多少倍。可是，从思想上我们根本没有重视过，有时候还应付差事，实在是不应该。通过今天的讲座，我深感自己与国老师对职业的那种执着追求存在的差距，也激发了我积极向上的动力。我也要给自己定一个学习和发展的计划，加强自学、克服懒惰情绪、珍惜每一次学习机会、重视每一天的日常工作，脚踏实地做好每一件事。就像国老师告诉我们的："珍惜上班的每一天，认认真真地做好每一件事。"

二、做个有追求、不断创新的教师

在国老师列举的几个教学案例中，我深感国老师是个喜欢思考、不断创新的好老师。

当外国人参观我们的美术教学并提出异议的时候，国老师发现了问题并及时地深入思考，大量吸取他人经验，创造性的改革美术教学，并进行环境育人方面的探索。课程改革的受益者不仅是孩子们，老师也体验到了创新和发展的快乐。

国老师说："学就要学以致用，不断的超越和创新，这是专业成长的关键因素。"反思自己，在工作中被周围同事称为很有创新意识的老师，但是比起国老师的善于反思和学习，善于推翻前期经验、不断创新和超越的精神还是差得很远。我觉得自己在工作中还很缺少研究意识，更多时候是安于现状，缺乏洞察身边教育问题和深入思考的能力。因此，我觉得自己应该提高观察的能力，多思考，多反思，多问自己一些为什么，多分析教学实践的现象，多积累好的经验。为自己制订一个观察分析的计划，督促自己不要安于事件表面现象，学习深入思考问题，在实践工作中努力探索和研究，改进工作，做个教育的有心人。

三、善于反思，勤于笔耕

国老师说："教师要不断反思和分析自己的教育行为才能不断成长。"国老师还提到教育活动要养成前期备课，课后分析的习惯，要把零散的经验清晰化和明朗化。

联系到自己，我发现自己喜欢做事，但是比较懒于反思。反思的时候也流于表面，不能深入的进行分析。问题的关键有两个：一方面是自己没有养成深入思考问题和追根寻底的习惯；另一方面是没有养成良好的学习习惯，书看得少，了解幼教前沿的东西比较少。

这次通过听国老师的讲座，使我再次受到了触动。这正好和刘老师一直对我们的要求相吻合，刘老师要求我们在动笔写东西之前一定要查阅很多相关的资料，先要了解别人做了什么，有过什么前期经验，再结合自己的实践总结最有价值的东西。不能只是"自我陶醉"在自己做的事情里。

这次听国老师的讲座，我的感受太深了。特别是对照自己的言行发现了自己与国老师太多的差距。"以己为镜，思行谋进；以人为镜，增智添翼。"我想正是因为这次有意义的讲座，将会使我更加客观地面对自己的发展现状，为自己的未来做出更加清晰的规划。

第二篇　做专题研究　学深耕细作

在专题研究中培育自身的优势，
在案例研究中体会研究的意蕴，
在日常的渗透中积累教育智慧，
在实践与反思中获得专业成长。

开展专题研究，作自身实践的研究者

刘占兰

教师进行研究或者说教师用研究的方式去工作，是《幼儿园教育指导纲要（试行）》（以下简称《纲要》）和《幼儿园教师专业标准（试行）》（以下简称《标准》）对幼儿园教师的专业要求。根据《纲要》的要求，教师应成为幼儿主动学习的支持者与鼓励者、引导者与帮助者；教师应成为自身实践的研究者，做研究型、专家型教师。《标准》提出，幼儿园教师应具有反思与发展的能力，应主动收集、分析相关信息，不断进行反思，改进保教工作；针对保教工作中的现实需要与问题，进行探索和研究；制订专业发展规划，积极参加专业培训，不断提高自身专业素质。可以说，开展专题研究和结合日常教育教学的研究，是提高教师专业水平和素养的有效途径。

工作室工作的基本思路与具体目标是：将老师们引向专业化、研究型教师的发展之路，努力为老师们成为名师勾画出基本的路线图。

在工作室工作的第一阶段，老师们经过阅读经典教育著作，聆听已成为名师的榜样的成长经历，通过接受读书、写作、现场研究等方面的具体辅导来加强基础能力；工作室通过引导教师个人反思、同伴共同研讨、再进行分析概括与提升等活动，对每位教师的专业能力进行诊断等这些有针对性的重要活动，使每位教师懂得了名师是什么样的，她们具有什么样的专业智慧和道德智慧；自己当前的水平是什么，在专业和道德智慧两个方面距离名师有多远，自己应该从哪些方面加强，从哪里突破；在此基础上确定了各自的发展方向，勾画出了基本路线图，明确了具体研究与工作任务。

在工作室工作的第二阶段，教师们明晰了自身的优势和不足，明确了自身的方向之后，为了进一步发挥自己的特长和优势，在教育实践中不断积累和提升教育智慧，每个人都确定了自己的研究领域和重点，开展了深入细致的专题研究。工作室为老师们的发展提供更有针对性的、个性化的指导和帮助，重点是引领老师们沿着成为名师的路线图、朝着自己的方向、以适合于自己的进程，不断地提升自己。

一、明确发展方向，确定研究重点

专题研究之初，工作室通过个人提出、共同讨论相结合的方式，使每位教师都确定了自己的发展方向，确定了学习和研究工作的重点任务，作为提高专业水平的生长点和突破口。每位教师所确定的研究重点充分考虑到教师个人的特长和已有经验、发展方向、所带年龄班幼儿的特点或工作性质与内容的特点。

工作室教师的发展方向和研究重点

教师姓名	发展方向	研究重点
杨丽欣	语言教育	通过教研活动提升教师指导幼儿早期阅读的能力和水平
金 东	科学教育	生活化的科学活动
陈 晶	科学与艺术教育	科学教育系列活动及美工区活动材料投放研究
梁 艳	健康教育	体育活动中幼儿的社会性培养研究
张雅静	社会教育	幼儿的社会性发展及入学准备研究
刘玉秀	社会教育	幼儿的交往及特殊需要的研究
白立茹	语言教育	关注一日生活，促进幼儿语言发展
梁燕京	环境创设	区域活动材料的提供与幼儿活动的指导
任咏泽	健康教育	幼儿体育活动研究
蔡 涛	艺术教育	幼儿音乐剧表演研究

二、围绕研究重点，开展学习与实践研究

专题研究之初，每位教师围绕着自己的研究方向和研究重点，开展了学习与

实践研究的准备工作。为了提高效果，工作室安排了三个主要方面的工作任务并提出了具体要求。

第一，学习和丰富相关认识。老师们围绕自己的研究重点，学习相关理论和已有经验，了解当前的理论研究进展和实践研究进展。学习重要的著作和理论观点；就自己要研究的问题阅读主要学前教育杂志上的相关文章，了解同行们已经进行了哪些实践研究、好的做法和案例有哪些等。从而使自己的研究能够建立在一定的理论和相关经验的基础之上，克服没有理论依据和不了解现实的盲目做法，培养老师们科学的态度和研究的意识。

第二，个人进行实践研究。围绕着确定的研究重点，在自己的工作实践中制订计划、开展研究。工作室定期交流教师各自的研究情况，并重点讨论遇到的问题和取得的新进展，为下一步的工作提出对策与建议。

第三，工作室集体进行现场研究。教师展示他们研究的思路和做法，工作室的全体成员进入教育现场，进行集体观摩、分析研讨。如崇文区回民幼儿园的梁燕老师根据自己确定的"体育活动中幼儿的社会性培养"这一研究重点，进行了"夺宝奇兵"的体育活动展示，现场活动以培养幼儿的合作意识与能力、发展幼儿不同形式跳的动作与能力为重点。活动后，工作室的老师们围绕着幼儿体育活动的科学性与安全性问题、幼儿体育活动的核心价值问题、活动的容量与适宜性问题展开了深入的研讨。又如，朝阳区光华路幼儿园的张雅静老师根据自己确定的"促进幼儿社会性发展"的研究重点，进行了以区域活动为背景的"一起做事真快乐"的社会性活动展示，现场活动以培养幼儿的任务意识、活动的计划性和同伴之间的合理分工与合作为重点。活动后，工作室的老师们就活动区的计划、材料的结构与呈现方式、区域活动的重点与指导、幼儿的记录形式、活动后的评价方式与重点等问题进行了深入的研讨。

工作室集体进行的现场研究根据教师看到的客观现实，用关键性的问题引导教师思考，并在一些关键性的问题上达成了基本的共识，在相关问题上提高了教师对学科领域关键经验与特点、幼儿的学习过程与特点以及教师的关键教育方式与策略的把握能力。

三、形成系列研究成果

经过设计、学习借鉴、实践研究的过程，工作室的一些教师逐渐提升了自己的优势领域，也有一些教师确定了自己的优势领域。本篇中所呈现的陈晶老师的"幼儿美工区活动专题研究"和杨丽欣老师的"幼儿早期阅读活动专题研究"是工作室教师这一阶段研究的典型代表。从她们的系列专题研究成果中，我们看到了她们对幼儿园教育教学特点的深刻认识，对所研究学科领域特点的本质性理解和对幼儿年龄特点与学习发展特点的深入了解。

幼儿美工区活动专题研究

陈　晶

一、美工区环境现状调查

最近，几位老师都感觉到美工区"材料丰富，但使用频率不高，幼儿作品形式内容简单"，为了深入了解和研究美工区，我们采取现场观察的方法进行了调查。

一周之内，我们走访了六个班级，详细记录了各班级美工区的所有环境、材料。为了让记录更清晰，我们还将美工区的环境分成了几个类别：墙饰、重点材料、辅助材料、工具和其他。其中，重点材料是指教师赋予了一定创作内容，有指向性的材料；辅助材料是指没有明确的创作提示或要求的材料。

记录结果收集来之后，我们首先统计了各班级美工区材料的种类，两个小班都是 19 种，中大班都在 30 种以上，可见每个班级的美工区材料都很丰富。

此外，在记录和统计中我们还发现，各班级美工区不仅材料丰富，而且所有材料的投放都蕴含了教师的教育意图：墙饰是近期创作重点的反映；重点材料是教师针对近期教育目标、重点精心思考和投放的；辅助材料虽然比较开放，但教师也希望它们能为丰富幼儿的创作提供帮助；工具是美术创作的重要材料，各个班级中多样的工具也反映了教师对幼儿各种创作活动的支持。

为有效激发和促进幼儿的美术创作，教师们还创设了很多具有启发性和支持性的环境，其内容和呈现方式有以下三种。

（一）提出一个创作主题，激励幼儿围绕主题选择材料进行创作

大三班在活动区背景墙上布置了由"包装上有什么"和"怎样用彩泥制作包装图案"两部分组成的"包装DIY"墙饰，引导幼儿为包装设计和制作图案；小三班以装饰瓶子为主题，利用柜子后面布置了"瞧我装饰的瓶子"的展示墙；中四班以动物为创作主题，利用窗台布置了摆放立体制作的"动物展示台"，并提供了一个供幼儿展示与动物相关的平面作品的画架……

（二）结合近期教育目标，提供结构化的材料

中三班提供了学习穿编的系列材料，每个小班都有练习涂色和剪的系列材料等。它们都是将几种相关的材料放在一起形成一份一份的材料，每份材料可以完成一种作品。为了突出这些材料，有的班级还创设了一些提示性环境，如将用这些材料完成的作品拍成照片钉在材料边的墙上，将活动名称的图卡、字卡对应呈现在材料边，引起幼儿的关注。

（三）针对某一材料或技能创设支持引导性环境

大四班活动区背景墙创设了"怎样制作拉手小人"的墙饰，引领幼儿学习剪拉手小人；放置纸杯和纸盘的材料筐边上写上了启发性问题"想一想、试一试，它们可以做什么"；窗台上布置了一个展台，上面摆放着孩子们和家长一起制作的钟表，并有一行提示语"我们一起做钟表"。

通过对美工区环境的调查，我对我园美工区环境的现状得出以下结论：一是材料丰富、品种多样；二是蕴含丰富的教育内容；三是已具有一些为幼儿与材料互动以及进行美工创作所提供的环境支持策略。

对美工区环境的调查更激发了我们观察、了解幼儿与材料互动的情况的兴趣：这么多的材料，孩子互动的频率怎么样呢？我们目前的环境支持策略有效吗？不同年龄班幼儿与材料互动的情况一样吗？带着一系列问题，我们决定走进美工区去观察、了解幼儿的活动情况。

二、幼儿与美工区材料互动情况现状调查

为了解幼儿在美工区活动时与环境互动的情况，我们对各班又进行了两次幼

儿活动情况的现场观察。在现场观察中，教师们以旁观者的身份观察和记录幼儿的活动情况，包括选择的材料、活动的内容和完成作品的情况等。

对幼儿活动的调查显示，幼儿在美工区的活动主要分为两类：围绕教师教育意图开展的活动和以幼儿意愿为引导开展的活动。其中，围绕教师教育意图开展的活动又有三种。

1. 主题性活动，即围绕环境中提出的创作主题自己选择材料和方式进行创作

在"动物"的主题下用纸盒、彩泥、绘画等方式表现动物形象；在"设计包装图案"主题下用彩泥、彩纸等为瓶子设计和制作包装图案等。

2. 结构性活动，即利用教师提供的有结构的材料进行创造性表现或技能练习

在画有大熊猫的底纸上涂色；将教师画好的梳子轮廓剪下来；将小正方形折成花心之后粘贴在向日葵的底纸上等。

3. 专题性活动，即围绕环境中提出的重点创作内容进行创作

剪不同的拉手小人与活动区背景墙互动等。

将这三类活动与环境创设调查的结果对比，与教师围绕重点教育内容创设的三种支持性环境非常契合。可见，提出重点内容、准备有结构性的材料、创设支持性环境等策略对幼儿的美工区活动是有帮助的，可以有效引发幼儿与材料的互动。

同时，我们对幼儿使用的材料进行统计和分析后发现，美工区材料丰富但使用频率不高，幼儿作品形式内容简单。统计幼儿完成作品所需的材料，纸张、彩泥、彩笔、剪刀、胶棒使用频率最大，几乎每个班级的每次美工区活动中都有幼儿使用；一些好粘贴的辅助材料，如即时贴、小亮片、彩纸等也会有幼儿用来装饰作品，且没有班级和年龄的区别；而稍大型的主体材料的使用明显因班而异，有相关创作主题的班级，孩子们就会选择（如在"用什么装饰"的主题引领下，孩子们就选择了用瓶子进行装饰），但没有创作主题的班级，就没人选择了。可见，幼儿在美工区活动中使用的材料还是很局限的，与之前调查的各班级美工区材料总数相比，所占比例不足四分之一，大多数材料都未被使用。

为避免以偏概全，我们又对全体教师进行了调查访谈，请他们回顾自己班级幼儿美工区活动的情况，真实客观地将本班美工区材料按幼儿经常互动、偶尔互动、很少互动进行列举。结果与调查基本一致，日常的美工区活动中孩子使用材料的情况和比例也大致如此。并且，教师们都能说出自己班级中好几种几乎不被

使用的材料，其比例也并不小，比如羽毛、果壳、塑料药丸盒、瓶盖等。

通过前期调查，我们了解到美工区环境材料丰富，但能有效引发幼儿互动的材料并不多。

三、影响幼儿与美工区环境材料互动的因素研究

"为什么美工区里材料那么多，可幼儿经常使用和互动的材料并不多呢？"探寻影响幼儿与美工区环境互动的因素是找到答案的前提。

因此，怀着一探究竟的好奇，我和老师们对影响幼儿与美工区材料互动的因素又进行了一系列的研究。

（一）幼儿美工区活动现场观察与访谈

这一次的现场观察我们选择了一个中班，教师们每人定一个重点观察对象，不介入或干预幼儿的想法、做法，进行客观的观察和描述性记录。在记录中，我们要求真实记录下观察对象的全部活动过程和最终结果，包括幼儿在活动中的动作、语言、使用的材料，完成作品的内容、材料，以及孩子对作品的描述等，以便从中捕捉影响幼儿选择和使用材料的因素。

观察之后，我们首先对今天美工区幼儿的作品和与材料互动的情况进行了统计和分析。参加活动的幼儿共8人，完成作品10个：3个纸杯兔子、4个彩泥浮雕（2个自己捏的兔子，2个印的猫和青蛙）、1个纸碗乌龟、2张彩笔画（斑马和喜羊羊）。

活动过程中幼儿互动了的材料共17种，其中制作材料10种：瓶盖、纸杯、纸盘、纸碗、即时贴、绿豆、彩泥、彩纸、亮片、白纸；美工工具7种：胶条、水彩笔、剪刀、双面胶、胶棒、彩泥工具刀、彩泥瓶盖（可以扣出动物图案）。

幼儿作品中呈现的材料共9种（活动中幼儿曾试图用绿豆作动物眼睛，但后来又改成了瓶盖）：其中4人同样用了纸盘和彩泥做浮雕；3人用了纸杯；1人用了纸碗；2人用了瓶盖作纸杯兔子的眼睛；3个作品用了彩纸，包括2个纸杯兔子和1个纸碗乌龟；4个作品用了即时贴，包括2个纸盘浮雕和2个纸杯兔子；2人用白纸画画。

从幼儿的活动过程和结果同样可以看出幼儿在美工区活动的内容比较单一，

互动的材料也有局限。

之后，结合观察情况，我们又共同分析总结了幼儿今天选择和使用材料时可能受到的影响。

1. 幼儿的兴趣、需求

有的孩子进到美工区里就马上选择材料开始了活动，这说明他们活动之前就已经计划了今天的活动内容和所需的材料，而这些预设源于他们的兴趣和需求。反之，没有具体想法的孩子进入活动就较慢，常常是先看别人干什么或在材料柜前徘徊。

2. 幼儿的已有经验

大多数孩子活动的内容和使用的材料都是他们熟悉的，这从他们熟练的动作可以看出。

3. 环境暗示

教师创设的支持引导性环境对幼儿选择活动内容和材料有很大影响。在今天的活动中孩子们的作品都是表现动物的，与活动区"制作动物"的创作主题有密切关系；有一个孩子在选择活动前先在"动物展台"前看了一会儿别人的作品，之后就选择了用纸杯做动物，显然"展台"给了他启发和帮助。

4. 材料本身

白纸、彩纸、亮片、即时贴、纸盘、彩泥……还是这些易造型、好粘贴的材料更受欢迎。而且有一个孩子曾试图用绿豆作动物眼睛，但后来又改成了瓶盖，也是因为绿豆不好粘贴在纸杯上。

5. 同伴的影响

从今天孩子们十个作品只有四种创作方式，而且有三个几乎相同的纸杯兔子的情况可以明显看出同伴的相互影响。此外，活动中同伴间的交流也对彼此的活动有所帮助（一个孩子不能用胶棒将亮片粘在纸盘上，旁边的孩子看了一眼告诉他"你用双面胶"，难题马上解决了）。

6. 教师的引导

教师的引导会影响幼儿的活动，这一条毋庸置疑，今天王老师的介入帮助做乌龟的孩子解决了纸碗龟壳画不上颜色的问题。

针对观察统计和分析的情况，我们又对班里的部分孩子进行了访谈，包括三个问题"你最喜欢到美工区做什么？为什么？""你喜欢用哪些材料做作品？为什么?""为什么不选择别的材料?（果壳、羽毛等）"孩子的回答与我们的观察也很吻合，特别是幼儿对"为什么不选择别的材料?（果壳、羽毛等）"的回答——"我不喜欢""我不会""那个不好粘"，有力地证明了兴趣、已有经验对幼儿选择材料和活动的影响。

(二)教师体验美工区活动

既然经验对幼儿选择材料开展活动有如此重要的影响，那么，到底需要哪些经验才能支持幼儿的活动呢？为进一步分析影响幼儿选择材料的因素，特别是挖掘幼儿利用多种材料开展美工活动应具备的关键经验，我和老师们又进行了一次美工区的体验活动，并通过亲历活动、寻找分析难点关键点的过程，更深入地反思总结了幼儿选择材料、开展活动的难点和问题。

我们利用一个班级的美工区开展此次活动，教师分成四组，分别用纸张、彩泥、颜料和废旧材料作为主体材料进行 30 分钟的意愿创作，要求作品的形式、内容不能重复。活动开始后教室里马上乱了起来，老师们先是找来了自己的主体材料，之后又开始抢各种辅助材料，当材料都找到后，创作的过程却有快有慢了：平日美术好的老师手脚不停，不一会儿就做出了好几样作品；平日技能或经验不够丰富的老师边做边想边改，明显慢了许多。而且，活动过程中也出现了一些问题：颜料是干的、笔帽粘不到一起、找不到红颜色的彩纸……但老师毕竟是老师，30 分钟后桌子上已经摆满了她们的作品。

看了教师们的活动，我想她们已经有了体验后的新收获。于是，在简单介绍了自己的作品后，我马上和他们一起开始了重点问题的研讨："在活动过程中你遇到了哪些问题?""你对自己的作品是否满意？有哪些问题制约了你的发挥?""运用多种材料进行美工创作需要哪些经验?"

通过充分的交流和反思，我们得出了以下结论：影响我们运用多种材料进行美工创作的因素主要有时间、计划、材料、工具、幼儿对材料是否熟悉和环境六个方面。老师们普遍感到，30 分钟的时间重复自己熟悉的活动内容很容易完成作品，但对新创作来说时间很紧。提前制订计划对活动会有帮助，脑袋空空的时候只能模仿他人或重复熟悉的活动。材料不合适，如颜料都是干的，根本没法用，限制了我们的选择。没有适宜的粘贴工具也会影响我们对不易粘贴的材料的选择。没用过的材料连老师也不知道用它可以来做些什么。有些盘子里的材料摆放混乱，想找的东西找不到，自然没法用。显然，通过教师的亲历体验，我们丰富和细化了影响幼儿与美工区材料互动的因素。

最后，通过观察孩子们的活动和自己的亲身体验，教师还总结出运用多种材料进行美工创作需要的关键经验。

1. 创作的愿望和计划性

有需求、有想法才会积极地通过多种手段、利用多种材料进行创作，不断丰富和完善自己的作品。

2. 对要创作作品的了解

任何创造都不是凭空的，幼儿创作的内容都来自于他了解和接触过的事物，而且对这一事物越熟悉，表现才能越丰富。

3. 对美术创作方式的掌握

绘画、泥工、拼贴、缝纫……只有接触和了解美术创作的不同方式，幼儿才可能运用这些方式进行创作，并在创作中使用相关材料。

4. 对材料的熟悉

美工区里都有哪些材料？它们都在哪里？是什么样的……只有熟悉美工区、熟悉里面的各种材料，才能在创作时去选择和运用。

5. 运用各种材料进行美工创作的经验

瓶盖可以做什么？用什么材料适合做花瓶……具有使用各种材料的经验才能帮助我们选择和运用它们。

6. 使用材料和工具的能力

创作的内容确定了，材料也选好了，要实现自己的预想还需要使用和运用材料、工具的能力，否则也会影响我们对材料的使用。

四、关于"让废旧材料成为幼儿美工活动的新宠"的策略研究

经过了前期的调查研究和原因探寻，我们将研究的目光投向了对现有环境的改进策略，并从占美工区材料最大比例的废旧材料入手，以"让废旧材料成为幼儿美工活动的新宠"为重点，开展了一系列针对美工区环境创设的调整策略的研究，取得了良好的效果。

(一)对症下药——针对问题研究调整环境材料

依据前期研究所获得的经验，我们首先对现有班级美工区环境进行了新一轮的反思，在"材料丰富、品种多样、蕴含丰富教育内容"的现象背后分析了现有环境的问题，并针对问题提出了环境材料的调整策略。

现有环境的问题主要有以下四个方面。

一是材料本身的问题。材料缺少变化、不便使用或挑战性过大都会影响幼儿选择和使用材料的兴趣。如废旧材料常年不变，供幼儿印章的颜色水干了，给小班幼儿提供木条等。

二是材料呈现的问题。材料摆放混乱或不及时添加，不便幼儿选择和取放。如有些班级幼儿完成的作品和半成品没有摆放和展示的地方，就堆在材料筐里，盖住了没使用的材料，幼儿看不到自然也就没办法选择使用。

三是对材料缺少必要的筛选和结构。对于没有使用经验的幼儿来说，过于多样的开放性材料，孩子们无从下手，不知如何使用。

四是对材料的使用缺少启发引导。现有的支持性环境大都指向创作的内容和技能，如剪拉手小人、做动物、做花瓶等，很少有对使用多种材料的引导。

在现有的为幼儿与材料互动，进行美工创作所提供的环境支持策略之上，我们又进一步细化，提出了以下六个方面的新策略。

策略一，经常更换新材料、提出新主题、新挑战，不断激发幼儿的活动兴趣，促进其不断丰富创作内容和材料。

策略二，材料分类摆放，并注意经常整理、收拾和增添，为幼儿的选择和使用提供便利。

策略三，根据年龄特点调整材料投放方式。小班到中大班应逐步由少到多，由结构性投放(每种材料都赋予一个明确的创作内容，如纸杯做小鸟、瓜子皮粘蝌蚪等)向开放性投放(开放投放、自由选择)过渡。

策略四，对于新材料或幼儿熟悉的材料应赋予适当的活动内容，以引导幼儿使用，丰富他们运用这些材料的经验。如针对一种材料提出活动专题(我和瓶盖做游戏)，将两三种材料整合在一起提出一个活动内容(将毛线和剪好齿的纸盘放在一起供幼儿缠绕穿编)等。

策略五，选择和投放材料时注重幼儿的设计和参与，引导幼儿根据创作主题进行材料筛选，让投放到活动区中的材料具有一定的指向性和目的性，使幼儿活动时的选择不再盲目。

策略六，利用环境激励幼儿使用多种材料创作。针对一个创作主题提出启发性问题，如"你能用什么做花瓶"；创设作品展示空间，如"废物利用大比拼"，让幼儿互相学习、互相启发等。

为了验证上述策略，我和教师们将"引发和支持幼儿与多种废旧材料互动，进行美工创作"作为重点，调整了美工区的相关材料，创设了很多支持性的环境。有效地引发和支持了幼儿利用各种废旧材料进行美工创作的热情，孩子们愿意尝试运用更多的材料了。

（二）拓展思路——一次拓展性的体验学习活动

一段时间的活动之后，我们发现调整后的美工区里，孩子们使用废旧材料创作的作品增加了，但废旧材料更多地被用于拼贴、组合活动，使用方式还是比较局限。而且，这种拼贴对于中小班孩子挑战性还是很大，需要使用工具的能力和以物代物的经验。难道废旧材料不适合小班幼儿活动吗？利用废旧材料进行创作的方式还有没有拓展的可能呢？

带着这些问题，我翻看了《学习环境的规划与运用》《美工活动区的设计与应用》两本书，书中对"多样性的美劳活动"的介绍让我深受启发。在绘画、泥塑、版画、拼贴与建构、缝纫与编制五大类型的美工活动中，都能找到废旧材料的身影，它可以是绘画的工具、版画的基材、印画的印章、拼贴的材料、编制的主材等，这使我的思路得到了拓展，相信也能让老师们受益。

于是，我又组织开展了一次针对废旧材料的体验制作活动，让教师们在对自己的作品进行分析后，再适时带领他们学习相关知识，拓展思路，并进一步启发他们的创造性运用。

如我所想，第一次制作时，教师们对废旧材料的利用还都停留在拼贴与建构上，纸盒机器人、薯片筒汽车、果壳贴画、布娃娃……虽然形象和所用的材料各不相同，但制作方式并不多样。在教师们兴致勃勃地介绍完自己的作品后，我提出了一个新问题："请老师们将这些作品按制作方式分一下类。"一阵讨论和摆弄后，教师们将作品分成了两堆儿：立体的和平面的。接着我又问："请老师们回顾一下，我们运用这些废旧材料制作时用到了哪些动作？""贴""剪"……两个声音后便是一片沉默了。我想废旧材料创作方式单一的问题老师们此时已经发现了，应该抓住这一时机拓展教师的思路。

我拿出了美工区里的颜料，进一步启发老师们："你们想一想，颜料能不能和这些废旧材料进行组合，拓展一种新的使用方法？"在我的引导下，常带小班的王老师说出了第一个方法："用废旧材料当印章印画。""我看到别的幼儿园用薯片筒点上广告色滚画，也挺漂亮的。"刘老师也想到了一个办法。接着，其他老师也纷纷出主意："就用颜料装饰纸盘、纸杯也很好。""滚珠画也可以。"……看来老师们的思路已经打开了一些，但还需要进一步的拓展。于是，我带领教师们学习了"多样性的美劳活动"的相关资料，并在学习之后鼓励教师们再进行一次创作，以更多的方式运用废旧材料完成美术创作。第二次的创作显然丰富了很多，老师们也都沉浸在了收获的喜悦中。

对废旧材料的研究拓展了教师的视野，促进了各班美工区的变化和孩子们的发展，更激发了教师们研究拓展美工区活动内容与材料的兴趣。缝纫活动的系列材料，多种多样的玩颜色活动，多种材料的版画拓印，用不同材料装饰橡皮泥的"棒棒人"，多种技能和方式表现蝴蝶……各个班级的美工区都在发生着变化，创作内容更加丰富了，创作空间更加宽阔了。

更让人欣喜的是，经过一系列的研究总结和回顾反思，教师们在美工区环境的创设上更加关注幼儿的需求和发展水平，利用环境材料引导支持活动的策略也更有针对性了。

关于美工区的研究让我和老师们都受益匪浅，而且还有很多内容需要进一步的研究，特别是幼儿活动中教师的介入和指导。

在研究和撰写案例的过程中，并不是一帆风顺的。其间大到研究重点的确立、研究方案的制订，小到观察记录表的设计、观察结果的分析统计、教研方式的思考……很多环境中都出现过问题和困惑，有时难以把握研究的方向。但一路走来，我觉得自己还是从中收获了很多，特别是对以下三方面有了更深刻的认识：一是扎实深入的现状研究和归因分析是开展实践研究的基础；二是紧密针对教育现场开展研究是研究取得良好成效的保障；三是多种教研方式的综合运用有效促进了研究的开展。但实践策略研究的部分还不够充分，研究效果也还需要进一步的实践检验。

幼儿阅读活动专题研究

杨丽欣

一、让孩子成为阅读的主人——长远着眼、现实落脚

自进入 21 世纪以来，我国幼教界开始以前所未有的热情关注和推广着早期阅读的教育理念。尤其是《幼儿园教育指导纲要(试行)》的深入贯彻落实，也使得早期阅读的意义获得了教育研究者和实践工作者更为普遍的重视。阅读是一项受益终生的学习技能，许多研究表明，儿童早期阅读能力的培养对其身心全面、健康发展具有显著的教育价值。

近年来，随着对早期阅读活动研究的不断深入，人们对早期阅读活动的认识也在不断发生着变化，由开始的质疑"孩子不识字怎么读？"的阅读识字观，到以观察为基础的阅读理解观，再到以欣赏、感悟为重心的性情陶冶观，直至现在的早期阅读活动多元价值观。

在幼儿早期阅读中，经过多年的学习、探索与实践，我们认为：要想让孩子成为阅读的主人，就要长远着眼、现实落脚。换言之，就是要树立"培养有益于幼儿终生发展的阅读兴趣和习惯，使阅读成为一种生活方式"的观念。同时，要立足于现实的实践性、体验性阅读活动，使幼儿能够掌握早期阅读的方法与技能，以促进其由带领式阅读向自主性阅读的发展，为其进入真正的阅读奠定良好的基础。

(一)在带领和影响中，让孩子喜欢阅读

人的各项能力的发展，既来自于先天的潜质，也有待于后天的影响与教育。

阅读亦是如此。而感受阅读的魅力与乐趣，激发阅读的兴趣，是"培养成功的阅读者"的第一步。

1．让幼儿在陶醉与陶冶中，感受阅读的魅力

如果你问幼儿园的孩子们最喜欢做什么？答案最多的是玩游戏！你再问：孩子们什么时候最专心、最安静？这个答案往往是：听故事的时候。

的确，一本好的图画故事书、一部经典，首先是一部优秀的儿童文学作品。文中不仅有优美的语句、丰富的词汇，还有各种修饰手段的运用，同时，故事中都会蕴含着一个耐人寻味的哲理，使人回味长久。讲故事，使孩子们在教师或家长绘声绘色的讲述中，得到一种听觉和心灵的享受。另外，这样的作品往往还伴随着一个优秀的艺术创作与表现，巧妙的构思、独特的造型、丰富的色彩又使得孩子们获得一种视觉上的享受。

如葛翠琳童话系列不仅连贯、清晰地讲述着发生在一个个小动物身上的有趣故事（小灰兔要学画画，猫老师却让它种白菜……最后大家终于明白了其中的秘密），而且突出了中国画柔美、渲染的表现形式，使每一个画面都成为了一幅艺术作品，孩子们不仅喜欢听故事，而且还特别愿意看。

2．让幼儿在倾听与想象中，体会阅读的乐趣

幼儿在图画书阅读的过程中，也遵循着语言学习的规律。即先输入，后输出。认真、专注地听，是孩子们在阅读活动中的基本表现。他们通过成人语气的轻重、语速的快慢、不同角色的声音变化等所传递的信息来感受作品。同时，结合自身的原有经验加以想象性的理解，并且乐在其中。

如安东尼·布朗的《我爸爸》和《我妈妈》。全文以一种比喻的手法，将爸爸的各种特点比喻成各种动物，将妈妈比喻成不同职业的人。而且在句子中还加上了夸张而带有赞誉性的形容词，使人忍俊不禁。孩子们每每读来都乐此不疲，并以此为基础创作了自己的《我爸爸》《我妈妈》，使家长和教师惊奇的是孩子们能如此准确地抓住其特点以及他们独特而富有个性的视角。

3．让幼儿在环境与氛围中，养成阅读的习惯

我们常说，幼儿的发展是在与环境的相互作用中实现的。要使孩子接受阅读，首先要接触图书。无论是在孩子的视野中、还是在孩子的活动中，都有与图书相关的内容，书就成为了孩子们生活的一部分。成人的阅读活动给孩子带来了

榜样与示范的作用，每天和孩子一起看图书、讲故事，不仅满足了孩子们对图书与故事的好奇，也使孩子们在亲密的接触中、话语的传递中感受到亲切与温暖，使其情感需要得到满足。而每天固定的阅读活动，如进餐前、午睡前、离园前，或是晚安前的亲子阅读，经过一段时间，孩子就会自然的形成习惯。

如某个周末，冉冉玩得实在太累了，洗完脸倒头就睡着了。半夜里忽然醒了，一定要妈妈讲故事。妈妈说很晚了，明天补。冉冉却很坚决，无奈妈妈只好拿出书。讲完故事，冉冉安静地进入了梦乡……"这孩子，每天晚上看书、讲故事都成了必需的程序了。"妈妈笑着如是说。

从陶醉于经典、陶冶性情的角度讲，图书的选择没有明显的年龄划分和年龄指向，从体会阅读的乐趣、感悟其中的哲理的角度讲，也同样如此。

(二)在观察和分享中，让孩子学会阅读

如果说，成人的带动与影响为孩子们打开了阅读的大门，之后就要在教师和家长的指导帮助下，使幼儿学习阅读的方法，为自己的独立阅读做准备。

理解是阅读活动的核心，能够读懂并有所收获才是阅读的目的。这也是早期阅读教育的一项重要内容。

1. 让幼儿在细致的观察中，学习阅读的方法

幼儿对图画理解能力与文字理解能力相比，更直观、更容易。但是，他们更容易受到多种因素的干扰，对画面观察的目的性、顺序性、全面性都较弱，往往不能准确地抓住阅读内容的核心。因此，成人有意识的引导与指导是必不可少的。

拿到一本新书，带孩子一起认真观察、阅读封面，引导孩子们以此对图书的内容进行预测与推测，不仅激发了孩子们的好奇心，促使他们在之后的阅读活动中去寻找答案，也是一种帮助孩子学习阅读的方式。封面中有两只兔子，孩子们就会说这本书要讲大兔子和小兔子的故事——《猜猜我有多爱你》；封面中有一个拿着针的人和一只鳄鱼，孩子们说可能是鳄鱼病了，要去看医生——《鳄鱼怕怕牙医怕怕》……

同时，引导并帮助孩子们仔细观察画面中的变化、人物的表情、动作等，进行判断，得出结论。引导孩子们将故事的前后反复翻看，发现线索与问题，从而得出有依据的答案和结论，以达到理解画面的目的。

2. 让幼儿在反复的阅读中，理解阅读的内容

反复倾听或反复阅读，对学前期的孩子来讲都有其教育作用。我们常常会听到家长说，宝宝两三岁时对同一本书百听不厌、乐此不疲。小班老师也发现，孩子们最喜欢看讲过的、看过的、甚至是能讲下来的图书。对于这一现象，许多人都心存疑问，殊不知，这一时期的孩子，正是通过一遍遍的反复听、反复看，来理解其中的内容与意义。因为，有许多都是他们不知道、不了解、不曾经历过的，他们需要通过一次次地听与看，来理解词义，了解事件的发展脉络。同时，在模仿中学习语言，学习文字化的表达，建立图与文之间的联系。另外，这样的活动满足了他们对图书内容预知性的成功感，达到了与图书的互动。

而对于四五岁的幼儿来讲，反复阅读能够帮助幼儿发现更多的细节，还有助于他们阅读的深刻性。就像我们常说的：书不是一遍就读完的，每读一遍都会有不同的感受与收获。如《小熊的阳光》，初次阅读，我们知道了先是小熊喜欢阳光，之后是雪人帮助它挡住了刺眼的阳光度过了冬眠的日子，这是一个关于小熊和阳光以及雪人之间帮助与关爱的故事；再次阅读，孩子们就发现了其中关于季节变化和小熊的生活习性的细节画面，并获得了相关的认识；深度阅读时，孩子们开始以自己独特的视角去理解、概括作品的内容，有的说：阳光有好的一面，能帮助小熊做一些事，也有不好的一面，太刺眼使小熊不能踏踏实实的冬眠；有的说：这是因为小熊粗心，没拉上窗帘造成的；还有的说：那是因为小熊喜欢阳光，是它没想到白天睡觉会有那么亮……

3. 让幼儿在与同伴的交流中，提高阅读的技巧

在早期阅读中，同伴的影响与作用是不容忽视的。同伴之间的讨论与交流，有助于提高幼儿的阅读兴趣与技巧。特别是五六岁的中大班幼儿，当他们与同伴交流对一本图书内容的认识时，不仅仅是将自己的乐趣传递过去，从而引发其他孩子对这本图书，以至于这一类图书的兴趣，而且就他们共同关注的内容进行讨论、切磋技巧。如潇潇带来了一本迷宫书，自己看得津津有味，还转向周围的小朋友说："你看多逗呀，你要是走这可就出不来了。"随后的日子，带迷宫书的、爱看迷宫书的孩子越来越多，他们有时讨论怎么走、怎么走得快、怎么走最近，有时还比比看谁先到终点……

当幼儿在遇到问题时，通过交流看法——发现问题——提出质疑——寻找依据——相互启发——调整认识——反复对比——达成共识——得出结论等一系列过程，使幼儿在对比性的细致观察、反复推敲的思考、阐述观点的表达等环节中，有效地提高着阅读的技巧和语言的表达能力。

(三)在体验与思考中，让孩子自主阅读

从激发兴趣开始，引导幼儿学会阅读的方法，其目的就是使幼儿能够独立阅读、自主阅读，为其进入真正的阅读做好准备，使阅读发挥出伴随其一生的重要作用。

1. 让幼儿在实践与体验中，学会自主的选择

多年的研究实践使我们清楚地认识到：孩子独立、自主阅读的能力，不是教师、家长"教"出来的，而是孩子们在大量的阅读实践活动中、在一次次的阅读体验、在一个个的阅读感悟中，主动选择、吸收获得的。正是在这样的过程中，孩子们有了自己的分析与判断能力，逐步形成了自己的阅读方式与习惯，掌握了自主选择的主动权。

我曾与一位具有较高的学术造诣和深厚的文学功底以及独到的观点视角的教育专家，交流探讨幼儿的早期阅读问题。他的答案与我们的观点不谋而合：小时候，家里兄弟姐妹多，父母忙于工作，有谁来指导你阅读！无非是见大人看书、哥哥姐姐看书，而家里的确是有不少书。没有人告诉你，该看什么，也不知道要看什么，就是拿来就看，看得多了，也就慢慢懂了、明白了，慢慢地学会了筛选与选择。多看、多想、多用，不仅学会了用书，更重要的是学会了悟书……

2. 让幼儿在理解与思考中，建立阅读的自信

"培养成功的阅读者"还在于每一次阅读后所获得的成功感。这种成功感的前提是理解，而反复的思考将这种成功又推向了更高的层面。成功，尤其是独立阅读的成功，对于幼儿来讲，是继其阅读兴趣之后的更为强大的、更为持久的动力，它使得孩子们在一次次的读懂之后，获得积极的自我评价，从而建立起独立阅读的自信心。

阳阳喜欢看书，而且非常专注。每每看到有趣之处，她能咯咯咯的笑出声来。此时的打断是对孩子的一种影响，所以我往往会等到她阅读结束时或是其他时间再询问，她会绘声绘色地告诉你她的所见所想。她看懂了！突然有一天，阳阳问我："你说孙悟空本事大吗？"我一愣：这小鬼头，脑袋里又在想什么？我反

问了一句："你说呢?"她认真而肯定的答道："孙悟空可笨了!"这一惊可不小,我长这么大,第一次听到这样的说法,而且是从一个 5 岁多孩子嘴里说出来的。"为什么?"我紧接着追问了一句。"他除了打死了白骨精,其他的都是找别人帮的忙!""谁告诉你的?"我想知道答案。"我自己看的! 妈妈给我买的书,我可喜欢看了,都看了好多遍了,都能讲出来。""你真棒,能有自己的想法和看法。"我能看到她眼中的自信与自豪。我相信,这份自信与自豪,来自于孩子的独立阅读和深入思考,来自于她对自己的评价,来自于成人的肯定与赞扬。

二、3～6 岁幼儿早期阅读的基本特点

幼儿的思维主要是具体形象思维,幼儿早期阅读能力的发展也具有这样的特点,图画书主要通过图画形象来传递信息,儿童在阅读图画书时将看到的画面和听到的成人讲述相结合,表现出先认识具体的事物或形象,再认识事物或形象之间的关系的整体趋势。

(一)阅读偏好：由简到繁,由喜欢指认单个物体到探索复杂线索情节

随着幼儿感知力、观察力、理解力、想象力等与图画书阅读有关的心理能力的发展,幼儿在阅读方面的喜好也有一定的变化,这是由幼儿认知事物的过程所决定的,他们从认识单个的、相互独立的事物到发现事物之间的联系。因此,在阅读时,他们喜欢从指认单个物体,到喜欢探究复杂的故事情节。

1. 从单图到多图

从选择的图书看,小班幼儿喜欢色彩鲜艳、主体形象突出、以单幅图居多的图画书,最好是图画书中的物体和形象是他们所熟悉的,故事语言的重复性强。进入中班以后,随着年龄的增长,他们开始喜欢有一定故事情节,画面较丰富的图书,尤其是内容与本人生活经验相关,与自己熟悉的动画片形象有关的图书,尤其受他们欢迎。到了大班,喜欢阅读需要推理、判断等思维因素参与的图画书的趋势愈加明显,情节更为复杂,需要动脑思考和探究,科普性和益智性强的图书受到了他们的欢迎。

2. 时间从短到长

小班的幼儿喜欢选择自己熟悉的书籍,所以他们选择同一本书的频率较高,

关注图画书中突出的主体形象，阅读的时间较短，一般能看 3 分钟左右。而中大班的幼儿能够坚持从前往后翻完一本书，他们除了关注每幅画面的内容外，也开始关注不同画面之间的联系，因此阅读的时间较长，尤其是自己喜欢的图书，大班幼儿能持续 10～15 分钟左右。

(二)阅读习惯：由他律到自律，由成人陪伴到自主阅读

幼儿规则意识的形成规律是从他律到自律，因此，他们的阅读习惯也呈现出从他律到自律的趋势。

1. 从被动接受到主动发现阅读价值

对小班幼儿而言，阅读亲密了他们和父母之间的关系，尤其听着成人讲故事，是他们一种接受性的学习过程，更是与成人沟通情感的一种过程。而随着幼儿对于图书、对于阅读活动不断深入的认识，他们逐步发现图书的价值、发现阅读的乐趣和作用。中班的幼儿会认识到，阅读是自己了解信息、感受好听故事的手段。大班幼儿则会更进一步地意识到，阅读是一种学习，是自己生活、学习不可或缺的一部分，从阅读中，他们能够解答疑问，增长本领，把书当成了自己的良师益友。

2. 从成人陪伴到养成良好阅读习惯

对图画书认识的转变是幼儿良好阅读习惯形成的基础。首先，在爱护图书的习惯上，小班的幼儿经常会把图书当成玩具，甚至会出现撕书的现象，因为他们没有意识到图画书的价值，把身边随手可得的东西都当成了玩具。而在接受图书、爱上图书之后，他们会把图书当成自己的好朋友和好老师，自觉爱护图书。其次，在阅读的方法和自觉性上，也呈现出从他律到自律的转变趋势，小班的幼儿要和成人一起读书，被动地接受成人的提示，学会如何翻阅图书。中班的孩子已经基本掌握阅读的方法，在成人提示下，能够逐步养成每日阅读的习惯。自发地喜爱图书，热爱阅读，逐渐形成每天有规律地阅读图书的习惯，是我们对大班幼儿阅读习惯培养的目标。

(三)阅读理解：由偏到全，由浅入深

幼儿对于图书画面和故事内容的理解均受到其具体形象思维的限制，但随着幼儿年龄的增长，其逻辑思维能力逐渐发展，表现在早期阅读中，就是幼儿对图

画书的理解更为全面和深入。

1. 观察有顺序，关注更多图书信息

小班幼儿喜欢指认单个物体，他们没有明确的观察目标和顺序，经常是碰到什么就观察什么。到了中班，幼儿在成人指导下能够将前后页画面联系起来观察，并且哪怕并不识字，他们在观察画面之余，也可能开始尝试指认文字。大班幼儿对文字的关注度进一步提高，更加注重事物之间的联系，能够区分主次、有系统、有顺序的进行观察，并能发现画面细小的变化。

2. 由描述到想象推理

理解画面内容时，小班幼儿以描述性阅读为主，他们能就某一个画面说出"是什么"或"在干什么"，会根据简单的画面编一句话的"故事"。随着逻辑思维的萌芽，中大班幼儿在理解画面时更侧重于想象、推理和续编，他们喜欢思考图画书中页与页转换产生的情节中断、故事结局的留白等，尝试用自己的想象力在心里构建出一个动态的、有声的、完整的世界，并用语言讲述自己的理解。

3. 阅读中从被动到主动探究

就阅读中的探究表现而言，在阅读熟悉故事后，小班幼儿能回答成人提出的问题。中班幼儿则能根据具体的提问在阅读材料中探究寻找问题的答案，在成人的引导下思考同一问题的不同解决办法。大班孩子能就"问题情境"做多样性、独创性的思考和回答，能就故事情节提出疑问，积极思考并设法讨论和解决问题。

4. 同化式阅读为主到顺应式阅读为主

在处理个人已有经验和阅读之间的关系方面，小班幼儿是根据自己的生活经验对图书画面进行解读的，而中班幼儿则在理解图书主要内容的基础上，逐步将其整合到自己的已有经验。大班幼儿更是开始尝试用丰富的阅读来重构自己的经验体系。

总之，在阅读理解方面，随着幼儿年龄的增长，阅读中各种思维过程越来越复杂，幼儿掌握的阅读策略越来越丰富，对图画书的理解越来越全面和深入，从开始需要和成人一起共读，到掌握相应的阅读方法，开始初步的自主阅读。

(四)阅读表达：由无序到逻辑性初步萌芽，由简单到丰富

幼儿阅读表达是指幼儿将阅读到的内容，主要以讲述、绘画、表演等形式再现出来的一种形式，它以看、听、说、画、演为主要手段，既能有效增强幼儿的阅读兴趣，又能发展幼儿的思维、想象、创造、表现与表达的能力，还反映了幼儿对于阅读内容的理解和再建构。根据幼儿的年龄特点，不同年龄阶段幼儿阅读表现的形式和内容有所不同。

1. 阅读讲述

这是幼儿阅读表现最主要的一种形式。随着年龄的增长，幼儿讲述故事时情节越来越完整和丰富，讲述的顺序越来越具逻辑性，使用的语言越来越连贯，并能比较正确地使用故事中的词汇。尤为明显的是，与小班幼儿用不连贯的语言简单讲述感知的主要事物不同，中大班的幼儿能够在记忆讲述的基础上进行一定的创造性讲述，发挥自己的想象力，将自己的知识和生活经验融入到故事中，讲述的语气也更加生动。

2. 阅读绘画

受幼儿绘画能力发展水平的限制，小班幼儿较少采用绘画的表现形式，只有部分幼儿能够将故事中最主要的人物画下来，没有情节顺序和背景补充。随着精细动作的发展，中班的大部分幼儿则能够用单幅绘画作品来表现整个故事，基本能够抓住故事的主要内容进行绘画，并在教师引导下添画一些背景。到了大班，随着绘画经验的丰富，孩子的个性和创造性在绘画表达中得到更为明显的展示，他们将自己的兴趣、经验等也都融入其中，并能够根据自己画的连环画正确标注页码。

3. 阅读表演

阅读表演的特点是活动性强、直观、形象、有趣。虽然小班幼儿没有表演经验和相关的技能，表演比较被动，但是在成人指导下，他们能说简单的对白，用动作表现故事中一些突出的描述。随着表演意识和表演欲望的加强，幼儿用故事表演的形式表达自己的图画书理解的能力也得到了一定程度的提高，中班孩子开始有一定的角色意识，部分孩子甚至能够进行有表情、有语气的表演。大班幼儿故事表演最典型的特点是表演的主动性进一步增强，能注意到表演前的角色分配和对话设计，喜欢以合作的形式进行，将自己对故事的理解通过动作、表情和道具进行表现。

除了上述三种普遍出现的表现方式外，幼儿还会根据自身的经验或教师的指导，选择一些他认为可以的表现方式，如户外游戏、积木搭建、演唱、泥塑等。

总的来说，随着教师的引导、幼儿年龄的增长和阅读经验的提高，幼儿的阅读表现形式也越来越丰富：比如，小班的幼儿由于在绘画和表演上存在一些技能的不足，会更多地选择讲述的方式来告诉别人自己知道的故事，而随着小班幼儿绘画能力的提高，绘画表现呈增加趋势；又如，中大班幼儿社会性、表现力逐步增强，他们会更为自发地选择阅读表演的形式等。

三、家园互动下开展早期阅读的基本方式

家园共育在幼儿早期教育中的价值与意义已经得到了广泛一致的认同，在家园共育的早期阅读研究中，我们坚持了教师的引领和家园互动。注重通过各种活动、从多角度潜移默化地帮助家长形成对早期阅读的正确认识，逐步树立正确的教育观念；注重发挥环境的作用，通过幼儿的讲述和提问，引发、调动家长对亲子阅读活动的积极性，使其自然而然地参与到家园合作培养幼儿早期阅读能力的活动中来；通过丰富多彩的活动，使家长在不知不觉中实践着具体的指导方式和策略，逐步提高着自身的指导水平、发挥指导作用、融洽亲子关系，从而有效地促进幼儿阅读能力的提高。

针对家长们在幼儿早期阅读方面的一些误区和教师们的困惑，近几年，围绕着"幼儿不识字怎么进行阅读？""早期阅读读什么？""早期阅读怎么读？"等一系列问题，我们在家园共育培养幼儿早期阅读能力方面，进行了一些实践探索，取得了一些有益的经验。

（一）宣传、展示性的亲子共读栏

走进我们的幼儿园，你会发现，在各班的楼道环境中有着非常丰富的内容，那是一个个图文并茂的故事、一个个开启智慧的迷宫图……原来较为整洁、美观又有些空旷的楼道成了我们家园互动的场所——这就是我们的亲子共读栏。总体来说，亲子共读栏的内容设置大致分为三大类：故事类、益智类、识字类，随着年龄班的不同，内容有不同程度的增减。每一项活动都有名称并以文字说明或直接提问的方式表明教育目标，提示阅读指导的方法、策略。

亲子共读专栏有两个突出特点，其一是展示性和共育性，体现在以文字介绍幼儿阅读的目标及家长指导建议、宣传亲子阅读对幼儿发展的重要性、登载有关

早期阅读方面的文章、介绍班内阅读活动开展的动态、交流家长的经验体会等方面，目的是要使家园之间达成共识、形成合力、优势互补、共同发展。其二是互动性和操作性，体现在人与人、人与环境的互动和各项活动中。人与人之间的互动包括师幼之间（教师与孩子一起读）、幼儿之间（幼儿在自主游戏、过渡环节时和同伴一起读）、亲子之间（幼儿和家长一起读）和家园之间（教师、幼儿、家长的共同参与）的互动。每一项栏目的设置都是具体可操作的，在玩、看、讲、问和答中渗透教育意图，实现教育目标。

（二）参与、体验性互动的亲子游戏

幼儿园的亲子阅读活动，就是教师利用晚离园后的时间或周末时间以亲子游戏的形式，以阅读为内容，组织家长和幼儿进行共同的各种阅读活动。由于不同年龄班幼儿的阅读特点和教育目标的不同，幼儿园的亲子阅读活动也具有不同的特点。

小班游戏性的亲子阅读，能够激发家长和幼儿的阅读兴趣。如在亲子阅读"小动物睡觉"的活动中，在家长、幼儿共同阅读图书的基础上，以游戏的形式加深对故事内容的理解。听着摇篮曲的音乐一起玩"小动物睡觉"的游戏，教师用小动物不同的叫声来提示幼儿哪个小动物该睡觉了，家长则帮助孩子体验不同动物的睡姿：小马站着睡、蝙蝠倒着睡、宝宝躺着睡……孩子们沉浸在不同睡姿的游戏中。整个活动的组织动静交替，孩子们在读、玩的过程中轻松理解了故事的内容，体验到了与家长共同阅读、共同游戏的乐趣，同时也使家长学习到了引发孩子进行图书阅读兴趣的方法。

中班参与式的亲子阅读，能够在愉悦的亲子表演氛围中，提高幼儿的读图能力及语言运用能力。如亲子故事表演"彩色的小溪"分三次进行。第一次，理解故事、协商角色。首先，家长和幼儿一起阅读，了解故事内容，学说故事中的简单对话。然后，幼儿自主选择合作伙伴，每3人一组，家长与幼儿共同协商选择自己喜欢的角色或任务。第二次，制作道具、排练。家长和幼儿一起制作道具，教师、家长根据幼儿自选的角色引导幼儿在表演区进行练习，鼓励幼儿大胆表现出小溪、小鸟、娃娃的角色形象。第三次，分组进行故事表演。通过活动，提高了孩子们的阅读能力与小朋友之间相互配合及交往的能力，也锻炼了幼儿的表现能力，小演员的表演受到了大家的好评，评选出了最佳表演奖、可爱宝宝奖、聪明宝宝奖和最佳道具奖。

大班合作式的亲子阅读，有利于提高幼儿的语言表达及讲述能力，培养幼儿的想象力和创造力。如排图讲述西瓜船、寄信、洗手绢等亲子活动中，首先引导孩子独立讲述，鼓励幼儿尽可能有多种排列方式和讲法，请家长进行简单记录。再请幼儿和家长自愿结合，每6人一组，每组选出一名家长作为组长，每组统计本组故事的不同排法，故事排完后，鼓励幼儿大胆讲述，幼儿分组进行讲述，给每个幼儿展示、表现的机会。家长们在引导幼儿排图讲述的过程中，学会了如何用层层递进的问题，引导孩子进行排图讲述，鼓励幼儿不同的排法。大班幼儿通过合作式亲子阅读，不仅能积极开动脑筋参与讲述，还在看图、排图、说图的过程中通过观察画面、理解画面、描述画面，培养了艺术观察力、想象力和内部故事结构能力，大大提高了幼儿的阅读兴趣，分析、判断、推理以及逻辑思维能力和语言的表达能力，充分发挥了幼儿的大胆想象与联想，为幼儿进入小学打下了很好的基础。

（三）督促、鼓励性互动的家庭阅读表

在幼儿家庭阅读情况的调查表中发现，少数的幼儿有良好的阅读习惯，每天必须要读书，而多数的幼儿想读就读，不想读就不读。幼儿是真的不爱读书吗？那为什么幼儿在家没有阅读习惯呢？

调查结果表明：幼儿的阅读习惯与家庭指导有关。首先，家长对幼儿阅读认识不够，认为读书是上学时期的事情，现在读不读都可以；其次，一本书讲过就不愿意反复再读给孩子听，嫌麻烦；再次，由于家长工作忙，不能每天抽出时间陪孩子读书；最后，不知应如何指导幼儿阅读，不了解幼儿喜欢读什么样的书。

为了便于家长的指导，我们利用阅读记录表督促幼儿每天进行读书活动。阅读记录表记录幼儿每天阅读时间、阅读内容、陪读的方式（大人讲书、大人只陪坐）、陪读的人员、阅读效果等。

幼儿很重视阅读效果一栏，那是对自己阅读的一种肯定。为使自己和家长能在阅读效果的圆圈圈中涂上漂亮的颜色，幼儿要坚持读书，渐渐养成读书的习惯，使幼儿爱读书，每天要读书。幼儿能将自己带来的图书讲给同伴听，会讲故事的小朋友越来越多了。家长看到阅读给幼儿带来的益处，对幼儿阅读活动也产生了更大的兴趣，他们不仅坚持每天与孩子一起阅读，而且坚持给孩子做记录。

有的家长将孩子阅读的效果用文字描述出来，使我们更清楚地了解幼儿在家阅读的情况。而有的家长的阅读指导方式越来越丰富，有的一起读，有的家长读完幼儿读，还有的家庭成员一起表演。丰富多彩的读书形式，使幼儿对阅读越来越有兴趣。

（四）生动、趣味性互动的家园角色表演

家庭中的阅读，家长能根据幼儿的需要给孩子讲述图书中的内容，并帮助幼儿用自己喜欢的方式将阅读内容带到幼儿园，展示自己的阅读。

1. 将阅读内容表演出来，照成照片讲给大家

冉冉和爸爸一起阅读《向两极进发》一书，她觉得企鹅爸爸会孵蛋，很有意思，就和爸爸玩起企鹅爸爸孵蛋的游戏，爸爸扮成企鹅，冉冉蹲在爸爸的腿下，扮成一个企鹅蛋和小企鹅，妈妈将这些生动的表演拍成照片。冉冉将这些照片带到幼儿园，讲给大家听，孩子们对她讲述和阅读的内容非常感兴趣，也了解到企鹅爸爸会孵蛋的知识。

2. 将阅读内容中的角色制作成头饰在家中分角色表演

小钰喜欢孙悟空的故事，他自己照着书画出孙悟空、猪八戒等角色，奶奶给头饰缝上松紧带，这样就能戴在头上了。小钰将自己的玩具金箍棒当道具，让奶奶、妈妈、爸爸和他一同表演。然后他又将这些道具带到幼儿园，和大家一同表演，小朋友对孙悟空的故事也很喜欢，也愿意看他和小伙伴的表演。凡凡喜欢哪吒的故事，和爸爸一起阅读后，由于哪吒故事里的角色多，制作头饰很费力气，在爸爸的帮助下，他们画出哪吒、龙王、三太子等很多头饰来到幼儿园。在游戏区里，她将头饰分给大家，她做导演，给每个扮演者编排故事，表演给大家看。

3. 将阅读内容改编成剧本，与小朋友一同表演

菲菲一家更棒，爷爷奶奶陪着孩子看完书，奶奶给故事中的角色画头饰，爷爷把故事编成剧本，写出每个角色的台词，菲菲来到幼儿园，边给小朋友讲故事，边安排小朋友的动作。

通过这样的展示、表演，使幼儿在生动、有趣的活动中、在大家的一致认可中大大激发了进一步进行阅读活动的兴趣和对阅读活动多样性表现的愿望，而将阅读活动推向又一个高潮。

(五)制作、收集性互动的图书资料馆

"家庭图书制作"的活动，让幼儿将阅读内容绘画下来。有的幼儿听家长讲完自己喜欢的图书后，将主要内容一幅幅画下来，家长帮助写上文字，贴在幼儿园的阅读墙面上，自己讲给大家听。小朋友们觉得有意思的地方，等晚上还要讲给自己的家长听。也可以把在幼儿园绘画、剪贴的画带回家，和爸爸妈妈一起组合画面、创编新故事，并根据所讲述的故事情节，配以文字说明，制作成一本本的"我的故事书"，带到幼儿园与小朋友一起交流、分享。

"家园图书资料馆"是从家长、幼儿、教师共同收集孩子们感兴趣的故事书开始，及时丰富多种体裁的、幼儿感兴趣的阅读材料，并逐步分类。如科普类、益智类书籍、报刊、杂志，以及幼儿在幼儿园和家庭中制作的图书等。在不断收集、记录、介绍、分类、编码等过程中，使图书资料馆成为孩子们主动学习、共同探索的园地。

实践证明，成人与幼儿共同阅读，可使幼儿在交流感受、讨论情节、回答提问、聆听讲述的过程中加深对读物的理解、积累语言、启迪思维，进一步激发幼儿的阅读兴趣，充分发挥早期阅读对幼儿终身健康发展的价值。家园共育不仅要有共识，更重要的是具体实在地做。在这个过程中，我们和家长一起，把目标转化为具体的行为，通过一个个实实在在的活动在潜移默化中，影响、带动、引导家长对早期阅读形成正确的认识，不断改善指导策略，支持、帮助幼儿形成良好的阅读习惯并逐步提高阅读能力，使其受益终生。

四、幼儿园阅读环境的创设

《幼儿园教育指导纲要(试行)》指出"幼儿园应为幼儿提供健康、丰富的生活和活动环境，满足他们多方面发展的需要，使他们在快乐的童年生活中获得有益于身心发展的经验。""培养幼儿对生活中常见的简单标记和文字符号的兴趣。""利用图书、绘画和其他多种方式，引发幼儿对书籍、阅读和书写的兴趣，培养前阅读和前书写技能。"

作为一所以"家园合作养成教育"为特色的幼儿园，在环境的创设过程中，我们在突出"家园共育养成教育"的基础上，注重发挥早期阅读可感、可视、可

听、可说、可触的特点，让幼儿园的每一寸空间、每一件材料、每一面墙壁都赋予了更丰富的教育内涵。在一定程度上促进了我园婴幼儿早期阅读能力的提高。

(一)创设形式多样的幼儿园阅读环境

园外的橱窗。园门口的橱窗虽小，但作用却不可小看。它不仅是幼儿园联系家庭、社区的纽带，还是家园交流教子经验、开展热点话题讨论、反映家长心声的园地。这里的每一张照片、图表、文章，都在无声的传达着园所教科研开展的动态、班级多彩的教育活动。在这里我们向幼儿、家长、教师发出新学期寄语。选登了"全面理解早期阅读、如何为幼儿选择图书、教你亲子阅读指导十个方法"等文章。

家园共育园地。大厅是全园幼儿和家长的必经之路，为了有效地争取家庭这一重要的合作伙伴，我们开辟了专门的园地，将园风建设、办园方向、培养目标、教科研课题的实践与研究、《幼儿园教育指导纲要(试行)》的指导思想、正确的教育观、儿童观等向家长进行积极的宣传和展示。

温馨提示。楼梯间、走廊作为公共场所，家长和教师每天都不止一次经过。我们将名人名言、育儿理念、教子经验用标语提示的形式，穿插在楼梯、走廊的墙壁之中，如"让我们铭记，当孩子们的学习充满乐趣时才更有效。"融装饰性、艺术性和教育性为一体的箴言虽短，但增强了对我们成人的视觉冲击。每一次审视，都带来对自身教育行为的反思；每一次拜读，都仿佛是在聆听先哲们的教诲。

感知符号。为了规范幼儿上楼、下楼的行为习惯，我们在楼梯的台阶上粘贴了小脚印、阿拉伯数字、英文字母。上楼的脚印为红色贴在右侧，下楼的脚印为绿色贴在左侧。每天孩子们踩着地上的小脚印，辨别着单双数字、数唱着字母歌有秩序的上下楼梯。

自制装饰画。依据幼儿的年龄特点和认知经验。我们将幼儿生活卫生教育、常规培养的主要内容以卡通的艺术手法渗透于走廊、楼梯间的装饰画中。每一幅画下面配上教师们自编的儿歌。如"两只小手端水杯，饭菜吃完要漱口，咕噜咕噜漱三口，牙齿清洁不生病。"或者附上文字说明和想一想的问题。文字说明部分能帮助幼儿明辨是非，分清什么是应该做的，什么是不应该做的。提出的问题是为了进一步让幼儿明白做事的道理。从一层到三层、一幅幅反映幼儿生活经验具有榜样作用的装饰画，以其简洁明了的主题、夸张的艺术手法、色彩明快的构图，赢得了孩子们的喜爱，成为了班级过度环节鲜活的常规教育的重要内容。

"海底隧道"谜语大家猜。我们将教师们手绘塑封的各式各样、大小不一的鱼，采用与谜语卡片连串垂吊的方式挂在了封闭的拱形长廊下，阵阵微风吹过，美丽的鱼在淡蓝色顶棚的映衬下，好似在"海底隧道"中游动，煞是好看。"海底隧道"谜语大家猜一经亮相，就受到了幼儿的喜爱、家长的认可。一时间，幼儿和家长看的看、说的说、猜的猜，成为了我园早期阅读环境创设一道靓丽的风景线。

(二)创设符合年龄特点的班级阅读环境

我们在阅读教育活动中研究了3～6岁幼儿的年龄特点，有针对性地创设了适合的阅读环境。每个年龄班的阅读环境创设都包括班级的内部环境、亲子阅读长廊两部分。

1. 小班年龄段

班级内部环境以看图说儿歌、初步观察图片内容、图书阅读这三项为重点进行创设。如在小班环境中创设"图书角"，提供大图的、文字简短的、颜色鲜明的、适合幼儿阅读的图书。根据小班幼儿对自己的照片非常感兴趣的特点，教师把孩子们在日常生活中所拍摄的照片制作成照片书投放在图书区，幼儿能够随时翻阅。我们还邀请家长参与，把孩子们外出旅游的照片、从小到大的照片做成一本一本的图书，放在图书区进行阅读。我们发现孩子们在看照片书时能够持续很长时间，同时幼儿还会根据自己的理解进行简单的讲述。教师每个月还为幼儿订阅《婴儿画报》，在日常生活的小环节中带领幼儿进行集体阅读，引导幼儿学习必要的阅读常规。与幼儿一起参观图书馆并阅览图书，分享在图书馆阅读的乐趣。在班级墙壁创设"猜猜他是谁"的找影子的阅读环境，图书由两页组成，第一页是一个小动物或者水果的影子(黑色)，第二页则是与影子相对应的图片，幼儿在有趣的猜想中阅读图片。教师还在环境中初步提供简单文字(门、窗、柜子、幼儿姓名等)，让幼儿能够通过认物来认字。

亲子阅读长廊中，在"家园共育"专栏为幼儿创设"儿歌天地"，把我们在园里所学的儿歌图片全部贴在上面，引导幼儿在家长的指导下复习儿歌。在比较适合阅读的位置，创设"和爸爸妈妈一起看"的环境，为幼儿布置一些找不同和认符号的图片。如不同对比图片、安全电话号码等，请家长引导幼儿和自己一起阅读其中的内容。

2. 中班年龄段

班级内部环境，在阅读图书的同时还在墙壁上为幼儿创设了"图书的朋友"这一整体环境。引导幼儿学习从左到右、自上而下按顺序阅读图书；与幼儿共同讨论收放图书的方法与规则等。通过孩子的讨论，大家认为图书的朋友是文字、图片、标点符号，于是便根据幼儿最后的结论开展了"有趣的标点符号""看图讲故事"等一系列的活动，效果显著。在引导幼儿养成良好的行为习惯中，我们为幼儿拍摄了正确做法的照片，并有一定连续性地粘贴在班级的环境中，孩子们时刻都能够阅读到正确的做法，并按照其做法管理自己。

亲子阅读长廊中，教师为幼儿粘贴一些图书中的图片，请爸爸妈妈和幼儿一起进行讲述。为家长提供"阅读方法"的图片和文字，引导家长了解幼儿园的阅读过程和方式，在家中也可以运用。在墙壁中粘贴人物、事件比较鲜明的图片，请幼儿和爸爸妈妈一起进行观察，并在一旁提示幼儿和家长着重观察什么。例如，图片上都有谁？发生了什么事？小兔子为什么会哭？幼儿在回答问题的同时对图片进行了进一步的观察和理解。

3. 大班年龄段

班级内部环境，大班幼儿已经有了一定的自主性和选择性，独立理解力也在不断地提高。所以在为大班幼儿创设早期阅读环境时，我们更加注重的是孩子们的自主性阅读。在进行阅读活动时，首先会为幼儿提供适合大班幼儿阅读的、画面较丰富并有一定文字的图书，同时会为幼儿准备一些便签条，幼儿在阅读图书时，如对什么地方有疑问，可以随时把便签条放在有问题的地方，最后逐一进行解决。有些疑问，孩子们通过阅读的深入会自行解决，有些孩子们自己解决不了的疑问，就会在读完书后与老师或同伴共同解决。为幼儿提供了心情卡，孩子们把阅读某一页的心情用心情卡来进行标记，然后与大家分享自己为什么看到这一页后会有高兴或悲伤的心情，老师还会在阅读区为幼儿提供纸张和笔，让幼儿把自己看完书的感受画下来，并记录页码和名字。制作"我的图书"，引导幼儿把自己在家中或在幼儿园发生的事画下来，并有一定的连续性，然后装订成册，进行阅读。把孩子们根据讨论结果进行的绘画作品粘贴在墙上，并引导幼儿为他人进行讲述。把孩子们画的连环画粘贴在比较低矮的墙壁上，孩子们能够随时进行阅读和讲述。

亲子阅读长廊中，针对大班幼儿对文字的兴趣明显增强的特点，为幼儿创设了与文字有关的内容，例如偏旁部首的组合墙饰，让孩子们在操作组合中认识许多部首相同的单字。创设"好看的连环画"阅读环境，把图书中的连环画粘贴在墙壁上，请幼儿和家长一起进行连续地讲述，另外还可以把孩子们自己绘制的连环画粘贴在墙壁上进行讲述。把平时孩子们活动时的照片粘贴在墙壁上，鼓励幼儿回家后把照片上发生的事情讲给家长听。为幼儿布置图书借阅角，引导幼儿在回家之前把自己最想看的一本书借回家进行阅读。

（三）鼓励家长为幼儿创设较适宜的家庭阅读环境

在家园共育园地中设置与阅读有关的沟通版块，为家长搜集怎样为孩子选择图书的资料文献，让家长了解自己的孩子应该读什么书，适合读什么书。请家长时常带孩子逛逛书店，让孩子挑选自己感兴趣的、贴近孩子生活经验的书籍，或与孩子一起到图书馆看书、借书。观察孩子的喜好，并在每次阅读后和孩子一起谈论书中的内容与情节，共同探讨故事的意义。鼓励家长为幼儿在家中设置一个比较独立的阅读空间，地方不用太大，可以是几个小地垫组成的小角落，放上几本孩子喜欢的、随手可得的图书，让孩子在家中也能够享受到阅读的快乐。

通过创设丰富适宜的阅读环境，开展一系列针对不同年龄段特点的阅读活动，我园的幼儿对阅读更加感兴趣了，阅读方法提高了，语言表达能力增强了。通过家园的共同配合，我园的幼儿在幼儿园和家中都能够有一个很好的阅读环境，增加了他们对图书的喜爱，为他们今后的学习打下了很好的基础。

（四）幼儿园开放式亲子阅读区的创设

阅读区活动是家长和孩子喜欢的休闲方式之一。我园为幼儿和家长创设亲子阅读的一片小天地是以区域的形式出现的，并且是开放式的，是面向全园小朋友和家长的。幼儿园里所有的小朋友，不分大小，随时都可以来到这里学习知识，介绍经验，对于我们的大朋友（家长）也是如此。开放式阅读区活动的开展，一方面是为幼儿创设一个安静温馨的阅读环境，培养幼儿的阅读习惯和能力；另一方面是帮助家长获得更加丰富的教育方式。

1. 亲子阅读区的环境创设

创设"家"的温馨。我们将阅读区布置得像"家"一样的温馨，为幼儿提供了书桌、书柜和小沙发，还特意制作了小靠垫，目的是为了让幼儿有一个良好的阅读环境。冬天天气冷，有了小靠垫孩子们可以感到很舒适。夏天天气热，小靠垫还可以帮助幼儿减少皮肤与椅子间的摩擦。幼儿和家长可以把阅读当作一种美好的休闲方式，让幼儿与家长享受阅读过程带来的愉悦。

图书标记——帮助幼儿和家长认识各种图书。阅读区的图书琳琅满目，孩子们来到图书区眼花缭乱，不知道选择哪些图书进行阅读，经常是漫无目的挑挑这本，看看那本。为此，我们将各类图书做了相应的分类：按社会性、认知性、科学性、故事性、动手操作性等分出不同类别的书籍，并在不同类别的图书上粘出了不同形状的图案，有圆形、三角形、方形、梯形等，帮助幼儿认识各类书籍，并在相同类图书的形状上编上了不同的数字序号，从"1"依次编排，这样就方便所有幼儿和家长阅读这里的小图书，同时对于刚到图书区阅读的幼儿和家长，也可以帮助他们如何正确看书及正确摆放小图书。图书上小标记的作用，一方面是帮助幼儿习得良好的阅读习惯，帮助他们认知图书，给图书分类，练习排序的能力。对于小年龄的幼儿，可以学习认识各种图形，大年龄的幼儿可以按照数字序号的顺序依次学习摆放图书，无论是阅读图书，还是认识标签，时刻都渗透着教育的所在；另一方面是给家长的一种暗示，帮助家长指导幼儿学习怎样看书，指导幼儿认识不同形状标记的图书代表不同类别的图书，更重要的是，图书小标记可以帮助幼儿和家长获得良好的自身素质，无论是家长或幼儿看完图书后，都应主动地将图书按标记摆回到正确的位置，并暗示他们要有责任意识，看完书后将图书放回原位。也就是说，阅读区在开放式的条件下让幼儿和家长又能习得自觉遵守阅读规则的好习惯。

精神环境的创设——提示语的意义。在整个温馨的阅读区域中，当然也少不了温馨的提示语。简单几个字的提示语，不论对于家长还是孩子得到的帮助都是至关重要的。通过这几个字的提示，家长可以注意到在孩子面前自己的一言一行都是孩子的榜样，也提示了家长在与幼儿共同阅读时应注意的问题。我们根据活动开展时间的长短，定期向家长做出一系列的提示语。比如刚开始时，提示家长"父母要做好榜样，因为幼儿喜欢模仿。""家长你知道为什么图书上面有不同形状的标签吗?""你知道应该怎样看书吗?"阅读时间长了可逐渐增加些"帮助幼儿阅读,不要替幼儿阅读""要参与阅读,更要欣赏幼儿阅读"等之类的提示语,帮助家长指导幼儿阅读,同时也让家长了解到幼儿阅读的目的及特点,以便发挥亲子阅读的更好效果。

阅读区创设的环境是适合幼儿的发展,丰富家长的教育。教师根据各种教育信息,指导家长和幼儿一起阅读,同时家长也可以根据获得的教育方法,在家里与幼儿一起分享阅读的乐趣。

2. 亲子阅读区活动的开展

和孩子一起制订规则。在活动过程中,孩子的表现,家长的反映,教师应当做到心中有数。教师通过在园时间,观察了解幼儿阅读的发展情况,并通过幼儿的不同发展进行不同的措施指导。例如,为了培养幼儿良好的阅读习惯,我们和孩子一起制订出图书区的规则,并根据幼儿年龄提出不同的要求。例如,要求小班幼儿不撕书,能一页一页地翻书;中班幼儿则以爱护图书,能收拾整理看过的图书为标准,大班幼儿则提升为爱护图书,并将图书进行归类。孩子们制订出的这些规则都是来自于同伴和自身的经验。但是制订出的这些规则怎样才能让全园小朋友都看得懂呢?孩子们讨论出的结果是:将每一条规则用图画表示出来,贴在墙上,所有小朋友就都能看到了。于是我们将这些规则用图文并茂的形式展示了出来。

家长的经验分享。在阅读区除了有幼儿看的书,也有适合大朋友(家长)看的书籍。家长可以根据教育孩子时出现的疑问或困惑选择不同种类的书籍进行参考。我们给家长的参考书籍中制作了"热线留言本",家长可以针对教育中的某一问题或困惑写在本上。教师针对这些问题提供相关的材料,或者请了解这类问题的其他家长将自己的看法与见解投放在里面,大家相互交流,吸取经验,从而方便了更多的家长。

3. 为幼儿提供阅读活动中表现的机会

在阅读活动中,我们为幼儿创设了更多的学习和表现机会,这也是孩子们喜欢来这里的原因。幼儿可以在同伴经验的启发下、教师的引导下获得多方面的发展。当然,阅读区不光是书籍,还有一些图片创编、排序讲述、沙箱游戏、木偶戏等很多活动,图片排序讲述是小朋友们最喜欢的活动内容。为了增强幼儿的自信心，我们创设了"我编的故事讲给你"的专栏，将幼儿讲出的新故事展示在专栏里，这样不单单只是老师能分享这些好故事，其他小朋友也可以听听他讲的故事。第二天来到阅读区活动的幼儿便可以发现前一天小朋友编排的新故事，如果自己能编出更好的故事，还可以展示在下面(每组图片都有重复)，丰富更多小朋友的阅读能力。

开放式的亲子阅读成为家长和幼儿沟通的桥梁，家长和幼儿都受益良多。

五、阅读活动设计：猜猜我有多爱你

(一)第一次阅读

第一次阅读中，教师应注重引导幼儿观察画面，通过观察角色人物的动作、神态，理解两只兔子之间真挚的情感。将孩子与父母之间原本自然的情感予以渲染和提升，能以其力所能及的方式去关爱他人，让孩子因爱而感动，为爱而行动！

活动目标：

通过阅读故事《猜猜我有多爱你》，了解故事内容，感受真挚深切的亲子之情。

能够迁移经验，乐于用绘画的方式表达自己的情感。

活动准备：

图画书《猜猜我有多爱你》人手一册，背景音乐，爱心树，纸、笔、黑板。

活动过程：

1. 出示图书，引出话题

提问：

(1)在日常生活中，谁最爱你？你爱他吗？

(2)你用什么方式来表达对他(她)的爱？(幼儿自由回答)

教师出示图书，共同读出书名《猜猜我有多爱你》，引导幼儿观察封面中小兔子、大兔子的表情与动作。

提问：

(1)画面上有谁？小兔子和大兔子正在做什么？说什么？

(2)猜猜我有多爱你？这个问题是谁问的？为什么？

2. 欣赏图书，结合图书回答相应的问题

教师运用生动的语言，与幼儿共同欣赏《猜猜我有多爱你》。

提问，并根据幼儿的回答出示相应的图书画面，鼓励幼儿大胆说出自己的想法。

(1)故事中的小兔子用了哪些方式，来表达自己对大兔子的爱？

(2)大兔子爱小兔子吗？大兔子是怎样表达的？

(3)大兔子与小兔子相比，谁爱谁更多呢？为什么？

3. 再次共读，体会人物的情感

师生再次共读《猜猜我有多爱你》，边读边引导幼儿观察小兔子与大兔子的动作与神态，感受亲子之间的真挚情感。

4. 情感迁移，感受、表达家人与自己之间的爱

引导幼儿回忆并表达自己对家人的爱。

提问：

(1)你感到家人疼爱你吗？你怎么知道的？

(2)你爱自己的家人吗？你想告诉他们你对他们的爱吗？

(3)你会用什么方式来表达自己对他们的爱？

教师帮助幼儿小结向他人表达爱的方式：当我们表达对他人的爱时，可以大声地说出来，也可以拥抱、亲吻、赠送礼物、送鲜花、写信……

(二)第二次阅读

第二次阅读将重点放在理解故事所蕴含的情感方面。通过对眼神、动作等细节的观察，深切体会到大兔子(父母)对小兔子的爱。引导幼儿结合自身的生活实际，感受到自己身边的爱，激发幼儿表达自己情绪情感的愿望，引导幼儿用"爱心卡"的方式向他人表达自己的情感。

活动目标：

通过细致观察两只兔子之间交流时的眼神、体态，进一步感受它们之间爱的深度，深刻理解故事内容。

通过观看影像资料，感受周围人对自己的爱，并愿意用"爱心卡"的方式进行表达。

活动准备：

活动前，注意在生活中有意识的引导幼儿发现周围人对自己的关爱言行，并收集有关的影像资料。

图画书人手一册，绘画纸、笔，音乐《我的老师像妈妈》《感恩的心》。

活动过程：

1. 倾听歌曲，引出话题，激发兴趣

请幼儿欣赏音乐《我的老师像妈妈》，并回答相应问题。

(1)听完这首歌曲，歌曲中的哪一句歌词让你印象最深，为什么？

(2)你认为老师像妈妈吗？为什么？

(3)你们爱老师吗？你能用什么词表达你有多爱老师吗？（引导幼儿用很、非常、最等词来表达自己爱的程度）

2. 完整欣赏故事，细致观察，进一步感受

伴随教师生动的朗读，幼儿边翻看图书，边完整地欣赏一遍故事。引导幼儿回忆并寻找画面中反映两只兔子相互之间的爱的细节（眼神、表情、动作）。

提问：

(1)小兔子、大兔子都用了什么方法来表达它的爱？

(2)除了两只兔子用语言和相应的动作来表达爱，你还能从什么地方发现两只兔子之间的爱？（注视、倾听）

(3)你认为哪些地方能够看到、感受到大兔子对小兔子的爱更多？

3. 感受到来自同伴、教师的爱，用适当的方式向他们表达自己的爱

请幼儿观看教师提供的资料，通过讨论，激发幼儿对同伴、教师的情感。

请幼儿自由讲述，自己在生活中感受到的爱。

问题讨论，引导幼儿懂得爱是需要表达的，爱也需要共同维护。

提问：

(1)当你知道别人爱你时，你的心情是什么样的？

(2)我们爱别人，要不要告诉他们呢？

(3)你认为可以用什么方式来告诉他们呢？

提议用制作"爱心卡"的方式表达自己的感情（一边制作，一边放音乐）：让我们制作一张爱心卡吧！你们都想对最爱的人说说心里话，为他们做自己能做的

事，我们把这些想法画在爱心卡上，送给你最爱的人，让他们知道你有多爱他（她）。

伴随音乐，幼儿将爱心卡贴到爱心树上，活动结束。

(三)活动延伸

引导幼儿继续猜想小兔子与大兔子之间还会用哪些方式来表达它们之间的爱。可鼓励幼儿用绘画的形式进行表达。

在区域活动中准备多种材料，让幼儿以绘画、剪贴、穿项链等多种方式来表达自己对爸爸妈妈的爱，对老师的爱。

在区域活动中可以引导幼儿进行角色表演活动，体会相互之间表达的爱。

(四)环境创设

班中可开展以"爱"为主题的活动，和幼儿一起搜集相关的资料。如在阅读区可投放关于情感方面的图书，丰富幼儿的情感经验。

(五)家园共育

和幼儿一起阅读图画书《猜猜我有多爱你》，讲一讲、说一说大兔子与小兔子之间发生的情感故事，与幼儿展开讨论关于爱的话题，例如，我们都可以用哪些方式表达对别人的爱？

让阅读教学在职业生涯中闪光

刘占兰

让阅读教学在职业生涯中闪光！这是我从杨老师身上获得的强烈感受，也是我对杨老师发自内心的期望。

读书是人类生活的重要内容。文豪莎士比亚曾经说过："生活里没有书籍，就好像没有阳光；智慧里没有书籍，就好像鸟儿没有翅膀。"读书更是儿童生命和成长历程中必不可少的内容。正如教育家苏霍姆林斯基所说："书，这是一种重要的、永放光辉的明灯，是学校集体丰富的精神生活的源泉。阅读，这是一个富有智慧而又善于思考的教师借以通向儿童心灵的门径。"

因此，研究早期教育、实践早期阅读，无论对儿童的成长还是对教师自身的发展，都具有重要的意义和价值。

我对早期教育的了解也是近些年的事情。由于研究工作和名师培养工作的需要，近些年我接触过几个对我有重要影响的人，是他们，让我关注和关心、研究和思考早期经典阅读，我开始收集和阅读作品，和老师们共同探讨早期阅读的教学问题。一位是冰心新人新作奖的获得者、儿童文学作家，是她让我了解到当代优秀儿童文学作品最本质、最突出的特点和价值；一位是儿童经典图画书的推广人，专门在世界范围内寻找和研究儿童文学作品、经典图画书，是他让我知晓了近年来在世界范围内最优秀和最受孩子们欢迎的图画书；还有一位是我的访问学者，她自己痴迷于儿童经典图画书，向我介绍了许多本她所喜爱的图画书；再有就是杨老师了，在她这里，我几乎看见了所有我知道的经典图画书，我还看见了许多我不曾见过的图画书，而且，她还在不断地发现更多。在我所接触到的这几个人当中，杨老师与其他人不同的是：她不仅喜爱图画书，还特别会给孩子们找适合的图画书；她不仅自己仔细阅读、体会和深刻理解每一本图画书，而且还带领着老师们逐一阅读、理解和体会；更可贵的是，她和老师们不仅研读作品本身，而且还研究孩子们拿到这本书会怎么样，如何用有效的方式帮助和支持孩子们喜爱并享受阅读、学会并自主阅读。

可以说，杨老师在"早期阅读教学"方面的特点突出地表现在爱读书、找好书、研究书和教读书四个方面。

一、爱读书

伟大作家高尔基说过："书籍使我变成了一个幸福的人，使我的生命变成轻快而舒适的诗，好像新生活的钟声在我的生活中鸣响了。"爱看书是杨老师的突出特点，爱看书，也是教师自身获得专业发展的重要前提和基本条件之一，许多老师之所以停滞不前或进步缓慢主要是因为自己常常以很忙，没时间看书为由，读书太少。幼教改革每一个发展阶段的重要著作、法规文件和研究成果，杨老师几乎都看过而且保存很好。最近几次我们一起修改重要文件，在关键的时候要找参考书核对时，杨老师都说她看过、她有，而且一会儿就能找来。让我非常惊讶。

说到儿童经典图画书，每一本书她都是津津乐道，如数家珍。一个个情节、一幅幅画面，一些小小的极其隐蔽的细节，她都记得非常清楚。在谈论这些图画书时，她的脸上总是洋溢着喜爱、陶醉、满足的表情，正是她的这份对图书和阅读发自内心的喜爱，感染着每一位接触过她的老师。本园课题组的老师们自不必说早已受到了感染并爱上了图画书，我们名师组来自不同区县和不同幼儿园的老师们也受到了强烈的感染，让她帮着买书，有的老师也开始像她那样喜爱图画书。

二、找好书

文豪托尔斯泰说过："理想的书籍，是智慧的钥匙。"我国著名的文学家秦牧也说过："优秀的书籍像一位智慧、善良的长者，搀扶着我，使我一步步向前走，并逐渐懂得了世界。"作家屠格涅夫曾经告诫我们："不要阅读信手拈来的书，而要严格加以挑选。要培养自己的趣味和思维。"

老师们常问杨老师："你怎么这么会找书呢?""上哪儿找的呀?""我们怎么找不到,到了你说的那个地方也看不见呢?"这需要把握基本价值,沉下心来,独具慧眼。也就是既要有判断力,又要能够静下心来,沉下心去,一个个品味。

随着时代的变迁和世界文化的碰撞与融合,随着教育与心理科学研究对儿童特点和儿童精神世界的深刻揭示,在我国幼教领域中,进入幼儿园和班级,进入教师和幼儿视野的优秀儿童文学作品也发生了重要的、甚至是根本性的变化。片面或者说过度追求功利主义的幼儿阅读时代已经过去,那些主要以对幼小的孩子们进行某种思想品德、生活习惯教育的儿童文学作品,如《小猫爱清洁》《小猪吃饭香》等,逐渐从教师和孩子们的视野中隐去,取而代之的更多的是来自异国他乡的作品:《猜猜我有多爱你》《逃家小兔》《爷爷没有穿西装》《母鸡萝斯去散步》等。这些经典图画书和文学作品,超越了以往极端功利主义的价值追求,体现出浓厚的理想主义和唯美主义的色彩;超越了国界,深受儿童的喜爱。当代优秀的经典作品共同的特点是:充满着奇思妙想,洋溢着正义和勇敢、爱与温情,浸透着浓浓的诗意,体现着快乐原则和游戏精神。孩子们从中获得的享受与快乐、启迪与教益将使他们终生难忘,他们将一辈子喜欢阅读,与书为友。

为了让老师和孩子们阅读的每一本书都是优秀的、理想的,杨老师付出了艰苦和辛劳。正是在多年无数次的找书、寻书的过程中,杨老师形成了自己"找好书"的三种角色和三个步骤,有了自己的品味和准则。这种准则渗透着对优秀儿童文学作品和图画书的深刻感悟,凝结着对儿童年龄特点的准确把握和对儿童幼小心灵的深刻理解,也顺应着时代的潮流与发展趋势,体现着当代优秀儿童文学的突出特点。

三、研究书

著名诗人歌德说过:"经验丰富的人读书时这样使用两只眼睛:一只眼睛看到纸面上的话;另一只眼睛看到纸的背后。"的确,图画书的价值需要挖掘,图画书的内涵需要体会。为了看到纸面上和纸面背后的价值、内涵和寓意,杨老师带领着老师们以自我学习和小组学习为先导,深入地研究每一本呈现给孩子们的图画书，充分挖掘他们以文学为核心的多种功能：文学性和语言美、艺术性和画面美、逻辑性与想象空间、游戏性、趣味性与幽默感等。

杨老师不仅研究图画书，还带领老师们研究孩子，研究孩子们在拿到经典图画书后的反应和认识过程。通过一系列细致的观察和记录，我们深入研究和了解到幼儿阅读特点和经验水平，并与《幼儿园教育指导纲要（试行）》中对幼儿的基本要求相结合，为阅读活动确定了具有价值的、适合于幼儿年龄特点和经验水平的教育发展目标。老师们还尝试着以观察获得的数据和证据作为检核阅读活动目标、图画书、教育活动适宜性的基本前提。体现了一种科学的、实证性的研究态度。

杨老师常常会向我报告孩子们在阅读中的新发现，对孩子的观察之细，使她常常能够说出孩子们发现的某个细节是哪个孩子在什么情境下阅读时发现的。尤其是在谈到孩子们发现了她作为老师在阅读时都没有发现的细节时，她的眼神中总是充满了激动、骄傲和自豪！

这是一个充满着爱心与陶醉、渗透着智慧与科学的研究过程！

四、教读书

杨老师和她的研究团队在教孩子们阅读图画书方面进行了许多探索和尝试，他们探索和尝试了晨读、区域活动与教学活动中的阅读、班级与家庭里的阅读、幼儿个体阅读、亲子共读、师幼共读和同伴共读。他们通过实践总结出一系列行之有效的教会孩子自主阅读的教育策略：用有趣的游戏方式或有悬念的问题引发和引导孩子们阅读；提取故事的要素让孩子们在一定的框架内思考；在观察和对比中引导孩子们寻找和发现逻辑关系；鼓励孩子们在与同伴的交流中破解阅读中遇到的难题；支持孩子们在个性化的理解和表达中提升对作品的认识和语言能力等。当然，杨老师和她课题组的老师们对早期阅读的认识和理解，只是众多观点中的一家之言，所呈现的促进幼儿早期阅读的教育策略也是众多方法中的一方探索，在早期阅读方面，还有更广阔、深入的研究与探索空间。

非常可贵的是，在教孩子们阅读的过程中，杨老师和课题组的老师们还有效地利用了家长资源。家长在老师们的感染、带动和引导下，也深入地投入到促进幼儿阅读活动与能力提高的过程之中。在亲子共读的过程中，家长更广阔地接触和更深入地了解了经典图画书，认识到了亲子共读的重要性，获得了亲子共读的有效方法与策略，这是一个文学与情感熏陶、亲子关系加深、教育方法改进的互动过程。

多年来，杨老师带领她的团队通过认真负责、充满爱心、尊重科学、潜心研究、富有创造力和教育智慧的实践探索，向我们展现了这样的画面：孩子们在老师和家长的引导下充满乐趣地投入到早期阅读的活动之中，老师们精心挑选的、适合他们年龄特点和阅读兴趣的经典图画书深深地吸引和陶冶着他们，灵活多样而又富有创造性的教育和引导方式激励和促进着他们，教师和家长与他们一起进行的阅读温暖着他们。在这种充满人性关怀的阅读中，孩子们是积极主动的参与者和成果丰厚的受益者。

可以说，在努力使"早期阅读教学"成为自己教学特色的不断追求中，杨老师是一个"阅读的先行者、执着的追求者、细心的研究者和勇敢的实践者"。我相信，今天的经验交流和成果展示，将成为杨老师职业生涯中一个新的开始，在新的平台和起点上，她今后的脚步会更加坚实，她今后的成长将更加快速。阅读教学在她的职业生涯中将更加闪光！

进行案例研究，提升专业水平

刘占兰

教师在研究自身实践的过程中，案例研究得到了广泛的应用，并被实践证实是帮助教师提升日常教育教学质量的一种有效方式。一般来说，案例研究的内容可以涉及学科领域、幼儿发展和教育教学三大方面，通过这三个方面的研究，全面提升教师把握学科领域的基本特点和关键经验、掌握幼儿的学习特点和学习进程以及创造性地开展教育教学的能力。教师的案例研究可能是从上述三个方面独立进行的专题性案例研究（如前文提到的陈晶和杨丽欣老师进行的美术和阅读活动专题研究中涉及的案例），但更多的是上述三个方面综合起来进行的"三位一体"的研究。下文中所呈现的三个案例《"粗尾巴"与细跳绳》《狼来了》和《好吃的蔬菜》就是工作室的教师从综合的角度进行的案例研究的典型代表，分析这些案例，会使我们对案例研究有更深的理解。

一、案例研究的基本特点

教师所进行的案例研究主要是指教育教学案例研究，选做研究对象的教育教学案例应该具有真实性、典型性与普遍性以及启发性三个基本特点。

真实性强调的是案例记述的是真实发生过的事件、情境和过程，教师作为研究者必须是当事人或直接的旁观者，亲历过事件的发生过程。典型性和普遍性是指事件、情境和过程中必须包含有矛盾冲突和疑难问题，教师们在解决这些矛盾冲突和问题方面普遍感到困惑。启发性是指事件、情境和过程及所反映的主题，必须可以启发人们对儿童发展、学科领域特点、关键经验和教育教学等方面问题的思考，解决冲突、疑难问题的尝试或策略能使自己的专业水平得以提升，并给其他教师以启发和借鉴。

下文中的三个案例(《"粗尾巴"与细跳绳》《狼来了》和《好吃的蔬菜》)都是本工作室的教师作为当事人亲身经历了事件的发生和发展过程，但三个案例各具有不同的典型意义，给人以不同方面的启示，我们也正是通过这样的分析案例的思路和方法，引导本工作室的老师们提高专业素养的。《"粗尾巴"与细跳绳》是一个研究体育活动材料的典型案例，它告诉我们如何追寻着幼儿的兴趣、需求和发展水平，为幼儿提供适宜的、有针对性的材料支持；《狼来了》探索的是在幼儿园阶段如何开展音乐剧活动，故事和音乐如何巧妙结合，在这个教师主导的活动中如何实现幼儿的主体地位，使幼儿成为活动的积极参与者和主动的学习者；《好吃的蔬菜》则是一个典型的生活化的科学探究案例，其主题和内容来源于生活，探究的方式也体现了幼儿亲历探究过程的特点，观察、实验、操作、品尝等方式灵活地运用于探究活动之中，家长作为重要的教育资源也发挥了积极有效的作用。

二、案例研究与案例整理的区别

教师所进行的教育教学案例研究一般以某一教育教学事件、现象和过程为研究对象，通过观察、反思、实践等方式进行反复的分析与研究，并最终形成案例来揭示其内在的规律。这是一个教育科学研究的过程。

许多教师以为把自己做过的活动或经历过的事件写出来，加上一些评论、提升就是案例研究了。其实不然，我们只能把这样的工作叫做案例整理。案例整理与案例研究尽管在最终的文字呈现形式上有些类似，但其产生的过程却有着本质的不同。案例整理是对教育教学实践经验的描述和解释，具有平面化、技术化的特点，缺乏典型性和启发性，缺乏对教育学意义的深度挖掘和对推广应用情境的探讨，常常把经历过的自认为或同行们认为不错的事件写出来，加上一些技术处理和理论、理念的议论与提升。而案例研究是一个比较复杂的过程，一般先要对已有的相关或类似的经验进行评估、思考，然后设计、实践、改进、再设计、再实践……常常经过多次反复的实践与改进，案例撰写是其最后一步。案例研究是一个不断改进和生成新质的过程，在这个过程中，教师不断追求自己教育行为的价值，不断追问所用策略的教育学意义。

下文所呈现的三个案例并不复杂，但循着三个案例的发展脉络，我们可以清楚地看到和感受到老师们都经历了深入而系统的研究过程，他们不断地去观察、倾听和了解幼儿的兴趣与需求，幼儿遇到的困难和挑战，并以此为依据不断地研究和为幼儿提供具有支持性的教育策略。

三、案例研究的主要形式

教育教学案例研究的主要形式可以分为简单的案例研究、一般性案例研究和比较复杂的案例研究。

简单的案例研究需要经历这样三个基本步骤：确定事例——研究、讨论——撰写案例。在研究讨论阶段，常常是针对选定的案例进行个人反思和同伴研讨，挖掘案例所具有的教育学意义和价值。也可以说，简单的案例研究是就某个现成的案例进行的一般性反思和研讨。

一般的案例研究经历这样几个基本步骤：确定案例——深度反思与积极互动——研究可以应用的情境。在确定案例阶段，往往要经过同伴共同对事例的研究和讨论，惠及相同或类似主题与内容的几个案例；然后就案例进行深度的反思与积极互动，挖掘其教育学意义与价值；最后研究可以应用的情境，进行教育价值判断或进行新的活动设计。如有的幼儿园在开展案例研究时，针对相同的主题活动，新教师、经验型教师、专家型教师各做一个，然后把做完的几个案例进行分析、比较、判断，也可以进行再设计。可以说，一般的案例研究是利用已有的事件或现成的案例进行深度研究，获得新认识、新经验的研究过程。

比较复杂的案例研究要经历这些步骤：确定问题——研究、讨论与设计——研究性的实践——深度反思与积极互动——再设计、再改进——再进行研究性的实践——撰写案例。可以看到，这是一个多步骤的比较复杂的研究过程，研究伴随始终。本篇所呈现的工作室老师的三个案例研究从一定程度上说都是比较复杂的案例研究。在比较复杂的案例研究中，确定问题是关键的一步，教师们通过个体的发现或同伴的讨论确定有价值的问题；随后通过研究、讨论，设计出解决问题的方案或教育活动方案；然后进入研究性实践这一关键步骤，使设计好的方案经受实践的检验；根据实践的结果再进行深度的反思与讨论，发现新问题时需要再设计、再改进，这一环节往往会反复多次，直至基本满意；最后才进入案例写作。

四、案例研究的不同途径

开展案例研究的途径如同教育教学活动设计一样，可以通过预设性途径和生成性途径来进行。预设性途径经历了这样的基本过程：确定关键经验和核心概念——寻找具有典型意义的主题(一个或多个)——选择具有典型意义且幼儿感兴趣的多个内容和事实。生成性途径则经历了这样的过程：收集幼儿关注的诸多事物或提出的问题——进行价值判断(判断出哪些内容和事实与关键经验或核心概念有关)——将问题、内容进行分类，构成有意义的指向关键经验或核心概念的不同主题。

无论采取哪种案例研究途径，把握学科领域的关键经验、了解幼儿的兴趣并使两者有机结合，是教师的关键能力，也是成功进行案例研究的关键。本工作室教师的这三个案例就是抓住了这个关键点开展案例研究的，因此，都具有不同的教育学意义和价值。

五、促进幼儿的发展是案例研究的核心

教师成为研究者最重要的是要成为自身实践的研究者，在研究学科领域特点、幼儿年龄特点与发展进程、教育教学策略的过程中，提升自己的专业素养、教育教学能力和水平，进而全面改进和提高教育教学质量，促进幼儿的良好发展，这才是教师研究的本质。

仔细分析当前的一些案例研究或教师撰写的案例，我们会发现：为数不少的研究是为了研究而进行的研究，根本不以孩子的发展为核心，只单纯强调教师的发展和教师的自我表达；教师只关注和乐于自我描述，把儿童当作研究的对象和内容，却不关心他们的兴趣需求，不重视他们的发展。这是案例研究的误区。我常常读到的教师案例或随笔是：一个极为短小的事件却伴随着教师很大篇幅的感

慨和议论、猜测和想象。在这样的文章中，儿童的事情只是教师撰写文章和其他案例的引子或序曲，随后的内容则只见教师再也不见儿童。

促进幼儿的良好发展是教师研究的核心任务和根本目的。但愿有更多的教师能够沉下心来，像我们案例中的三位老师那样，更多地、深入地去观察和研究孩子，追寻孩子们学习和发展的轨迹，去提供富有成效的引导和支持。

案例名称	研究途径	教育学意义
"粗尾巴"与细跳绳	生成性途径	• 顺应中班幼儿想尝试跳绳的兴趣和需求。 • 观察、研究、判断中班幼儿跳绳的不同发展水平和遇到的不同困难。 • 根据幼儿的不同水平和困难，提供具有不同特点、能满足幼儿不同需要、由易到难的5种跳绳，有针对性地、有效地支持幼儿的学习。
狼来了	预设性途径	• 在教师的引导下，幼儿经历了音乐剧排演的基本过程和关键环节：熟悉故事、改编剧本、熟悉音乐、掌握歌曲，分析把握角色，合作制作道具，创设情境；幼儿获得了语言、艺术、制作、合作等多方面能力的发展。 • 在每一个环节中，教师都认真、悉心地听取幼儿的意见和建议，并使幼儿的想法得到尊重，得以实现。 • 教师的主导作用和幼儿的主体地位得到了双重体现。
好吃的蔬菜	预设性途径	• 教师了解蔬菜的特点，把握学科领域的知识点。 • 了解幼儿对蔬菜的已有经验。 • 幼儿在家长和教师的帮助、引导下经历了这样的探究过程：购买、制作和品尝一种蔬菜——展示、分享、观察各种蔬菜——区分异同并按不同的特征分类——实验研究蔬菜自然放置后的变化——研究蔬菜的内部结构——品尝绿叶菜并了解其营养价值。 • 有效地利用家长资源，使科学探究与日常生活紧密结合。

"粗尾巴"与细跳绳

梁燕京

一、粗尾巴

"捉尾巴"游戏多年来一直是孩子们喜欢的传统游戏之一，因此，各班的玩具筐里总会见到游戏中必不可少的"尾巴"。中班第一学期初，孩子们带来了和家长共同制作的户外玩具，其中就有几条又粗又长的"尾巴"。一天，在户外游戏的时候，琳琳学着大班哥哥姐姐的样子把"尾巴"当跳绳跳了起来。（我们的楼下就是大班的孩子，我们的户外玩具是顺序摆放在一起的，经常会在一起游戏。学期初，大班幼儿就开始练习跳绳了，孩子们每次看到都会羡慕不已）琳琳的身材比较矮小，双手把"粗尾巴"跳绳向前一摇，正好能掠过头顶，当跳绳摇到她的双脚面前时，她就跳过去。成功了几次之后，琳琳高兴地告诉伙伴们："我也会跳绳了!"还兴奋地表演给伙伴们看。这下，那几条"粗尾巴"被一抢而光，孩子们争着练起了跳绳。

跳绳是大班幼儿的冬锻达标项目之一。由于跳绳需要全身各部位，尤其是上下肢的协调配合，每年都会使许多孩子在小小的跳绳面前望而生畏。通过观察我发现，孩子们用来跳绳的"粗尾巴"由于比较粗，当孩子抢起来的时候，落下来的速度要比真正的"细跳绳"慢得多。于是孩子们在跳过去的时候就显得从容得多。我想：如果把"粗尾巴"加到跳绳一样长，利用其在空中停留时间长这一特点，也许能够降低跳绳的难度，帮助幼儿比较容易地掌握跳绳的动作要领。看到大家对跳绳浓厚的兴趣，通过讨论我们决定尝试在中班就开始练习跳绳。

在家长的支持下，我们的玩具筐里有了一根根又粗又长的跳绳。由于这些跳绳来自不同的家庭，因此，软硬、粗细都不尽相同。意想不到的是：就是这些不同的跳绳，带给了孩子们更大的选择空间和恰到好处的帮助。

开始的时候，孩子们大多喜欢使用自己从家里带来的那一根跳绳，不论粗细、软硬。慢慢地孩子们开始尝试和同伴换跳绳来跳。这段时间里孩子们大多是在玩的过程中熟悉跳绳的性能，反复体验上下肢的协调。

经过一段时间的练习，孩子们在水平上出现了差异：有的孩子已经能顺利地跳过一两个，有的孩子可能还在乐此不疲地把绳子抡过去，停顿一下后双脚才跳过去，或者绳子抡得太靠前，而身体不得不蹲下来向前才能跳过去……通过观察我发现幼儿水平上的差异，一方面是源自每个幼儿动作协调能力的不同；另一方面是因为孩子们使用的跳绳各不相同。我发现使用硬跳绳的几个孩子大多能比较顺利地跳上一两个，而使用软跳绳的孩子们就相对差一些。这是为什么呢？我和孩子们一起把不同软硬的跳绳排成一排，分别感受它们的不同特性。不但我发现了不同跳绳的差异，孩子们也选出了自己认为好跳的那一种，大多数幼儿都选择了比较硬的跳绳。经过反复感受，我们发现，跳绳的硬度越强，稳度就越大；而跳绳越软，灵活性就越强。经过反复实践，我渐渐发现不同硬度的跳绳在幼儿学习的过程中都发挥着自己的作用，给了孩子们帮助与支持。

也许你会疑惑：相同的绳子可能只有几根，那么多的孩子是怎么使用的？教师又是怎样引导他们根据自己的现有水平来选择使用合适的跳绳呢？

针对跳绳不同的特点和孩子们不同的动作发展水平，我会建议幼儿尝试选择比较适合的跳绳来进行练习。后来，幼儿跳绳的水平出现了较大的差异，孩子们开始自己去选择适合的跳绳，通过和同伴交换或者轮流的方式来进行练习。

二、硬跳绳

这是一种比较硬的跳绳，我们叫它"硬跳绳"。硬跳绳一般有粗有细，最大的特点是里面填充的丝绵很多，使跳绳很硬。由于比较硬，孩子们在抡绳的过程中，可以较好地控制住空中的跳绳，而且绳子也不会打弯，让待跳的双脚可以比较容易的跳过绳子。幼儿在上下肢不能协调配合的时候，可以"让跳绳听他的"，能够帮助幼儿控制跳绳的节奏，使跳绳的速度尽量放慢些，从而比较容易获得成功感。因此，硬跳绳比较适合幼儿最初的练习。

三、软跳绳

这是一种比较软的跳绳，我们叫它"软跳绳"。软跳绳也有粗有细，最大的特点是里面填充的丝绵比较松软，使跳绳也比较软。这样对于已经能够用硬跳绳跳上几个的孩子们来讲，抡起来的时候，会感觉灵活了许多。经过几天的练习后，大多幼儿都能跳上十个左右。因此，软跳绳比较适合有了一定基础的幼儿进行练习。

四、软布袋

这是一种里面几乎没有填充物就像一条细长的布袋的跳绳。这种跳绳最大的特点是比较轻便。由于它具有较强的灵活性，跳得比较熟练的幼儿都喜欢选择它，因为本来只能跳十个左右的幼儿，用它可以神奇地跳二十几个。在幼儿较好地掌握了跳绳节奏，能够默契地与跳绳配合的时候，又可以"让他来听跳绳的"。可惜，只有天天有一根这样的跳绳，每次户外活动的时候，都会有人找他换着用。因此，软布袋比较适合跳绳技术较好的幼儿进行练习。

五、粗跳绳

真正的跳绳就是用较粗的绳子做成的跳绳。这种跳绳的特点是介于软布袋和冬锻达标用的塑料跳绳之间，为使用细跳绳做准备。因此，粗跳绳比较适合跳绳技术较熟练的幼儿进行练习。

六、细跳绳

这种跳绳就是最常见而且大家都很熟悉的真正的塑料跳绳。由于跳绳本身较细，因此，抡起后不像前面的跳绳一样那么好控制。细跳绳在技术上掌握起来虽然有一定的难度，但它却是孩子们都很向往使用的。当幼儿能够熟练而合拍的练习时，就可以使用真正的跳绳了，这时幼儿跳绳的数量就会有飞跃性的进步。大家亲眼看到不但大班哥哥姐姐用它跳起来没完没了，就连我们班的晴晴也是用它才跳出了六十多个的好成绩！

冬天到来的时候，我们中班的小朋友已经可以和大班的哥哥姐姐们一起跳真正的跳绳了！回顾起从"粗尾巴"到"细跳绳"的发展过程，我深深地感悟到：兴趣就是幼儿最好的老师。有了兴趣，才能激发幼儿主动学习的愿望。事实证明：对于以往只有大班才开始学习的跳绳来说，中班的幼儿同样可以掌握。另外，适宜的材料对于幼儿的支持作用也是必不可少的。由于材料提供具有一定的层次性，帮助幼儿克服了练习中遇到的困难，较好地支持了幼儿的学习。对比以往幼儿对跳绳的学习，此次活动让幼儿在游戏过程中体验到了不同阶段的成功感，而不是像以往那样在枯燥的练习和坚持中等待最后的成功。

附跳绳的制作方法：

1. 根据尾巴的粗细，裁适合于幼儿高度的布条；

2. 将丝绵裁成比以上布条短两厘米，宽度相等或稍宽的长条；

3. 将丝绵的一端卷起约十厘米，用布条边包裹边缝合；

4. 将跳绳的两端缝合，再缝上一厘米见方的尼龙粘口，可供幼儿将跳绳连接起来做游戏时使用。

硬跳绳：一般可粗可细，里面填充的丝绵很多，使跳绳很硬即可。

软跳绳：一般可粗可细，里面填充的丝绵比较松软，使跳绳很软即可。

软布袋：里面几乎没有填充物，就像一条细长的布袋。

狼来了

蔡 涛

每当欣赏童话剧时,活动室马上便会安静下来,孩子们那仿佛星星般的眼睛,都会集中在表演者的身上。剧中感人的情节、生动的角色造型、幽默富有童趣的对白、有趣夸张的肢体动作,都深深吸引着孩子们。随着剧情的起伏,孩子们的思想也插上了想象的翅膀,他们自发的装扮自己,以剧目中的角色自居,在童话的王国里飞翔。《幼儿园教育指导纲要(试行)》中指出:"教师要支持、鼓励幼儿主动参与各种戏剧性表演活动,在活动中充分地获得愉悦感,能够与同伴合作创编与表演简单的故事情节,尝试设计、制作、使用简单的服装、道具和背景,大胆地表现自我,并乐于与他人交流表演中的体验,充分感受创造、表现与合作的快乐。"于是我们根据孩子们的兴趣,选择了他们非常喜欢的中国传统民间故事《狼来了》开展表演活动,鼓励幼儿在表演中大胆地模仿、表现,提高幼儿的合作意识,增强幼儿参与戏剧表演活动的兴趣,懂得做人、做事的道理,学会诚信,彼此尊重与关怀,培养幼儿热爱大自然的美好情操。

一、熟悉故事、改编剧本

"剧本"是戏剧表演的要素之一,演员只有了解、掌握了剧本的内容,才能将剧情成功地演绎出来。于是在表演开展初期,我与孩子们重温了整个故事,在我绘声绘色的讲述中,孩子们加深了对故事的情节、内容、角色等相关内容的了解,为熟悉剧本奠定了基础。听完故事后,孩子们纷纷说:"小羊倌太不像话了,他是个骗人的孩子,我们不能学他!""故事的结局让我觉得挺难受,如果小羊倌早点知道自己错了就不会被狼吃掉了！""做人要诚实，那样大家才会相信你，有了困难才会得到大家的帮助！"……孩子们已经掌握了故事的内容，并且从故事中受到了启发，懂得了做人要诚实的道理。

正当大家为小羊倌的不幸而难过的时候，星星小朋友提议说："老师，咱们把故事改编一下吧，别让狼把小羊倌吃掉，他知道错了，得到了大家原谅，最后大灰狼被消灭了。""不好，不好，新闻里讲了，动物是我们人类的朋友应该受到保护，所以最后不能把狼打死！""那我们应该如何设计故事的结局呢？"我的这个问题，引起了孩子们的思考，大家以小组为单位，创编出各种各样的故事结局。就这样，故事《狼来了》的新版本诞生了。通过商量，孩子们都选择了自己喜欢的表演角色，并决定把新版《狼来了》表演出来。

二、熟悉音乐、掌握歌曲

在熟悉了新版《狼来了》的故事内容基础上，我将音乐剧的模式介绍给了孩子们，并组织他们欣赏了《狼来了》剧目中的音乐，包括"小羊歌""羊倌歌""狼歌""诚实歌"。引导孩子们反复倾听，熟悉各乐段，稳定律动的节拍感，体验各角色的情绪与情感，调动幼儿参与音乐剧的表演。在欣赏与学习过程中，孩子们能清楚地分辨各大乐段所表现的内容，并很快地掌握了歌曲的演唱，特别是"小羊歌""狼歌""诚实歌"因其曲式平稳，朗朗上口，便于幼儿的记忆与掌握，孩子们学习起来非常轻松。

《狼来了》的配乐音乐很优美、悦耳，但是每个乐段之间所留的空间较短。幼儿因受发展水平的制约，不能很好地加以把握。因此，在组织孩子表演时，我没有采用连续播放完整的《狼来了》配乐，而是结合他们的实际表演，分段加配音乐。"羊倌歌"的音域较高，孩子们把握起来也有些困难，针对"小羊倌"在演唱中出现的高音区域音色放不出、音调把握不当的问题，我给予适时的帮助，采取了帮唱、带唱的形式协助幼儿开展表演，帮助幼儿提升自信、体验成功的快乐。

三、分析评价、把握角色

幼儿年龄小，表演经验少，很多孩子都倾向于选择戏份较轻的角色表演。有的角色几名幼儿都想演，有的角色没有人愿意演。此时，我有意识地给孩子机会，让他们尝试自己解决角色分配的问题。怕演不好的小朋友在同伴的鼓励和帮助下鼓起了勇气，同争一个角色的孩子们达成协议，大家轮流表演。通过分配角色，孩子们社会交往的能力与解决问题的能力都得到了锻炼与提高。

孩子们在表演过程中常常出现背对观众、说话声音小、只注意形体的表现而忽略了表情等现象。如果直接纠正孩子的表演，可能会挫伤他们对故事表演的兴趣。于是，我请一组进行表演，让全班小朋友参与评价，请大家说一说他们哪里表演得好，哪里表演得还不够理想，需要如何进行修改。看过表演之后，孩子们纷纷发表自己的看法，"狼的表情演得非常好，显得非常阴险。""小羊倌唱歌的声音很大，很好听。""小羊出场时的动作和上了音乐。"……有的小朋友还提出了改进建议："农民教育小羊倌的时候不要背对着观众。""小羊出场唱歌的声音应该再大一些，再高兴点儿。""小羊倌向大家求救的声音应该一声比一声大，而且要表现得非常的焦急。"……每当孩子们发现问题，我都请他们说出为什么、怎样表演会更好，引导孩子们有的放矢地发表意见，使他们知其然，更知其所以然。

在自评与互评的过程中，孩子们主动发现、积极探索，将自己对剧本内容的理解与感受用语言、动作、表情等更好地表现了出来。

四、开展合作、制作道具

了解了新版《狼来了》故事之后，孩子们的表演欲望非常强烈，纷纷为自己的角色做着准备工作，头饰如何画、服装如何制作、造型如何设计，一大堆的问题摆在了他们的面前。孩子们纷纷邀请家长参与道具的制作，在整个活动中家长们的兴致很高，认真听取孩子们的想法，并提出自己的建议，大人们积极参与的情绪也直接影响、带动着孩子们的情绪。在家长参与制作的过程中，孩子、家长在亲子互动中收获着快乐、体验着幸福。

在与家长共同制作的过程中，孩子们感受到了合作的重要。于是，各小组经过讨论，达成了共识，明确了分工合作的任务。例如，剧组的成员根据每个人的特长承担不同的任务：蒙蒙画画好，负责准备头饰；宫维迦会唱故事里的歌，负责教大家唱歌……通过大家的合作努力，各组的道具都准备齐了，孩子们穿戴上自己设计和制作的头饰、服装，把故事表演得更加有声有色。孩子们在制作道具的过程中，学会了利用分工合作来解决问题，互助、互让、互谦的集体意识得到了提高。

五、情景创设、丰富表演

有一次排练活动结束后，嘉铭凑过来说："老师，我觉得我们演得有点不像。""哪里不像呢？""放羊的美丽山岗。""你说一说山岗应该是什么样的？""我在电视里看见美丽的山岗上应该有青青的小草、五颜六色的花儿、挺拔的小树，蝴蝶、蜜蜂、小鸟在天空中快乐的飞翔。""这个问题就交给蔡老师来解决吧，我给你们画一幅优美、漂亮的背景画，好吗？""不太好，我看过《马兰花》的表演，那里面的大树、花草、小动物都是演员扮演的，都是活的，我觉得我们也可以请一些小朋友来扮演这些角色，那样多有意思，多热闹呀。""你的主意太好了！"就这样，孩子们对情景的创设产生了新的需求，在"小舞台"中自发制作起来，我及时为他们提供所需的材料，这种孩子自发的创作虽说不够精致，但这是孩子们自己的成果，他们十分陶醉，从中获得了极大的满足感、成功感与自豪感。这又启发了我：只有真正意义上的体验，才能给人留下深刻的印象。以我传统的思路，准备画一个森林的布景，可孩子们却提出可以把花、树、雨、太阳用小朋友扮演作为布景，这样会动的布景就像真的一样。多好的奇思妙想！孩子们的想象力让我佩服。于是我和孩子们共同制作了所需的材料，让孩子置身于这个动态的森林中，在优美的音乐配合下，孩子们身临其境，表演的效果大大出乎我的意料。

在参与戏剧表演的整个过程中，我与孩子们一起讨论和尝试、熟悉和了解每一个角色的台词、场位、服装、道具以及表演方式，孩子们积累着如何进行表演的经验，也积累着尊重他人表演、与人合作表演、协商解决问题等经验，获得了多方面能力的发展。这次活动给了我很深的启示，让我进一步体会到戏剧表演活动中，教师是引导者、支持者，同时也是参与孩子们表演游戏的合作者、分享者，只有这样才能让孩子们成为表演活动中真正的主人，让他们在表演中娱乐自身，点燃想象力，展现主体性。

六、活动反思

我引导幼儿将一个耳熟能详的故事改编成音乐剧，在活动过程中我很好地起到了一个引导者、支持者的作用，孩子的创造力、主体性均得到了很好的发展。但是，我也感觉到整个活动的时间略长，我其实可以请几组幼儿同时进行活动，在分工合作的过程中培养幼儿发现问题、解决问题的能力。另外，活动更应关注每个幼儿都能获得成功感和价值感。

好吃的蔬菜

陈　晶　袁　清　赵　英

与水果一样，蔬菜也是我们每日生活中必不可少的食物，且同样具有品种多样的特点。因此，在与孩子们开展了"水果篮"的探究之后，我们尝试着设计并进行了"好吃的蔬菜"的主题探究活动。活动方案制订之前，我们先收集和学习了蔬菜的相关知识，并将蔬菜与水果对比，分析了蔬菜的独特之处：品种更加繁多——不仅各种蔬菜的外部特征与内部结构各不相同，而且，蔬菜包含了植物的各个部分，有的是根，有的是茎，有的是叶，而水果几乎都是植物的果实；食用方法多样——直接食用、凉拌、炝炒、煮汤、作配料等，而且在不同的烹调方法之下，蔬菜的形态、味道都会随之发生变化；营养更加丰富——除了富含维生素以外，不同品种的蔬菜还各自有其独特的营养价值，如胡萝卜素、番茄红素、草酸等。

了解蔬菜相关知识的同时，我们也借进餐的时机，有意识地和幼儿谈论有关蔬菜的话题，引发幼儿对蔬菜的兴趣，了解他们的已有经验。我们会问："这是什么菜？做成菜之前它是什么样的？""你最爱吃什么菜？它是什么蔬菜做的？这种蔬菜什么样？""你还知道哪些蔬菜？它们是什么样的？"……在美工活动中，幼儿绘画自己知道的蔬菜。从与孩子们的谈话和他们的绘画作品中可以看出，孩子们知道一些常见的蔬菜，能说出名字并描述出主要的外形特征，但是并不细致、准确，常常张冠李戴。

在进行了相关知识储备和了解了幼儿已有经验的基础上，我们确定了活动的目标：认识常见蔬菜，运用多种感官了解其基本特征，感知蔬菜的多样性；尝试用蔬菜制作食品，感知制作过程中蔬菜的变化，学习使用简单的食品加工工具；

了解蔬菜的营养，愿意品尝和接受各种用蔬菜制作的食品，建立不挑食的饮食态度；尝试多角度分类，学习通过多种途径收集信息，用多种方式表达自己的认识和发现。围绕目标预设了活动方案，从让幼儿带来蔬菜开始，我们一起开展了关于蔬菜的探究。

一、我带来的蔬菜

一个周五的下午，我又和孩子们展开了关于蔬菜的话题："明天就是休息日了，你想吃什么菜？""大虾。"了了反应最快，马上说出了他的最爱。"烤鸡。""香肠。"……紧接着，孩子们七嘴八舌说出了很多他们爱吃的"菜"。看来提到"菜"，孩子们的直觉反应是更加广义的"菜肴"，而且主要集中在他们钟爱的"肉类"上。我又转换了角度，继续问："周末你们都会吃些什么？""肯德基、麦当劳、比萨、烤肉……"孩子们的回答多是不健康食品。短短的谈话坚定了我开展蔬菜活动的决心，并决定与家庭共同进行这一主题，让家长和孩子们一起认识和了解蔬菜，并在此基础上喜爱蔬菜食品，形成健康的饮食理念和饮食习惯。

于是，我向孩子们布置了任务，周末和爸爸妈妈一起购买、制作、品尝一种蔬菜，并将这种蔬菜和用它做好的菜肴的照片带到幼儿园来与小朋友分享。家长接孩子时，我将他们集中在一起，宣传了蔬菜活动的目的和意义，请家长积极配合，共同教育。

周一一大早，孩子们就带着自己的蔬菜来了，黄瓜、茄子、香菜、菠菜、西红柿……品种还真不少。我请他们将自己带来的蔬菜放到自然角中已经准备好的篮子里，并在早餐后和他们一起进行了观察和交流。我先请孩子们仔细观察自己带来的蔬菜，并将它的样子画到记录纸上，之后在小组中互相介绍。在交流中，孩子们的表达十分丰富："香菜闻起来好香啊！""黄瓜的皮上有小刺，有的尖儿上有黄的花儿。""西红柿是酸的，我妈炒西红柿的时候先用热水一烫，皮就能剥掉了。""土豆上有好多小坑儿，都得抠掉。""柿子椒里面有籽儿。"……从他们的绘画和表达中可以看出，经过了周末的观察、制作和品尝，孩子们对蔬菜已经有了更深入细致的了解，但还只局限于自己带来的蔬菜。

接着，我又请孩子们介绍用蔬菜做成的菜肴："你吃到了用蔬菜做的什么菜？

味道怎么样?"在这一环节中，孩子们更加兴奋，纷纷介绍"我妈妈用黄瓜做了好几个菜，有黄瓜炒鸡蛋，有拍黄瓜，还有黄瓜汤，木须肉里也放了黄瓜。""我妈妈炒了土豆丝，可好吃了。""我妈妈把黄菜花和绿菜花一起炒，叫炒双花。""我爸爸把洋葱和牛肉一起炒，特香!"……为了让孩子们能有更多的交流机会，我和他们一起将各种菜肴的照片布置成展板，放在了语言区。

二、蔬菜大家庭

为了帮助幼儿进一步感知蔬菜的特征，比较各种蔬菜并进行分类，我们开始了"蔬菜大家庭"的展览活动。我先和孩子们一起将蔬菜实物和"蔬菜的样子"记录表进行整理，按蔬菜的名称布置出了"蔬菜大家庭"的展台和展板(将自然角布置成展台，将蔬菜实物按名称放到不同的容器中摆好；将"蔬菜的样子"记录表布置成展板)。最后，孩子们参观展览，观察各种蔬菜，并互相交流自己在布置和参观展览时的发现。在这次交流中，孩子们开始关注蔬菜的共性特征和不同之处了，"我和盼盼的都是茄子，她的圆，我的长。""黄瓜有的大，有的小。""扁豆也都不一样。""还有豇豆，它也叫豆，可是和扁豆也不一样"……我为孩子们的发现感到由衷的高兴。

"蔬菜大家庭"的展览很受孩子们欢迎，交流活动结束后他们还常常聚在自然角边观察、摆弄这些"蔬菜"，边讲述自己的新发现。于是我们开始了第二次的展览布置。

我和孩子们一起把带来的蔬菜放在了一张桌子上，我提出问题："这些蔬菜一样吗? 它们有什么相同和不同?"看着一桌子的菜，孩子们很快说出了一些答案："它们不一样!""它们的名字不一样，长的样子也不同。""长得怎么不一样呢?"我马上追问。"它们的颜色不一样。""都有什么颜色?"我问道。"红的、绿的、紫的、黄的。""长得还有什么不同?"我接着问。"有的有叶子，有的没有。""有长的，有圆的。""谁是长的，谁是圆的? 有叶子的还能分成长的和圆的吗?"我继续问。"没叶子的有的长，有的圆。""还有什么不同?"我追问道。"有的大，有的小。"……就这样，在对话中，我们共同发现并梳理了蔬菜外形特征上的三个不同——颜色、形态和大小，并尝试进行了分类。为了满足孩子们用不同分类方法布置"蔬菜大家庭"的愿望，我们约定每天的活动区活动时间，到科学区活动的孩子可以用自己喜欢的方式为"蔬菜大家庭"分类，布置展览，但是要在活动区分享时告诉大家自己的分类方法。

就这样，孩子们更加关注自然角的"蔬菜大家庭"了，每天这里都会变化展览的方式，有时按颜色分成四篮，有时按有叶子和没叶子分成两篮，有时没叶子的还会被分出长的和圆的两篮。甚至有一天，畅畅提出了按生长的地方为蔬菜分类，由此引发了全班幼儿了解各种蔬菜生长部位的新兴趣，并最终将蔬菜分成了在地下生长的、在地上生长的和在枝蔓上结的三大类。

三、蔬菜篮里的发现

随着时间的推移，孩子们又有了新的发现，蔬菜篮里的蔬菜开始变了——先是发现菠菜的叶子变黄了，接着长茄子有皱纹了，苦瓜烂了，胡萝卜蔫儿了……"这是怎么回事？"我抓住时机问孩子们。"菜蔫儿了。""什么样的蔬菜会变得最快呢？""有叶子的。"孩子们异口同声。"那什么样的蔬菜会变得最慢呢？""茄子、柿子椒、土豆、洋葱……""不对，土豆不会变，它一直都没变。"孩子们的意见各不相同，而且产生了分歧。于是，我决定和孩子们一起做个实验，让他们亲眼看看蔬菜到底是怎样变化的。

我们选定了小白菜、茄子和土豆三种蔬菜做实验，并用比较记录的方式记录它们的变化。三天过去了，小白菜打蔫了，茄子上的亮光变暗了，土豆没有变化；八天过去了，小白菜的叶子变黄了，茄子上的亮光变得更暗了，土豆没有变化；十二天过去了，小白菜的叶子又黄又脆，茄子上开始有皱褶了，土豆还是没有变化；二十天过去了，小白菜完全都干了，一碰就碎了，茄子上的皱褶更大了，土豆没有明显变化……就在孩子们正要欣喜地总结自己的发现时，细心的了了发现了土豆的变化——土豆有些发绿了，坑坑里也长了一些小豆豆。"土豆还会变吗？会怎样变呢？"在我的引导下，孩子们开始了对土豆的重点观察。又是十天过去了，土豆坑里的小豆豆越来越大；又是一个十天，小豆豆上长出了绿尖尖；再十天，绿尖尖变成了小叶子……真有趣呀，土豆居然长出了叶子。

亲历的实验让孩子们充分感知到了不同蔬菜保鲜时间上的差异，也发现了蔬菜都会变化，但变化的方式各不相同。但是，"为什么土豆会长出小叶子呢？"我将寻找答案的任务交给了孩子们和家长。就这样，家长们也加入了进来，有的从家里找出了百科全书，有的从网上搜集，还有的专门带孩子去购买相关书籍。最终，我们不仅找到了土豆长叶的答案（土豆是植物的储藏茎，有充足的养分，可以生长出枝叶），而且找到了科学家对蔬菜的分类方法（按食用器官可分为根菜、叶菜、茎菜、花菜和果菜5类；按农业生物学分类可分为白菜、甘蓝、根菜、绿叶菜、葱蒜、茄果、豆、瓜、薯芋、水生蔬菜、多年生蔬菜、野生蔬菜和食用菌等13类）。

此外，为了进一步证明叶菜类和根菜类可以再生长，我和孩子们一起进行了种萝卜、泡白菜、泡洋葱的活动。孩子们亲眼看到并亲手记录了蔬菜们的变化，感受到了探究与发现的兴奋与喜悦。

四、蔬菜里面什么样

随着孩子们对蔬菜外部特征的了解逐渐深入，我又引领他们开始了对蔬菜内部结构的探索。"它们的里面什么样？"我拿来了一组蔬菜，有柿子椒、油菜、土豆和扁豆，并逐一问孩子们。"柿子椒里面有籽儿。""油菜都是叶子。""土豆里面是白的。""扁豆里面有豆。"孩子们的回答很简单，看来，打开蔬菜，让他们仔细观察和发现十分必要。

"怎样打开它们？"我又抛出了问题。"用刀切、用手剥。"孩子们的回答很干脆。于是，我和孩子们一起来剥蔬菜。扁豆很快被剥开了，里面果然有一粒粒的小豆子；油菜叶陆续被剥完了，剥下来的是大大小小的叶子，只剩一个小菜心，仔细看看还是小叶子；柿子椒也被掰开了，里面不但有籽儿，还有一条一条的棱儿，而且很多籽儿都长在连着柿子椒瓣儿的球球上；土豆剥不开，只能用刀切。为了看得更完整、清晰，我又带着孩子们亲手切开了土豆、油菜和柿子椒，结果发现了更多有趣的现象：土豆硬硬的，里面是淡淡的黄色，看起来是平平的；油菜横着切完像花朵，竖着切开后能看到越长在里面的叶子越小，一层一层很好看；柿子椒更有趣，横着切完像两朵花，一头的中间有个球，上面有籽儿，另一头是空的；竖着切有球的地方硬，切开后两边基本上一样。原来蔬菜的里面也各不相同。

这次活动之后，我又请孩子们和家长一起收集可以生吃的蔬菜，我们一起亲手制作了蔬菜拼盘。在切开各种蔬菜并进行创意拼摆的过程中，孩子们不仅看到了蔬菜的内部结构各不相同，而且品尝到了很多蔬菜生吃时的好味道，还发现了让蔬菜"变形"的多种方法和工具，体验到了使用工具的意义和创作的快乐。

五、好吃的绿叶菜

与多汁的果菜和口感较好的根茎类菜相比，孩子们常常不爱吃绿叶菜，特别是纤维较多不好咀嚼的菠菜、小白菜。为此，在"好吃的蔬菜"的主题中，为了实现"了解蔬菜的营养，愿意品尝和接受各种蔬菜制成的食品，建立不挑食的饮食态度"的目标，我们选择了从绿叶菜入手。

我们挑选了孩子们常常分辨不清也不太爱吃的菠菜、小白菜和油菜，请他们比较三种菜的不同。经过观察和对比，孩子们发现了三种菜各自的特点：菠菜梗细且是绿色的，叶子是深绿色的，根部有些发红；小白菜梗宽一些，叶子颜色较淡；油菜梗厚且是白色的，叶子比较绿。接着，我又请孩子们和家长一起收集有关这三种菜的营养知识。在孩子们收集来了各种信息并进行分享之后，我们知道了绿叶菜的营养价值：含有大量的β胡萝卜素、粗纤维、矿物质和维生素，有助于增强机体免疫能力，能够防止口角炎、夜盲症等维生素缺乏症的发生，促进大肠蠕动，增加大肠内毒素的排出等。

此后，我又和孩子们一起收集这三种菜的做法，并请炊事员老师来到班里，带着孩子们一起制作了三种菜的菜肴和饺子。在亲手制作和品尝的过程中，孩子们品尝了三种蔬菜制作成菜肴后的好味道，更知道了一些让绿叶菜好嚼、好吃的"小窍门"：菠菜炒之前先用热水煮一下、炒的时候把菜切碎一点、把绿叶菜做成馅。

在一系列的活动中，孩子们消解了对绿叶菜的抵触，不仅能够大口吃绿叶菜，而且主动把绿叶菜的烹饪方法"传授"给爸爸妈妈。之后，我们又开展了一些学习、了解蔬菜营养的活动，并请爸爸妈妈们加入进来，和孩子一起收集饮食营养的知识，制订有蔬菜的健康食谱，相互交流蔬菜的各种做法。这些活动不仅转变了孩子们的饮食态度，也得到了家长们的好评。

六、活动反思

回首"好吃的蔬菜"的主题活动感触颇多，汇总起来有如下三点：一是好的活动方案是活动开展的前提。我们以了解幼儿已有经验和学习蔬菜的相关知识为基础，确定教育目标，制订活动方案，保证了活动的情境性、科学性、适宜性和发展性。在此方案的引领下，我们让孩子们从观察入手，在一个个问题的启发下，在一次次有趣的活动中，在循序渐进的探究中，通过多种感官和途径了解发现蔬菜的特征和分类方式，有效丰富和梳理了幼儿的经验。二是家园互动，让活动渗透进幼儿的家庭。在"好吃的蔬菜"的主题活动中，我们自始至终与家长紧密联系，共同配合，很好地将家长吸引进活动之中，让家长在与幼儿共同制作食品、收集资料的过程中体验活动的意义和价值。不仅对幼儿的活动给予了支持，更在潜移默化中丰富了家长的饮食观念和策略，从而保证了幼儿在家庭生活中同样建立良好的饮食态度和习惯，受到了家长的欢迎和好评。三是科学活动应来源于生活又回馈于生活。在"好吃的蔬菜"活动中，幼儿天天要吃菜却不了解蔬菜、不爱吃蔬菜的问题既是探究的起点又是探究的终点。收集蔬菜、了解蔬菜、制作蔬菜食品的活动也都是为了实现让孩子们喜爱蔬菜、愿意吃各种蔬菜的食品的目标。而且，每一次的探究活动都与生活密切相关，把教育自然地渗透在生活之中。在生活中学习，学习中生活，幼儿的发展必将更加有意义。

富有智慧的教育渗透

刘占兰

教育渗透是幼儿园教育组织实施的基本原则和具体要求的体现。《幼儿园教育指导纲要（试行）》（以下简称《纲要》）中规定，在选择教育内容时"既贴近幼儿的生活来选择幼儿感兴趣的事物和问题，又有助于拓展幼儿的经验和视野。""教育活动内容的组织应充分考虑幼儿的学习方式和特点，注重综合性、趣味性，寓教育于生活、游戏之中。"可以说，幼儿园教育内容的组织实施在很大程度上需要教师具有教育渗透的智慧和专业素养，这是幼儿园学段的教育和幼儿阶段的年龄与学习特点的客观要求。

教育渗透突出地体现在两个主要方面：教育渗透于一日生活和各领域教育的相互渗透。

一、将教育渗透于一日生活的各个环节

将教育渗透于一日生活之中，发挥一日生活的整体教育功能，不仅是由幼儿阶段的年龄特点和学习特点所决定的，也是幼儿园教育的基本原则和基本特点。因此，树立大课程观、大教育观和具备教育渗透的策略与能力，是作为名师的基本专业素养与能力。将教育灵活地渗透于一日生活，是教师富有教育智慧的具体体现。

幼儿每天在园进行的所有活动，如入园与离园、进餐、睡眠、如厕与盥洗、活动区游戏、户外活动、教学活动、收拾整理活动、环节转换等，都蕴含着丰富的教育价值。教育价值不仅存在于教学活动和活动区游戏环节之中，而且广泛地存在于除此之外的其他各个环节之中（以下均称之为"其他各个环节"）。教育教学

活动和活动区游戏环节容易被教师重视，而其他各个环节及其中的教育价值容易被忽视，教师有意识地关注并觉察和利用其他各个环节中的教育价值，能更有效地促进幼儿的学习和发展。

其他各个环节对幼儿的学习与发展之所以非常重要，是因为它们为幼儿主动学习提供了很多契机，幼儿在这些环节中易于产生许多兴趣点和需求，并发展成为主动学习的愿望，从而积极主动地去感知、探究、认识世界，建构、丰富自己的知识经验，不断发展各种能力。

以户外活动时间为例，幼儿可以进行跑、跳、攀、爬等各种发展身体动作能力的活动；也可以在院子里收集和观察树叶、石块、小花小草、昆虫等各种他们认为有趣的物品，进行自由地把玩和探究，甚至由此生发出不断深入的探究活动，《小桃枝》就是典型的实例。梁老师用自己的教育智慧发现了幼儿的兴趣需求、支持幼儿随后不断生发出来的探究活动。孩子们在户外活动时想捡拾被修剪下来的小桃枝，教师就让他们捡；孩子们想把捡到的小桃枝带进班里，教师就支持他带进班里；孩子们想用小桃枝做些自己想做的东西，教师就支持他们按照自己的想法做；孩子们想给小桃枝剥皮，教师不仅支持了孩子们，还和孩子们一起探究了桃枝的内部结构，获得了一个又一个的新发现。孩子们的想法得到了尊重、理解和支持，生活中废旧的资源得到了有效的利用。

教师要做到将教育渗透于一日生活的各个环节之中，具备两种能力非常重要：一是教师要善于观察。在一日生活中教师要随时观察孩子，认真而耐心的倾听孩子，敏锐地觉察和发现幼儿的需求和兴趣。在《小桃枝》的故事中，梁老师耐心地倾听幼儿捡小桃枝的原因，不仅发现了幼儿的兴趣和需求，而且给予了尊重和接纳。二是教师要顺应、支持和鼓励幼儿的活动。教师要用自己的表情、语言和动作，表达和表现出自己对幼儿发自内心的支持和鼓励。如教师饶有兴趣地描述幼儿正在做的事情，鼓励幼儿讲述他们自己正在做的事情，教师亲自尝试一下幼儿的想法和做法，或参与和帮助幼儿收集某种材料，等等，都是教师支持和鼓励幼儿活动的具体表现。在《小桃枝》的故事中，梁老师真诚地顺应孩子的思路给他们的计划提些许建议而又高度尊重幼儿自己的想法；关注幼儿给小桃枝剥皮，而又不干涉和搅扰他们投入而又富有热情的活动；鼓励孩子们说出固定树干所用的富有创意的办法；等等。

总之，孩子们在生活中会接触到各种各样的事物，会遇到各种各样的问题，正是孩子们在探究他们感兴趣的事物和解决他们所面临的各种各样的问题的过程中，发展着各种能力。所以，对于幼儿来说，一日生活中蕴含着广泛的教育资源，一日生活都是教育，一日生活都是课程。

二、将各领域的教育相互渗透

《纲要》中的五大领域是对幼儿园课程内容的相对划分，事实上，有些领域之间本身就存在着一些固有的联系或可以生成的联系，这些联系的建立将使教育、课程发挥整体功能和更大的效益，更好地促进幼儿的学习和发展。各领域教育的相互渗透是《纲要》中规定的课程组织与实施的重要原则之一。当我们谈到各领域的相互渗透时，常常指的是教师有意识、有目的设计的教育活动或教育教学活动中五大领域内容的相互渗透。就目前的现实状况而言，有些教育活动具有明显的领域特点，可以说是分领域教学活动，如户外体育活动《战地骑兵》。而有些教育活动则是综合主题性质的，如"告别幼儿园"系列主题活动，"自己买东西"是其中的一个主题活动。无论哪种形式的教育活动，都需要有一定的综合性，各领域有一定的相互渗透。

户外体育活动《战地骑兵》，将健康领域和社会领域的教育内容与要求有机地结合了起来，促进了幼儿动作的发展和合作能力的提高。此外，按地图标注的路线行动，还发展了幼儿的空间认知能力；游戏中还多处体现了让幼儿自由结伴、自主选择活动材料，这种伙伴和活动材料的自选在一定程度上提高了活动的趣味性和幼儿的积极主动性。活动中小组竞赛的运用也能够增强幼儿的合作意识和小组成员的集体观念。

《自己买东西》在制订活动计划、实地观察和考察物品的位置与价格的过程中，提高了幼儿的认知能力和解决问题的能力，在考察价格、算钱、借钱与购物的过程中，还特别发展了幼儿对数及其实际意义的认识；在同伴之间协商、与幼儿园园长和财务人员、超市服务人员交流沟通并向他们求助的过程中发展了幼儿的社会性与交往能力、语言表达与沟通能力。

此外，从《自己买东西》这个主题活动中我们还会发现，活动充分利用和挖掘了超市这一身边的教育资源，让幼儿在真实的生活情境中获得了多方面的发展。活动明显地带有浓厚的生活化特征，活动的产生和发展都顺应了生活中自然事件的发生和发展线索：毕业了要开一个告别联欢会，要买一些东西，买什么呢？大家一起商量；没有钱怎么办呢？大家一起想办法；要买的东西多少钱呢？进行实地的价格考察……活动内容要来自于幼儿的真实生活，活动的实施更要贯穿于幼儿的真实生活。幼儿正是通过接触真实生活中的人、解决真实生活中的事来学习和获得发展的。

三、在不断积累中提升教育渗透的智慧与素养

综合利用各种教育途径，科学、有效地利用一日生活的各个环节进行教育，是幼儿园课程的特点之一。每一位教师都应充分认识幼儿在一日生活中所经历的各种事物、接触的人及生活的环境在他们成长中的作用，抓住各种可能的教育契机，创设理想的教育渗透状态，最大限度地发挥教育的整体功能和作用，更好地促进幼儿的学习和发展。这样的教育是富有较高教育智慧和专业素养的教师才能做到的，需要教师的不断积累。

首先，教师要有教育渗透的意识。教师具有教育渗透的意识不仅要求教师认同教育渗透于一日生活的重要性，而且要熟知幼儿的学习与发展目标，即"心中有目标"，随时为教育渗透做好准备。

其次，教师要善于观察和判断。在一日生活中教师不仅要随时观察孩子，认真而耐心地倾听孩子，从他们的行为表现和语言表述中敏锐地觉察和发现他们的需求和兴趣，而且要判断其潜在的教育价值，即可能实现的教育目标和可能增进的知识和经验，努力在尊重和支持幼儿的兴趣与需求、想法与做法的前提下，促进幼儿更有效的学习与发展。即"眼中有孩子"和"处处有教育"。

最后，教师还要善于积累和不断反思。在日常教育中，教师要有积累教育渗透成功案例的意识和习惯；反思教育渗透中遇到的各种问题，研究过程和解决问题的办法，从而不断提升自己的教育智慧和能力。善于积累才能不断提高，善于思考才能不断改进。还要特别注意与同伴的共同研讨、相互启发，充分发挥集体智慧的优势，使教师个体和同伴集体的教育智慧与专业素养都获得提高。

战地奇兵

梁 艳

一、活动由来

孩子们在幼儿园生活已经两年多了，随着年龄的增长以及各种各样体育活动的开展，无论是动作能力还是游戏水平都有了长足的发展。近期在自主活动中我发现孩子们对幼儿园户外场地中各种体育器械已经不感兴趣了，分析原因主要是孩子们已经能很熟练地掌握这些器械的玩法，完成起来很轻松，因为缺乏挑战所以没兴趣。我观察到孩子们不满足于简单的玩法，开始尝试着自己创编玩法。看来仅仅单一的进行一两种器械的练习对他们来说已经没有练习兴趣了，这就促使我必须根据他们的活动现状，提出新的任务、创设更有趣的游戏和竞赛情节，从而引发他们主动积极的练习愿望。

大班孩子最感兴趣也是最有效的学习方式是在合作中学习。因此在日常活动中，为孩子们创设一种合作化的学习氛围，引导孩子在与同伴合作中不断积累经验，从而获得能力上的发展是我思考的方向。由此我预设了这个活动，主要是通过挑战性的情节引导孩子尝试组合各种器械，并按照自己的方法运用器械，同时在和同伴共同解决问题的过程中逐步学习"合作"和"协商"，体验到竞赛游戏的乐趣。

二、活动目标

尝试组合2～3种体育器械，积极主动的练习平衡、钻、爬等动作。

尝试合作解决问题，发展合作和协商的能力。

三、活动准备

幼儿前期动作基础：了解户外体育器械的基本特性和玩法，并能够独立完成相应动作。

幼儿前期认知基础：对幼儿园场地平面图有过认知；有过合作游戏的经验，玩过"穿大鞋走""两人三足"等合作游戏。

材料提供：(1)平衡类，包括宽窄不同的平衡木、塑料方砖、梅花桩、跷跷板、塑料平衡木等；(2)钻爬类，包括榻榻米、圈、小椅子、竹竿、海绵圈、垫子、钻圈、大滚筒、坦克、半圆拱桥以及轮胎等；(3)活动任务图。

四、活动过程

(一)教师带领幼儿玩游戏"金鸡独立""编花篮"

利用玩游戏的形式做准备活动。游戏既包括幼儿自己可以独立完成的，同时也包括需要与同伴合作玩的游戏。这一环节一方面可以引发幼儿的活动兴趣，愉悦身心，活动身体的各个部位，为后面的活动作准备；另一方面也使幼儿体验到有些游戏只有和同伴合作一起玩才好玩。

(二)通过游戏促使幼儿体验合作并自然分组

1. 玩游戏："同心协力"

指导语：今天我们玩一个"同心协力"的游戏，场地中有五个不同颜色的圆圈，每个圆圈都不是很大。游戏规则是每个圆圈中要站满五个小朋友，这五个小朋友除了脚以外身体其他部位不能着地，另外所有小朋友的脚必须踩在圆圈里面，但身体可以露在外面。看哪个圆圈中的小朋友通过集体协作，共同配合，第一个完成游戏。

2. 同伴交流，提升游戏经验，再次尝试

指导语：下面请"同心协力"游戏的胜利者向其他小朋友介绍一下自己组是怎

样取得游戏胜利的。其他圈中小朋友可以再尝试一次，看看哪个圈中的小朋友顺利完成游戏。

3. 自然分组

指导语：每个圈中的小朋友为一组，请给自己组起一个名字，并向其他组介绍一下自己的组名。

(三)通过玩游戏"战地奇兵"练习动作，体验合作

1. 玩游戏："战地奇兵"

指导语：

——每个组将获得一份地图，请根据图中的路线占领敌人的阵地。

——图中标明有河的地方要想办法过河，过河的时候身体不能着地。

——图中标明有地雷的地方要想办法把雷清除才能过去，清除的时候身体也不能着地。

——场地中的器械可以自由选择，但是最好不要超过三样。哪组先占领阵地，哪组就是胜利者。

——胜利者可以把自己组的小旗子插在阵地上。

2. 幼儿开始游戏

教师鼓励幼儿同伴间进行讨论，共同协商后选择适宜的器械，尝试后选择动作。鼓励每个小组克服困难，坚持完成任务。教师参与幼儿的游戏，并进行隐性支持。如：够不到地雷时教师可以抱住幼儿的腰引导幼儿探下身子用手够。

3. 分享游戏经验

请顺利完成游戏的小组和同伴分享游戏经验。

(四)放松活动

教师和幼儿一起进行放松游戏并小结活动情况，最后收拾整理器械。

自己买东西

金 东

一、案例背景

在大班末期我们结合认识货币计划开展"超市购物"的活动，目的在于让幼儿在实际的购物活动中，感受货币的应用，体验货币的找赎。但是，超市是一个人员比较密集、环境比较复杂的场所，由于在超市中有着许多教师难以把握的因素，所以，"安全教育"就在这次社会实践过程中显得尤为重要了。

如果单纯考虑安全的因素，教师可以将幼儿封闭在教室的空间中采用模拟超市的情景引导幼儿进行学习。但是，幼儿这样获得的经验将仅仅只是针对货币知识点的认知，而在真实的超市购物活动中，幼儿在认识货币的同时还将获得关注、认识周围的环境、主动与人交流、交往以及随机应对遇到的问题等多种能力的发展。与前者比较，真实环境中的实践活动的价值不言而喻。但是，在坚持实践感知的同时又怎样能够更好的协调幼儿发展与幼儿安全之间的矛盾呢？如何使幼儿在安全的前提下获得更好地发展呢？为此，我们在"超市购物"活动开展的同时，进行了"小鬼当家——超市中的安全体验"活动。

二、活动目标

感知超市中存在的不安全因素，能够采用有效的方法保证自己的安全，增强自我保护的意识。

体验购物的愉快，提高合作意识。

三、活动准备

超市录像；人物、货物、货币、手推车的图片；每组 10 元人民币。

四、活动过程

(一)找一找，超市中哪里不安全

安全重于泰山，我们绝不可以拿孩子的生命、健康做儿戏，所以预防工作是很重要的，并且让幼儿可以主动预见到一些不安全因素，才会焕发出他们主动避免危险的意识。于是，老师在活动前到超市中进行了现场录像，在幼儿园中放给幼儿看，请幼儿结合录像和自己已有的生活经验，找一找在超市中有哪些不安全的地方，如果不注意就会发生什么危险？

孩子们结合录像的画面进行了讨论，发现了"超市中人多，地方大，容易和家长走失""乘坐电梯时脚踩不好会摔倒""在超市中乱跑会滑倒"等一些比较明显的不安全因素。透过答案可以看出他们对于超市的环境有着一定的了解，能够预见到一些不安全因素。但是在接下来的"超市购物"的活动中幼儿是要离开成人的视线，独自完成进入超市、找到自己需要的物品、完成拿取货物、交款等一系列的活动，在这个过程中，他们有可能会遇到比自己预见的要多得多的问题和意想不到的危险因素，而这些是没有独自购物经验的孩子根本无法预料的。

面对这种情况，老师采取问题导入的方法，将超市环境以及购物活动中的环节分为人物、货物、货币、手推车等几个单元，针对每个单元提出了"找一找，每件事物可能会出现的不安全因素有哪些？看谁能够想得多？"引导幼儿分组针对不同问题进行讨论和交流。

在问题的引导下，孩子们针对一个个小问题结合具体的事物又进行了进一步的思考。这一次，他们的发现增多了。如："人物"这一组，不仅考虑到超市中人多地方大会容易和家长走失，还发现在购物中大人比较高大有可能会碰到小朋友，在超市中可能会有坏人骗小朋友，站在大人后面，大人不注意后退会踩到小朋友；"货物"这组小朋友还发现超市中有些东西比较锋利，如刀子，有些货物放置得比较高掉下来会砸到小朋友；"货币"组的小朋友发现钱放不好会丢失，超市中可能会有小偷；"手推车"组的小朋友发现小朋友力气比较小，手推车推起来方向掌握不好，推车上下楼不方便。孩子们的思考更加细致入微了，它们更加关注细节性的地方，并且通过小组间的交流、互动，考虑的也更加全面了。

(二)想一想，有什么办法让自己更安全

发现问题的目的是为了解决问题，采取积极的办法让消极的因素转变为积极的因素。为此，在孩子们充分发现问题的基础上，老师提出了引申性的问题："小朋友发现在超市中有这么多地方会发生危险，有没有好的办法可以让我们避免这些危险，既保证我们的安全又能够愉快的购物呢?"老师鼓励孩子们结合自己发现的问题采用和小朋友商量、自己想办法解决的方法。经过思考，孩子们发现在超市中遇到困难时可以找保安和工作人员，小朋友独自上电梯会有危险可以走楼梯，一个人走比较危险可以几个小朋友一起活动，老师给的钱可以装在幼儿园小书包里，可以把书包反背在胸前。这些都是孩子对于如何保护自己所具有的一定的生活经验，如何帮助他们把这些经验继续整理和提升，并起到相互交流、促进的作用呢？接下来我们采用了孩子们最喜欢，也是对幼儿来说是最直接的绘画形式，请幼儿把解决办法画出来并进行分类，然后请幼儿进行观察、分享，使每个幼儿都了解到其他小朋友的办法。大家还在一起讨论，遇到什么样的问题哪种办法最简单、哪种办法最快最好地解决问题。在活动之前先给幼儿奠定了一定的经验基础，从而避免了他们在面对复杂环境时手足无措。

(三)试一试，我会保护自己的安全

在幼儿充分讨论、思考的基础上，我们将带领幼儿进行真实的超市购物活动了。在活动前，教师交代任务：小朋友分成四组，分别要完成：购买10根铅笔、10本田字格本、1袋山楂片、5个小印章。幼儿自愿分组分工，明确自己在活动中的任务。在幼儿购物前教师再一次对幼儿提出要求：小朋友以组为单位，想办法找到任务中所要购买的货物，每一组把所有的货物都购齐后到收款台交费，在出口集合。由于有了先前的准备工作，孩子们开始分头按照自己的想法进行寻找和购物。

在购物过程中脱离了老师的带领，原本由家长、老师代替完成的事情现在要

由孩子独立完成时，他们开始迈出了勇敢的第一步，并运用自己已有的安全知识与经验在这个环境中保护着自己又努力达到目的。

五、活动反思

幼儿的安全健康关系到千家万户的幸福，关系到国家和民族的兴旺。为此，《纲要》中明确提出："幼儿园必须把保护幼儿的生命和促进幼儿的健康放在首位。"幼儿园的孩子年龄小、各方面的能力发展不完善，自我保护意识和能力都有待加强。为此，幼儿园教师要树立高度的责任意识，为孩子创设一个安全、舒适的生活和学习环境。

在活动的过程中我也在反思：幼儿最终要脱离成人的呵护，面对复杂的世界。为孩子创设一个安全的环境是必要的，而安全教育最重要的还是应该引导幼儿从小树立起自我保护的意识，提高他们的自我保护能力，以使他们今后在面对实际生活时能够正确应对。而这些仅仅运用说教和模拟的形式是无法实现的。

通过这次活动我也深深意识到：

(一)以"真"为基础的安全教育，使幼儿对安全的认识从模拟回归到真实生活中

在这次亲自尝试、体验的过程中，孩子们获得的绝对不是在教室中通过说教可以获得的真实的体验，这种经历会使他们在今后面对类似的场景时可以自主、主动地进行经验迁移，从而获得对自己一生有益的东西。强调幼儿在真实的环境中学习，发展自身巨大的潜能，不仅仅是掌握了正确的自我保护技巧，更是促进了幼儿整体素质的发展。

(二)以"体验"为形式的安全教育，使每个幼儿的自我保护能力得到提升

对于那些被过度保护的孩子，一切有危险的事情都是由家长包办代替的，当他们遇到不稳定因素事件时，他们必须要学会自己面对，这样才会促使每一个孩子在真实的场景中得到锻炼和提高。

(三)以"实践"为切入点的安全教育，促进幼儿心理素质的发展

大自然、大社会是一本包罗万象的百科书，我们只有走出幼儿园狭小的天地，把孩子解放出来，在大社会、大自然中去锻炼，他们的性情才会更加快乐，解决问题的能力才会逐渐增强，面对困难的心理素质才会得到明显的提升。

小桃枝

梁燕京

一、活动来源

早晨户外锻炼的时候，后勤的师傅在修剪幼儿园的小桃树。我和孩子们跑步路过的时候，几个孩子捡起了被剪下来的小桃枝爱不释手，任凭老师怎样提醒也不肯丢下。看着桃枝还算光滑而湿润的表皮，我想：与其反复的提醒孩子，还不如放手让他们大胆的感知它。于是我说：如果喜欢就捡回去一些吧。这下孩子们可高兴了，捡起粗细、长短不一的小桃枝兴奋地回到了班里。于是，关于小桃枝的活动就这样开始了。

二、活动目标

对身边的事物感兴趣，喜欢动手动脑解决问题。
能在操作探索中充分感知桃枝皮的特点及简单构造，并进行制作。

三、活动准备

桃枝、计划纸、铅笔或签字笔、各种辅助工具(剪刀、锯条等)、辅助材料(绳子、橡皮泥、胶条、皮筋等)、保暖材料(绳、布、塑料)等。

四、活动过程

（一）倾听幼儿捡小桃枝的原因

当我问幼儿为什么那么喜欢小桃枝时，孩子们有的说"我想把它和班里的自然物放在一起"；有的说"可以把它插在沙盘里当小树"；还有的说"在外面玩娃娃家的时候可以当筷子"……总之，孩子们有的已经想好了用它来做什么，有的虽然没有想好，但就是觉得它有用。听了孩子们这么多的理由，我真庆幸刚才没有生硬地让孩子们扔掉这些小桃枝。

（二）小桃枝可以用来做什么

小桃枝可以用来做什么呢？经过思考孩子们纷纷表示：可以用它来做粘贴画；可以用它来串羊肉串；可以用它来做大树；还可以用它来盖一间小房子……孩子们的想法很多，于是我请大家把自己的想法画下来并初步统计自己所需要的桃枝数量。

在做计划的过程中，我发现有一些幼儿想用它来做一些小汽车等既复杂又不容易实现的东西。于是我提示说：大家在设计的时候，可以想一想：这些小桃枝比较适合做些什么？这时，我发现有的幼儿开始把自己设计的比较复杂的汽车改成简单些的。他改正的理由是：前面设计得有些难了，小桃枝可能做不出来。对于坚持原有想法的幼儿我没有再提示什么。我想在制作的过程中，当他们实现不了的时候自然就会调整自己的设计了。在统计所需要的材料数量时，虽然大部分幼儿的统计都不太准确，但孩子们的确是在认真的思考和记录。我想：当幼儿制作后再进行统计的时候，就会发现与开始的设计相比较差别在哪里了。

（三）给小桃枝剥皮

有了计划，孩子们便开始准备了。陶陶没有像别人一样很快就开始准备各种工具材料，而是在一丝不苟的给小桃枝剥皮。在我和几名幼儿的关注下，许多孩子也都围过来看。我问他为什么要剥皮，他说串糖葫芦的小棍儿就应该是白色的。在陶陶的带动下许多幼儿都给小桃枝剥起皮来。在剥开它一层薄薄的棕红色外皮后，孩子们惊喜地发现里面竟然是翠绿色的，漂亮极了！接下来孩子们又有了一个个的新发现。大家发现：翠绿色的薄皮儿里是一层比较硬的乳白色就像木头一样的东西；再往里剥就是雪白色的了。更让人惊奇的是：最里面这层雪白的东西如果用指甲掐一掐居然是有些软的。在剥皮儿的过程中，孩子们真切的观察到细细的一根小桃枝居然有四层不同颜色、不同厚度的皮（孩子们这样说时还沉浸在发现的快乐之中，我没有急于去纠正他们。我想：只要孩子们有了这样的经历，这样的观察和印象就足够了。）儿儿剥了一会儿觉得指甲有些疼了，就开始在班里寻找可以用的工具。一把剪刀被她选中后，一试还挺好用。于是，好几名幼儿都尝试着用起来。孩子们开始使用剪刀的时候，动作有些笨拙，慢慢地就开始协调起来。

看到孩子们对给小桃枝剥皮产生了浓厚的兴趣，我没有一味的督促幼儿赶紧完成自己的计划，而是任幼儿充分的去感受剥皮的乐趣，练习剥皮儿的技巧和使用工具的协调能力以及做事的坚持性。

（四）创意小·桃枝

小桃枝都剥好了，可以按照自己的计划开始制作了。串糖葫芦的幼儿取来代替山楂的橡皮泥，把它们揉成一个个圆球儿，一会就完成了。在同伴的建议下开始做五颜六色大大小小的棒棒糖。

飞飞的计划是做一棵大树插在我们班的沙盘里。他用橡皮泥进行连接，很快就完成了一棵树，插在沙盘里欣赏起来。看到他的大树又细又单薄，眼看着就会倒下去，于是我问："飞飞你觉得你的大树怎么样，有问题吗？"他认为既漂亮也没有问题。不一会儿，树真的要倒下去，他赶紧扶住它并往下插了插，问题仍然没有意识到。看到一旁的奇奇，我说："奇奇你来看飞飞的大树，你觉得怎么样？"奇奇说："不像。"飞飞有点意外。奇奇接着说："树干连接的树枝太长了，又重还不像。"说着还指指多余的树枝。飞飞说："那我把它剪下来不就行了。"说着把在树干连接处长出来的部分用剪刀剪了下来。"这回行了吧"。飞飞正说着，忽然树倒了下来。于是俩人商量着让大树站稳的办法。

不一会儿，俩人高兴地欢呼起来。原来，他们用支架把大树干固定住了。当我问起怎么会想出这个方法时，飞飞告诉我他看见小区里的大树就是用木棍这样支住的。当他俩给同伴们介绍经验时，他们说用了许多方法才把大树固定住：在树干处使用支架；把很重很长的树枝剪掉；把树根处的小石子多堆一些……看得出两个人合作得很愉快。

在孩子们的创意活动中，大多数幼儿都是在有意识地按照自己的原计划去做。但在制作的过程中无论是制作的内容还是材料的数量大部分都做了调整。我想：类似于这样的制作孩子们还是第一次，和计划的有出入也是正常的。他们再遇到类似情况的时候，一定会多一些经验，多一些思考。

五、延伸活动

（一）学习散文《冬娃》

附散文：《冬娃》(作者/鲁兵)

一个娃娃，抱着树枝摇啊，摇啊，树叶儿一片片落下，落下。

大树说："别摇，别摇，娃娃，树叶儿落光了，光秃秃的，多难看呀！"

娃娃说："不行，不行！天冷了，雨少了，地干了，哪有那么多水给树叶儿喝呀！像去年一样，让树叶儿落下，明年春天你又会发芽。"

大树说："你真聪明，娃娃。告诉我，你叫啥？"

娃娃说："咱们每年见一次面，我的名字叫冬娃。"

（二）学习歌曲《给小·桃树穿件新棉袄》

附歌曲：《给小桃树穿件新棉袄》

```
1=C    2/4

5    1  | 16  5 | 66 63 | 5   — | 5   1 | 56   3 |
北   风   呼呼  叫，冬天 来 了，    我   们   换棉  衣
你   去   拿麻  绳，我去 找稻 草，  也   让   小桃  树

6 6  35 | 2    — | 1   1 2 | 3  3 5 | 6   1 | 66   3 |
小兔 长绒 毛，    只 有那  新栽 的 小  桃   树   呀
穿件 新棉 袄，    等 到    明年  春 风  吹   呀

[1.
5 · 6 | 1   3 | 56  32 | 1  — :|| 
整  天 挨  冻  怎么 受得 了。
[2.
5 · 6 | 1   2 |
满  树 桃  花

6 6  56 | 1   — ||
又向 我们  笑。
```

第三篇　做细心的观察者　做智慧的引领者

用智慧的眼睛观察儿童的行为，
用关爱的心灵体会儿童的需求，
用发展的观点看待儿童的水平，
用适宜的策略引导儿童的成长。

善于观察儿童是名师最重要的基本功

刘占兰

观察儿童对一名幼教工作者尤其是幼儿教师的重要性早已被认同。观察能让我们觉察幼儿的需求、判断幼儿的发展水平、设计更适宜的发展目标和教育活动、提供更有针对性的指导和帮助。当幼儿教师成为了省市级骨干教师或学科带头人，成为了名师，我想她应该比一般教师更善于观察儿童，这是他们最重要的基本功。然而，当我和名师们一起学习和研究时，尤其是在第二阶段开展专题研究的过程中，我发现老师们往往关注较多的是自己怎么做的，反思的是自己这样做是否适宜；当问到幼儿有什么反映时，教师往往印象就不深了，有时能说出幼儿的总体情况或某些情况，却说不清楚具体儿童的具体反映。教师表示特别想观察儿童，但并不懂得如何观察儿童。

事实上，老师们在观察儿童方面普遍存在着问题与困惑。在 2008 年年底我们曾进行过一项全国性的调查，收集到的有关幼儿教师观察儿童的现状的数据表明：教师观察儿童的行为总体上不多，而在伴随记录的观察、做伴式观察和一般巡视这三类观察行为中，伴随记录的观察行为极少，仅占 0.4%；教师只在幼儿身边陪伴的做伴式观察多些，约占 32%，教师对儿童的一般性巡视最多，约占 68%。对教师的访谈还发现，教师都反映其文案工作比较多，但所写的内容涉及观察儿童的并不多。有大约 38% 的教师一个月都没有写过一次观察记录；有大约 56% 的教师一个月都没有写一篇有关幼儿成长的档案记录。尽管也有些教师为幼儿建立了成长档案，但里面仅仅是存放一些幼儿的作品或活动时的照片而已，既不能反映幼儿发展的阶段性水平，更不能反映幼儿发展的过程。

根据经验与实证调查，经过与名师组的老师们讨论，我们共同决定工作室在第三阶段的活动重点是学习和研究如何观察幼儿。我请老师们为孩子们写观察记录，从而关注到一个个具体真实的个体儿童，让老师们真正"看见"儿童。于是，在一段时间的观察后，当我和老师们再次聚集到一起时，老师们开始告诉我一个个有关孩子的变化过程，一个个具有独特个性的生动的故事。

一、学习作品取样方法，开展系统观察记录与评价

作品取样系统是近年来在国际范围内广泛使用的幼儿学习评价方法，其代表作为《作品取样系统——教室里的真实性评价》①和《作品取样系统——3～6岁儿童发展指引》②两本书。工作室带领老师们学习这两本著作，指导老师们运用作品取样的方法学习观察、理解、分析、判断和指导儿童，深化第二阶段——研究儿童发展、学习领域、教育促进三位一体的专题研究。

研究分为六个基本步骤：

步骤一：确定研究领域

以五大领域为专题研究的逻辑起点，每位教师确定1～2个自己感兴趣的研究领域。

步骤二：确定发展目标

综合考虑幼儿特点与各领域特点，确定适宜的发展目标与表现指标。例如，社会领域中"合作"这一发展目标（即核心功能分项）可以通过4个"表现指标"来进行观测。

发展目标与表现指标

核心功能分项	表现指标
合作能力	1. 表现出对小组活动的关注与愿望。 2. 能与同伴小组在一起活动并被接纳。 3. 能识别共同的活动任务与内容，并有自己的角色和任务。 4. 能与同伴协调工作。

---

① 马戈·迪希特米勒，山姆·麦索尔斯.作品取样系统——教室里的真实性评价[M].廖凤瑞，等，译.南京：南京师范大学出版社，2009年2月第一版。

② 马戈·迪希特米勒，山姆·麦索尔斯.作品取样系统——3～6岁儿童发展指引[M].廖凤瑞，等，译.南京：南京师范大学出版社，2009年2月第一版。

参照这种思路，老师们根据自己选定的领域，确定"核心功能分项"和"表现指标"。

步骤三：确定收集儿童学习与发展资料的方法——观察与记录

老师们学习理解并尝试采用以下具有极强客观性的方法进行观察和记录。

观察与记录的相关关键性问题

方法	关键问题	核心内容	关键词
观察	观察的定义	通过仔细的观看、倾听、研究作品来了解儿童。	观看儿童行为 倾听儿童语言 研究儿童作品
	观察儿童的作用	1. 了解儿童知道什么：强项与弱项。 2. 了解儿童是如何知道的：思考与学习的历程。 　(1)儿童工作的步骤与方法。 　(2)语言表达思考的情况。 　(3)常用表达方式。 　(4)如何使用材料。 　(5)社会互动情况。	儿童知道了什么 儿童是如何知道的
	教室本位的持续观察	1. 在教室里、日常生活中进行观察。 2. 具有连续性的事实证据作为评价某一儿童发展的依据。	真实自然情境观察 事实充分 展现过程
记录	为什么要记录	1. 记住并追踪儿童知道什么及能知道什么。 2. 提供证据支持教师对儿童作出评价。 3. 持续性观察记录能看到儿童的行为与学习方式的模式。 4. 根据儿童的兴趣与需求规划教学活动。	记住事实 提供证据 作出判断 教学支持
	区别事实与诠释	1. 事实：实际看到与听到的儿童的行为与语言，描述事实能提供更丰富的信息。 2. 诠释：自己的意见和对儿童行为的解释、说明、主观印象等。	客观事实描述 主观解释与印象
	记录观察所见的方法	1. 逸事记录：当场短笔记录＋事后添加细节。 2. 矩阵记录：同时记录几位幼儿（发展指标选项＋儿童行为记录）。 3. 素描或图表：记录儿童的作品。	对事件敏感 事先做表

步骤四：建立儿童学习与发展资料储存系统

老师们尝试着通过观察选定的 3～5 名幼儿，为他们建立起学习与发展档案——作品取样系统；将档案变成教室文化的一部分，完全融入每日的工作中。

为幼儿建立档案主要包括以下几个方面的工作：

1. 设计和准备作品档案夹/袋。

2. 持续性地收集幼儿的所有作品，签注日期，加上评语和批注，放入作品档案夹/袋中。

3. 研究选择典型作品——代表幼儿的一般表现和水平（每周 1 次），并与幼儿讨论，听取幼儿的意见，选择幼儿喜欢的、有难度的作品。教师要为选定的作品加上批注：谁选的？为什么选？

步骤五：教育促进活动、策略与行为

根据对幼儿的观察与判断，采取适宜的教育促进方式。如：

1. 组织各种适宜的活动。

2. 提供各种材料的支持。

3. 适时的促进策略。

4. 鼓励幼儿选择使用多种方式表达自己。

步骤六：回顾与评价

最后，老师要对幼儿的学习与发展进行回顾与评价，具体工作包括：

1. 教师与幼儿共同回顾作品档案，使幼儿看到自己的成长历程（搜集期结束前）。

2. 教师回顾并评价档案。

3. 撰写综合报告：幼儿的综合表现与发展进步。

老师们根据工作室提出的研究框架与步骤分别确定了自己的研究专题，学习制订自己的"运用作品取样系统观察研究幼儿"的专题研究计划，再经过工作室的逐一具体讨论，有针对性地帮助老师们确定适宜的研究专题和研究方案。

在专题研究之初，教师们普遍遇到的突出问题是不会确定幼儿的"发展目标和表现指标"，为此，工作室分别指导老师们进行了专门学习和研究，逐一帮助老师们确定了幼儿发展目标和具有发展层次的、可观测的表现指标，为教师开展专题研究创造了前提条件。

"运用作品取样系统观察研究幼儿"专题研究

不同研究对象的核心功能分项与表现指标举例①

研究领域班级	核心功能分项	表现指标
健康社会（大班）	应对负面情绪	1. 能识别常见的、较为内隐的情绪。 2. 能用适当的词汇表达自己的感受。 3. 知道一些应对不同负面情绪的方法。 4. 在实践中，能应用一些简单的方式调节情绪、应对情绪问题。
语言（小班）	语言表达	1. 能用语言或借助情境、手势等方式表达自己的愿望和想法。 2. 愿意用语言与别人交流，喜欢应答。 3. 表达时说话较清楚，表达内容可被大部分同伴理解。 4. 愿意听故事并能根据故事内容表达自己的想法。
社会（小班）	合作意识与能力	1. 关注小组活动，并有参与小组活动的愿望。 2. 尝试与同伴一起活动，并能被周围同伴接纳。 3. 能与同伴一起共同完成活动任务，并有自己的角色和任务。 4. 能根据活动的需要，与同伴友好协商、合理分配任务，共同完成活动任务。
社会（小班）	情绪稳定独立性	1. 保持情绪稳定，愿意参加集体活动。 （1）能在老师的带领下顺利进行一日活动。 （2）能回应老师发起的交流。 （3）喜欢参加小组和集体交流。 （4）能快乐地进行单独游戏。 2. 能努力做力所能及的事。 （1）有独立做事的愿望。 （2）能做力所能及的事（在老师的帮助下）。

---

① "情绪稳定、独立性""探索运用多种材料进行表达"这两项内容有两位老师同时感兴趣，这两项内容分别有两位老师进行专题研究。

研究领域 班级	核心功能分项	表现指标
社会 （大班）	沟通	1. 学习聆听别人说话。 2. 会寻求别人帮助。 3. 能使用适当的策略进行有效沟通。 4. 乐于并能清楚地表达自己的想法和感受。
美术语言 （小班）	探索运用多种材料进行表达	1. 表现出对美术材料的兴趣，乐于尝试使用各种材料。 2. 有自己的想法，愿意使用材料进行表达。 3. 能根据自己的想法，选择喜欢的材料进行表达，愿意讲述自己的作品。 4. 能创造性地运用多种材料来进行表达，并能清楚地讲述自己的想法。
科学 （中班）	乐于探究	1. 能关注、观察和发现周围环境和生活中有趣的事物和现象。 2. 能提出有关周围事物或现象的问题。 3. 能根据某些现象进行初步猜想。 4. 乐于参与各种探究活动，能运用多种感官和简单工具感知周围事物。 5. 乐于与同伴交流自己的探究结果。

为了学习如何观察孩子，工作室要求老师们根据自己专题研究的任务，重点观察3~5名幼儿，"观察并记录他们的行为，判断和识别孩子的兴趣需求、经验水平、面临的困难和挑战，并在此基础上提出应对的策略"这三项主要内容构成了教师一个完整的"个案观察记录"。在一年的时间里，几乎每位老师都学习观察并撰写了数十个连续性的"个案观察记录"，初步学习了客观观察与描述、行为识别与判断以及提出有针对性的应对策略。撰写综合评价报告也是老师们的一种新经验，将诸多的信息综合起来，比较全面地反映孩子一段时间以来的发展历程，对于教师来说有很大的难度和挑战性，每位老师都尝试了这样的工作，并在个人年度成果中展示了出来。本篇所呈现的有教师学习和运用《作品取样系统》的感悟和体会（如金老师的"让观察更为客观真实"、张老师的"春雨"的故事），有教师

对个体儿童进行的连续性个案观察(如三位老师"对允哲的 10 次观察""对天朗的 10 次观察""对三个小班幼儿的行为观察"),也有教师不断在观察基础上富有智慧的支持和引导幼儿的小组和个体学习与发展(如"幼儿自主科学活动研究""一次有收获的亲子运动会""小胳膊'有话说'"和"接龙游戏的新玩法")。

通过学习和实践,我们总结出观察所应遵循的几个原则或者说是观察所应具备的几个基本特点:自然(真实情境、日常表现)、客观(事例证据)、全面(反映各个方面)、连续(反映连续的过程)、看见所有儿童、看到每个儿童的优点并为每个儿童建立发展档案。当然,我们工作室的老师们学习过、实践过、反思过、也改进过,从她们的个案观察记录和综合评价报告撰写以及教育活动运用中仍然还存在着这样或那样的问题,不尽如人意,但她们毕竟开始了新的有意义的尝试!

二、进行随机观察,提供适宜的教育

特别的春雨,老有新点子的童童和亮亮,运动会中的清元、政政和辰宇。从他们的故事中,老师们体会到每一个孩子都是独特的,孩子们是有自主学习能力的,孩子们是需要教师不断地关注、支持和鼓励的,孩子们也是需要公平和公正的。

(一)每一个孩子都是独特的、有优点的

儿童发展心理学的研究揭示:儿童的发展是有差异的,不同的儿童在发展的起点上、发展的速度上甚至发展的方向上都会有差异。老师们在幼师阶段的职前学习中也早已学过这些基本理论,但并未和幼儿园一日生活中我们看到的各不相同的孩子建立起联系。我认为老师们对儿童的观察只有发生在幼儿园的真实生活中,只有落实到一个个真实的儿童身上,对儿童的理解和尊重才能真正发生。

在"春雨"的故事中,我们看到一个相对而言无论在个头上还是在自理能力和语言表达上都比同龄儿童慢些的孩子,但他的拼图和数学还不错。在"一次很有收获的亲子运动会"中我们看到了三个非常不同的孩子,他们都有自己的强项:憨憨的、显得有些幼稚的清元,虽然在语言表达的逻辑性、动手操作能力和交往能力方面都比同龄伙伴弱,但运动会上却表现出特别好的平衡能力和坚持性;性

格比较内向、不善于表达的政政，自理能力和大肌肉运动能力却比较强；还有聪明灵活、积极好胜的辰宇。而在"接龙游戏的新玩法"中我们还看到了童童、亮亮等几个在游戏中表现出富有创造性的孩子。

观察，让老师们亲眼见证了孩子们的各不相同；观察，让老师发现并确信每个孩子的身上都有闪光点。可以说，观察让每位教师快乐地体味着每个儿童的独特之处。

(二)全面了解孩子需要连续观察

记得一位英国幼儿教育家在谈论有关观察儿童的话题时说过："单独的一次观察如同用相机拍一张照片，虽然相机不会说谎，但它有可能歪曲事实。我们不能根据单一的一次观察来评判一个儿童。我们可以对一个问题加以重视，但要多关注一段时间，以便得出有根据的结论。"我十分认同这样的观点，也因此而鼓励教师对同一个儿童的连续观察，或对某一组儿童的某一项活动进行连续的观察，正是在连续的观察中，老师们全面地了解了孩子，发现了儿童自主学习的可能性和具有的创造性。

通过"春雨"的故事，我们看到了张老师已经具有了这样的意识。她对春雨的全面了解正是在持续耐心、细致的观察中获得的。通过观察、倾听与询问，张老师还了解到春雨的兴趣点，激发了春雨语言表达与交往的愿望。

在"接龙游戏的新玩法"中，任老师告诉我们，孩子们一开始没有按照规则玩接龙游戏，而是把接龙游戏牌当成多米诺骨牌来玩，还真让她很担心。但她尝试着安静观察和耐心地倾听孩子，了解和接纳他们的意图与操作方式，不把自己的意志强加给幼儿。连续的观察让她真实地看到了孩子们的自主学习与发展，体会到尊重、给孩子自由和支持的意义。正是连续几天的观察使任老师发现亮亮和童童等几个孩子在不断地创新和求异中增加游戏的难度，在让骨牌拐弯、过桥，甚至让骨牌爬坡和钻洞。在这个过程中孩子们体会到了力的存在与作用，尝试着增加力的大小和改变力的方向。当然，在这个过程中，孩子们也体会到了同伴共同游戏的乐趣，发展了合作的意识和能力。

(三)理解儿童的需要和经验是促进儿童发展的基本前提

要了解孩子的需求，我们需要看他们在做什么、听他们在说什么，真诚而耐心的询问也十分必要。

作为教师，非常重要的一点是在没有弄清楚幼儿的真实意图时不要轻易地下结论，更不要轻率地对孩子某些"违反常规"或有些"怪异"的行为定性，而要真诚地相信每个孩子都怀着良好的愿望。作为教师，应设法了解孩子们行为背后的真正原因，看到他们真实的需求和动机。儿童也非常需要成功，需要成人关注他们的成就，并提供环境支持他们进一步的发展。要做好这些工作，基本前提是观察儿童的进步，评估、了解他们各方面的需要。

在"春雨"的故事中，耐心观察和细心询问让张老师破解了春雨嘴里发出的"噗噗"声的秘密。我们还看到，随着老师对"噗噗"声的破解、对幼儿的尊重和引导，尤其是张老师的主动接近和帮助，赢得了孩子的信任和主动交流，张老师不断给予积极回应和鼓励的眼神、动作和语言，促进着孩子不断地交流、不断地发展。

在"一次很有收获的亲子运动会"中，正是由于刘老师在日常的观察中对清元有比较全面的了解，尤其是对清元渴望得到同伴认可的需求的体察，在清元获得第一名时给予及时鼓励，并在比赛后与清元一起回顾刚刚获得的成功以便加深清元的成就感，吸引同伴的注意以提高清元在同伴心目中的地位，为这个不善交友的孩子赢得同伴的关注、尊重和支持。为了满足孩子们对公平公正的需求，老师们不仅在确定政政和辰宇谁是冠军时充分考虑到孩子们的感受，尊重孩子们的意见和建议，尽量采取公平公正的方式解决问题，而且还在运动会后通过再次比赛来满足孩子们对公平公正的需求。对辰宇多报了项目多拿了奖牌的处理也力图体现尊重孩子们对公平公正的需求。难能可贵的是刘老师在这些比较"棘手"的问题的处理上都特别注意保护孩子的自尊心，特别重视让孩子们体会到同伴间的友谊、关心和温暖。

在"接龙游戏的新玩法"中，孩子们需要的就是按自己的想法去操作材料。也许孩子们的操作方式背离了原有的规则和教师的初衷，但孩子们获得的发展却是超乎想象的。

还有一点十分重要，那就是对儿童的观察要在自然状态下进行才能获得客观真实的发现。我们观察到的应该是幼儿行为的常态。许多研究都发现：当儿童意识到我们是在观察他时，他的行为方式会发生改变，他可能会变得拘谨或有点尴尬，也有可能表现得特别好。总之在非自然常态的情境下观察，孩子的行为可能会失真。的确，老师们在他们的观察中已经发现了这一点，他们也坚信只有在自然的情境中才能观察到真实的儿童和他们真实的行为。于是，我们看到的春雨是在每天的常态中，我们看到的亮亮和童童是在他们的游戏中，我们看到的清元、曹政和辰宇是在一次亲子运动会上。

在和老师们分享观察的记录时，起初我们还发现了一种现象：老师们分不清客观事实与自己的想象。老师们在描述儿童的行为时真实与想象总是交织在一起。于是，我决定和老师们一起学习进行客观的观察与描述。我请老师们把自己的记录先分成两栏：我看到的和我想到的。尽管如此，在"我看到的"的描述中仍然隐藏着"我想到的"，花了很长的时间，老师们也很难区分事实与想象。目前，老师们正在学习一种新的客观观察的方法，相信真实的观察会逐步实现。

也许作为名师，这几个案例很平常。老师们的观察正是从平常开始的。当教师积累了一定的观察经验后，我们开始深入细致的观察和评价每一位儿童，学习使用实况观察记录、逸事观察记录、日记描述等叙述性观察方法，有的老师还尝试使用了矩阵与图示等不同的观察记录方法，连续地观察和了解儿童。为了学习的方便，我只要求老师们从对几个孩子的观察开始。当然，我们最终的目标是让教师看见每位儿童，发现每位儿童的需求与优点，更好地满足他们的需求、促进他们的发展。

让观察更为客观真实

金　东

　　观察是在日常生活和其他活动中，在一定时间内，对幼儿的作品、语言、动作、冲突、交流等予以把握，包括对那些稍纵即逝的偶发事件的关注和深入了解，使幼儿心里的那些看不见、摸不到的兴趣指向变为教师可以分析、解码的"能看见的心理活动"。教师要真正从观察中了解幼儿的内心世界和真实感受，首先要对观察进行再认识。

　　通过学习我认为，《作品取样系统》可以有效地帮助我们更加客观地去评价孩子的成长变化，关注那些我们平常不太关注的孩子，养成"看到孩子优点"的意识。

　　通过实际运用《作品取样系统》，我的观察能力明显提高，我的转变主要体现在以下几个方面。

一、在观察过程中，调整自己的角色

　　这种观察方法有利于我更加有针对性地对孩子进行指导。在我观察孩子活动的过程中，由于做到了比较细致的观察，因此在孩子最需要教师帮助的时候，我才会出现并给予指导。这样做避免了以前教师无目的地参与孩子的活动，反而会影响孩子探索的现象。那么在指导幼儿活动的过程中我注意不将自己的观点强加给孩子，只是适时地向孩子提建议。这时的我就是幼儿活动中的游戏伙伴。例如，在"比比谁的汽车跑得快"的科学实验活动中，我是这样做的。

　　在游戏前，我和孩子们共同设计了游戏规则，即要把小汽车放在同一条起跑

143

线上做好准备。比赛开始了，四名小朋友同时把自己的汽车放到了贴有标记的木地板上。茂茂拿的是一辆赛车玩具，云博拿的是一辆翻斗车，姚蕊拿的是一辆小卧车，刘麟拿的也是一辆小卧车。当我的口令发出后，只见四个小朋友迅速地将手中的汽车推出去。每一个孩子都聚精会神地盯着眼前的四辆汽车。当最后一辆车子停驶后四辆车子呈现出了前后不同的位置，大家高兴地喊着：茂茂第一名，云博第二名，姚蕊和刘麟分别是第三名、第四名。正在这个时候，在我的耳边听到了云博小声嘟囔着："茂茂是赛车，当然比我们的车子跑得快了。"听到了孩子的问题，我想：云博说得有道理啊，虽然车子都是在木地板上进行比赛但是不同外形、不同大小、不同车轮的车子跑得远近肯定是不一样的。于是我马上将这个问题提了出来："既然大家要公平比赛，那么怎样才能做到更公平呢？"经过几个小朋友的讨论，最终确定了新的规则，即同一类型的车子一起进行比赛。根据讨论结果我们又开始了第二轮的比赛。这次，茂茂的赛车和苗苗的赛车比赛，鑫鑫的警车和小宇的警车比赛，姚蕊的卧车和刘麟的卧车比赛。这样一来，孩子们顺利地开展了第二次的汽车比赛。

通过今天的活动，孩子们发现了在光滑的地板上要想让汽车跑得远，除了要注意遵守游戏规则以外，车子的不同外形、不同大小、不同车轮都影响着车子跑的远近。在幼儿实验活动的整个过程中我起到了穿针引线的作用，帮助孩子们发现问题、提出问题并一起解决问题。让孩子们在亲身体验的过程中去不断修正自己的想法和做法。

中班幼儿活动的主动性和自主性有了进一步的发展，他们能够提出自己活动的想法，有主动参与活动的热情与能力，能努力完成自己选择的活动。正是幼儿自主性和主动性的发展，使得他们在活动中的目的性有所增加，对事物有自己处理的"意见"。作为教师，我应该更好地帮助他们实现愿望，为幼儿创设一个轻松、自主、有规则的活动环境，让幼儿真正成为活动的主人。

二、在观察过程中关注内容的调整——根据幼儿的反应不断调整活动材料

教师根据幼儿活动情况适时地参与到幼儿的活动中，以同伴的身份直接与幼

儿对话，感知幼儿的实际需要。例如：在进行"什么材料可以导电，什么材料不可以导电"的实验活动中，我是这样进行的：

活动前我准备了一个简单的实验材料，将两节电池和电线连接在一起，另一端有一个被铁片固定的小灯泡。当材料导电时小灯泡就会亮，反之就不会亮。在活动开始的时候，一盒活动材料摆在了大家面前，我向孩子们提问："小灯泡怎样连接会亮呢？"因为有了上次活动的经验，孩子们马上就表达了正确的连接方法。接着我又取出了小铁片继续向幼儿提问："当电线放在铁片上，小灯泡会怎样呢？"有的孩子认为小灯泡会亮，而有的孩子表示反对。于是，我请了一位小朋友进行试验，实验结果是小灯泡亮了。这时，我又出示了一块木质积木，这时几乎参与实验的小朋友都同意这次小灯泡是不会亮的。"这是为什么呢？"我反问孩子们。阿哲说："是铁的东西小灯泡就亮，不是铁的东西小灯泡就不亮。"孩子的回答非常清楚。

为了让孩子们对导电和不导电的现象有进一步的了解，根据孩子们的回答我从盒子中拿出了一把小剪刀。这把剪刀前面是铁的，后面是塑料的。我问大家："这回小灯泡会怎样？"有的孩子猜想说："一会儿亮，一会儿不亮。"有的孩子说："忽亮忽不亮。"还有的孩子说："前边亮后边不亮。"听了孩子们五花八门的回答，我说："真的是这样吗？"我请叶子到前面来试一试，这一试大家发现原来就是前边亮后边不亮，这也更证明了铁质材料可以导电的原理。这时我又从盒子中取出了一个小夹子。这个夹子中间是铁的，周围是塑料的。一茗肯定地说："夹子会亮，因为它中间有铁。""好的，你来试一试。"我一边说着一边把材料递到了一茗手中。一茗满怀信心地试了一下，这次小灯泡没有亮。一茗不相信自己的眼睛又试了一次，结果小灯泡还是没有亮。实验证明被塑料包住的金属是不会亮的。

在整个活动中，我为孩子们投放了从简单、直观马上就可以判断出来的材料到后来需要他们亲自试一试才能验证自己想法的材料，使孩子们一直保持着很高的活动兴趣。

三、在观察过程中形成客观的评价意识

运用三种观察方法，有目的、有意识地观察孩子，能够让我更加客观地去分

析孩子的发展水平。有些平常老师认为比较聪明伶俐的孩子，在撰写综合报告的过程中我却发现原来他的发展水平和我的期望值还有一定的差距。而这种发现只有经过一段时间的观察记录之后才能显现出来。

金妍给我留下的印象是聪明伶俐，善解人意，接受新鲜事物的能力比较强，语言发展比较好，乐于和同伴表达自己的感受。但是通过细致而持续的观察，我发现在活动中她更喜欢借鉴别人的方法，自己再去重复着试一试，而很少有自己的想法和思考。她喜欢做一些简单而细致的活动，例如拼图、看书，并且很愿意将自己的感受绘声绘色地讲给旁边的小朋友听。喜欢用手里的工具，如用磁铁钓鱼竿和旁边的小朋友玩角色游戏"卖东西"。由于她绘声绘色地讲解，旁边的小朋友很容易受到她的影响而和她一起玩起角色游戏来。

通过观察我发现金妍在各种活动中喜欢表现自己，但是缺乏独立地思考和主动探究的意识。针对这种情况，在今后的活动中我要加强对她的个别指导，让她在发现中获得成就感，从而培养她对科学活动的兴趣。我认为教师的观察只有建立在真实、细致的基础上才能够真实、客观地评价幼儿的发展水平，实施更加适宜的教育。观察让我改变了以往的思维模式，使我逐步构建了一种全新的儿童观。

在运用三种观察方法进行观察记录的过程中也让我积累了大量的一手材料。通过对材料的研究、分析，我也在教育实践中不断进行反思，积极调整实践中的问题，在总结、调整的过程中，我的反思能力与研究能力也在同步发展。

让幼儿的学习发展留下足迹——对允哲的 10 次观察

梁燕京

本学期在班级活动中尝试开展了"学习作品取样系统"的专题研究。几个月以来的研究记录工作使我发现：在活动中，孩子们的做法总是出人意料，他们的思维非常活跃，对于作品的诠释也是充满了奇思妙想。当我尝试着每天观察孩子的时候，我发现了每个孩子不同的兴趣点；当我开始细致地观察他们并且认真倾听他们想法的时候，我发现他们每天都会有自己的想法，以及他们所反映出来的发展需求和发展空间。

而作品取样系统的研究实施让幼儿的学习与发展留下了足迹。通过作品，不仅使我清楚地看到孩子们的学习，更重要的是使幼儿、家长和老师能够系统地看到某一名幼儿的学习过程，解读他在学习中遇到的问题和需要的支持是什么，使我们的教育能够有的放矢，能够最大限度地促进幼儿的发展。

下面是我运用作品取样的研究方法对允哲的 10 次系列观察记录，这些记录让我看到允哲的学习与发展足迹。

一、观察记录 1：允哲的粉笔画

幼儿：允哲　日期：2009 年 9 月 9 日

地点：教室门前

事件：用粉笔在青砖地上作画

细节描述：

允哲选了一支红色的粉笔画起了公共汽车，用一支粉色的笔画了一个大圆，说是公园，又和旁边的小朋友交换了一支蓝色粉笔，在汽车的上下两部分画起了长条，并解释说："这是大宽马路。"

分析：

这是孩子们升入中班以来第一次使用粉笔，允哲显然对粉笔这种材料并不陌生，并且能够较为熟练地使用。表达的内容也是自己所熟悉的汽车、马路、公园等。从绘画过程和结果来看，允哲有绘画的兴趣和愿望，但对于表达的各种内容缺乏较为细致的观察与表现，需要教师和家长在生活中加以引导。

具体措施：

在日常生活中，引导孩子仔细观察，并用提问和讨论的方式逐步引导他关注事物更多的细节。

记录者：梁燕京

二、观察记录 2：允哲剪小衣服

幼儿：允哲　**日期：**2009 年 9 月 15 日

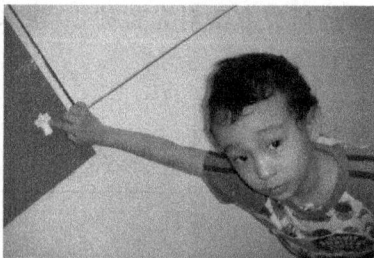

地点：活动室

事件：第一次剪纸活动

细节描述：

允哲选择了一张方形的白纸，先画好了小衣服的形状，再用剪刀把小衣服剪下来，然后很小心地粘在了大红纸上。

分析：

这是第一次见允哲用剪刀进行制作。他怕自己一下剪不好，于是先用铅笔把衣服的形状画在了纸上，然后再剪下来。看得出，他曾经有过这样的经验。允哲掌握了使用剪刀的正确方法，但小手对于剪刀的控制能力还不是很好，剪小衣服对于他现在的水平而言还是有些难了。

具体措施：

可以在活动区中，投放一些画好轮廓的简单图形（即剪起来比较顺滑的线条），或不同难度的图形，还需要一块展示的区域，供像允哲这样的孩子随时自发自主地学习剪纸，并有展示的空间。我还要不断关注孩子剪的过程和结果，支持他们获得成功，使他们在不断体验成功和接受挑战的过程中逐步提高剪的技能。

记录者： 梁燕京

三、观察记录 3：允哲第一次刺绣

幼儿： 允哲　　**日期：** 2009 年 9 月 17 日

地点： 活动室

事件： 尝试刺绣活动

细节描述：

允哲要求老师给他画一辆汽车，为了让他能够掌握"虚线绣"的要领，我先和他玩了一会儿"捉小老鼠"的游戏（即用针尖在布的下面滑动来找针扎上来的位置）。允哲在尝试的过程中基本掌握了用针的方法，用"虚线绣"的方式一针一针地绣起来。绣完了小汽车就用去了二十分钟左右的时间，他又要求老师帮他画一个太阳。允哲用整个一早上的时间来尝试刺绣的活动。

分析：

这是允哲第一次尝试"绣花"活动。他兴趣很高，很认真，很有坚持性。但从他绣的过程和作品来看，还没能按照虚线的长短来上下走针，说明他对于这种绣的方法还需要进一步提高。

具体措施：

可以在活动区时间和允哲师生配合进行刺绣（即师生分别负责往上扎或往下扎，使幼儿在不断尝试的过程中，寻找和体会到规律，掌握要领）。

记录者：梁燕京

四、观察记录 4：允哲做蛋糕

幼儿：允哲　日期：2009 年 9 月 18 日

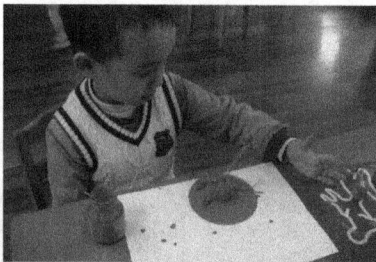

地点：活动室

事件：用光盘进行制作

细节描述：

他先用粉红色颜料将光盘的光面涂满了颜色，然后又将梧桐果和橡皮泥团涂好色放在上面，再将一片干枯的树叶撕碎了放在了上面。他说这是一个蛋糕，梧桐果是蛋糕上面的樱桃。

分析：

这是允哲第一次尝试用光盘进行制作活动。除了光盘，他还主动使用了自己熟悉的颜料和橡皮泥，梧桐果和干树叶也是他突发奇想从自然角找来尝试运用的。由此可以看出允哲在材料的创造性运用方面能力较强。如果运用的色彩和造型再丰富些就更好了。

具体措施：

可以请家长在日常生活中不断丰富孩子对于蛋糕的经验，引导他仔细地观察，也可以在活动区中提供蛋糕或其他食品的图片、书籍，不断丰富幼儿对于物体形状、颜色等方面的感性经验。还可以提供更加丰富的材料，供幼儿设计和制作自己喜欢的蛋糕。

记录者：梁燕京

五、观察记录 5：允哲画盐画 1

幼儿：允哲　**日期：**2009 年 10 月 13 日

地点：活动室

事件：在灯箱上画盐画

细节描述：

一天早晨，允哲在灯箱上画了大约十分钟，用盐画成了一幅画。当时我问他："能告诉我你画的是什么吗？"他非常肯定地说："我画的是《世界》。"听了这个名字我不禁睁大了眼睛指着上面的图案问："是吗？那这些都代表什么呢？"他指着一个椭圆形的图案说："这是大高楼。"然后又指着一些交错的线条说："这些是马路。"（听了允哲的讲解我真是佩服孩子的心胸博大到居然装着整个世界！）

有趣的是，同样是这一幅画，我在下午的时候，和允哲一起欣赏的时候，我无意间问他："允哲，这幅画上都有什么呀？"允哲的讲解让我吃了一惊。他毫不犹豫地说："有两只蜗牛，还有一些叶子，一些树枝和树根。"我不禁问："这幅画的名字叫什么呢？"他想了想说："就叫大树吧。"

分析：

允哲对于盐画这种绘画形式具有较强的兴趣，并能按照自己的想法，自由地进行表达和表现。

上下午的对比反映出这个年龄段的幼儿思维是不稳定的。

具体措施：

应随时记录下幼儿的精彩想法。

为了不断引发孩子的学习兴趣和帮助他们更加灵活地运用这种材料进行表现，可以让幼儿欣赏国内外沙画大师的精彩表演。

记录者：梁燕京

六、观察记录6：允哲装饰南瓜

幼儿：允哲　　**日期：**2009年10月19日

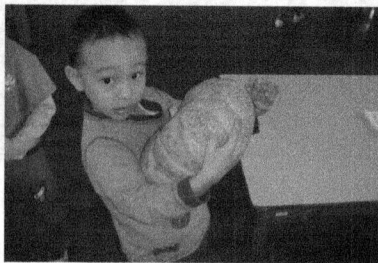

地点：活动室

事件：装饰大南瓜

细节描述：

允哲高兴地抱起了一个大南瓜，用红色的橡皮泥做了眼睛和嘴，还把南瓜上面的把儿用同色的橡皮泥捏好了一个圆片包在上面，不一会儿的工夫就装饰好了"南瓜娃娃"。

分析：

幼儿自选自然角里各种瓜果蔬菜进行装饰。允哲很高兴地选择了大南瓜，用自己熟悉的橡皮泥，进行装饰。可以说允哲参与活动的兴趣很高，使用的装饰材料是自己熟悉的。活动对于允哲缺乏一定的挑战性。

具体措施：

可以启发和鼓励与允哲有类似情况的幼儿大胆尝试使用更多的材料进行更丰富的装饰。也可以借助同伴的力量，让幼儿在相互欣赏的过程中，吸纳同伴的经验，大胆尝试更多表现的方法。

记录者：梁燕京

七、观察记录 7：允哲制作"大树"

幼儿：允哲　**日期：**2009 年 11 月 3 日

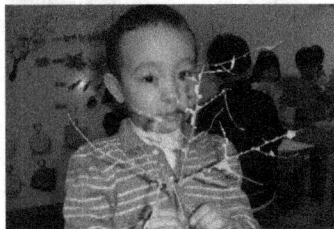

地点：活动室

事件：允哲撕捡回来的梧桐叶

细节描述：

一阵大风过后，孩子们从操场上捡回了许多的梧桐树叶。允哲选择了一片很大的梧桐叶，两只小手撕着每一点叶片，叶子每一条细小的叶脉都留了下来。撕完一片就用胶条把它粘在了墙面的森林里做"大树"。欣赏了一会儿他又撕了第二片，并贴在了森林里刚才那棵"大树"的旁边。

分析：

在撕树叶的游戏中，允哲表现出浓厚的兴趣，在有限的时间内认认真真地撕了两片树叶，做成了两棵"大树"。看来，他不但对树叶这种自然材料感兴趣，而且对于动手制作和墙面上的"森林"主题也很喜欢。我们可以抓住幼儿的兴趣，在活动中渗透更多的教育，使幼儿能够获得更多的发展。

具体措施：

可以和家长一起通过书籍、网络等各种信息，进一步了解关于森林中的故事。在生活中充分利用身边的资源观察各种叶子，并尝试撕其他捡回的落叶，并在撕的过程中了解叶片的结构和不同叶子的特点，初步感知物种的多样性。

记录者：梁燕京

八、观察记录 8：允哲画盐画 2

幼儿：允哲　**日期：**2009 年 11 月 10 日

地点：活动室

事件：允哲用盐画做"蛋糕"

细节描述：

早晨的活动区时间，允哲来到画盐画的灯箱前，花了大约一刻钟，做了很多圆形图案。我问他："这些圆形的图案是什么？"他说："是好吃的蛋糕。"

分析：

允哲喜欢做"蛋糕"，更喜欢画盐画，在很长一段时间里，允哲只要见灯箱前没人就会到那里去。对于盐画已经成了他很重要的一种表达表现的形式。这时的允哲最需要的可能是成人及同伴的肯定与欣赏。

具体措施：

由于盐画具有可变性强，不易保留的特点，因此幼儿好的想法和好的作品往往会转瞬即逝。为了能够更好地倾听幼儿的想法，更多地欣赏幼儿作品，可以让幼儿自己用相机拍下来或请教师拍下来保留，然后在交流时间大家一起分享这些不能保留的艺术品。

　　记录者：梁燕京

九、观察记录 9：允哲的泥塑

　　幼儿：允哲　　日期：2009 年 11 月 13 日

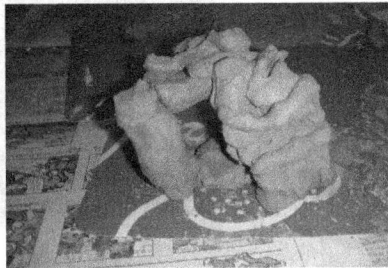

　　地点：活动室

　　事件：第一次尝试用黄泥制作

　　细节描述：

　　允哲先用黄泥做了几个简单的球球儿，他看了看又团在一起重新做了起来。我问他："你做的是什么呀？能给我讲讲吗？"他指着说："这是一个高架床，上面睡着宝宝，床边还有梯子呢。"

　　分析：

　　这是允哲第一次尝试用黄泥这种材料进行制作。开始是他对材料的探索与了解，接下来关于高架床的制作就是他在对黄泥有了初步了解之后的一种有目的的表达与表现了。对于喜欢尝试和乐于探索的允哲来讲，肯定和欣赏他的作品就是对他最大的支持和帮助，有了这种力量他就会不断地进步。

　　具体措施：

　　教师和家长可以经常和孩子谈论他的作品，认真地倾听他们的每一个想法，并对他们当前感兴趣的事物进行较为细致的观察。还可以利用幼儿间的交流时间来共同分享他们的作品，让幼儿充分感受到同伴的肯定与欣赏，同时交流在制作中发现问题解决问题的各种经验。

　　记录者：梁燕京

十、观察记录 10：允哲制作汽车

幼儿：允哲　**日期**：2009 年 11 月 24 日

地点：活动室

事件：允哲用废旧物品制作汽车

细节描述：

允哲找来一个纸盒作车身，用橡皮泥做成了四个半圆形的车轱辘，还在车顶用彩色的橡皮泥做了一个圆形的东西。他说这是一辆警车。

分析：

在废旧物品创意制作的活动中，允哲能够大胆运用自己所熟悉的材料来表达与表现自己熟悉的事物，制作的兴趣始终很浓，持续的时间也比较长。对自己的作品愿意进行讲述，但讲述时的语言缺乏连贯性和一定的情节性。

具体措施：

可以和家长一起在日常生活中不断丰富孩子对于各种事物的经验，并且在讨论中逐步帮助孩子建立事物之间的联系，不断丰富孩子的想象与表达，多给孩子提供机会介绍他的想法和做法。

记录者：梁燕京

允哲探索运用多种材料进行表达的综合性评价

幼儿：王允哲　　评价日期：2009 年 12 月底

探索运用多种材料进行表达发展检核表		开学	学期末	学年末
1. 表现出对美术材料的兴趣，乐于尝试使用各种材料。	尚未发展	☐	☐	☐
	发 展 中	✓	☐	☐
	熟　　练	☐	✓	☐
2. 有自己的想法，愿意使用材料进行表达。	尚未发展	☐	☐	☐
	发 展 中	✓	☐	☐
	熟　　练	☐	✓	☐
3. 能根据自己的想法，选择喜欢的材料进行表达，愿意讲述自己的作品。	尚未发展	☐	☐	☐
	发 展 中	✓	✓	☐
	熟　　练	☐	☐	☐
4. 能创造性地运用多种材料来进行表达，并能清楚地讲述自己的想法。	尚未发展	☐	☐	☐
	发 展 中	✓	✓	☐
	熟　　练	☐	☐	☐
综合评述： 　　综合分析发现，允哲对于美术材料的兴趣比较浓，乐于使用各种材料进行表达，有自己的想法和选择，总是喜欢尝试。对于自己作品的表达比较清楚，但缺乏连贯性和情节性。在作品内容的表现方面需要进一步丰富生活经验，更加细致地关注事物的细节。				

真正走近孩子，发现孩子的闪光点 ——对天朗的 10 次观察

张雅静

本学期，工作室结合《作品取样系统》一书，引导我们尝试对本班幼儿进行一次作品取样的系统评价。我的专题是"促进幼儿良好沟通"，结合本班幼儿的年龄特点和发展特点，我选取了社会领域作为研究领域。表现性目标主要包括：1. 学习聆听别人说话；2. 会寻求别人帮助；3. 能使用适当的策略进行有效沟通；4. 乐于并能清楚地表达自己的思想和感受。我的最大收获是：每天的观察让我能够静下心来，发现每一个孩子的闪光点。比如，发现天朗会向同伴请求帮忙，会说"你能帮我一下吗?"我就觉得非常了不起，便及时鼓励他，让他知道这样做是对的。再比如，上比比课时，天朗能够与大家一起用轮说的方法重申活动规则时，说明他的聆听能力在提高等。班中的春雨在一次拼图中拼出了一只蝙蝠，当我让他想一想，能不能把剩下的四块拼图也用上时，他竟很快地加了进去，而且还很合理，这让我感到很惊讶，没想到他能如此巧妙地完成，使我对他刮目相看。多多在每次与同伴游戏时总能有许多点子，使游戏玩得更有意思，说明他的思维很活跃，生活经验也比较多，所以才能玩出花样。通过观察使我能够去发现孩子身上的闪光点，不断促进孩子的发展，这样良性循环起来，让孩子也感受到自己在不断进步。

通过表现性目标去观察、去评价，我们可以做到心中更有数，更了解自己在做什么，需要继续做哪些事情。虽然孩子的发展不同，但是通过一段时间的观察及与他们的沟通，四个孩子在自己原有水平上都有不同程度的发展。比如，天朗原来根本不能与同伴很好地交流，稍不满意就发脾气，而现在能向同伴求助或接受同伴的道歉，有时还会对同伴说"你不能这样，有危险"的话，无论是老师还是家长都反映天朗像变了一个人似的。班中的春雨，以前你与他对话，他总是一直重复你说的话，还常常自言自语，也不主动与我们交流。现在，在教师的更多关注下以及参与"比比和朋友"情绪情感课程活动中，他的最大变化就是能主动找我们聊天，说他做的梦、看的书，每次在活动区都让我去看他的作品，并说说他的想法，这也让我发现他的观察能力和空间能力发展较好。还有班上的瀚菘，别看个子小，想法可不少。刚开学时，他做什么事情，还没做呢，第一句话就是："老师，我不会。"通过观察发现他的自尊心很强，只要多鼓励就会喜欢做，于是，当他自己完成一点儿时，我们就鼓励他，让他感到自己也挺棒的，慢慢地他对自己的自信心增强了，做事再也不说"我不会"了，而且也学会了向同伴学习请教。在表达自己的感受时，他常常说："我生气了。"但是又不说出为什么，经过一段时间，他慢慢开始跟我们说为什么，这样他的心情也好多了。这些都是通过有目的的观察而获得的，虽然平时也观察，但是缺乏更有实例的证据，这样与家长沟通就会很片面或只是泛泛的，而有了实例，家长能更好地理解孩子，发现孩子的进步，教师和家长共同为孩子提供适宜的教育。

下面是我对天朗的 10 次观察记录。

一、观察记录 1：天朗玩拼图 1

幼儿：天朗　　　**日期：**2009 年 9 月 1 日　上午 9：00
地点：活动室
事件：天朗在益智区玩"拼图"
细节描述：

天朗选择了一盒拼图后，把所有的拼图倒在椅子上。他拿起一块拼图看看放下，又拿起一块拼图看看放下，反复三次后才选定一块拼图，没有拼摆，却放在地上玩起来，嘴里还发出"呜呜"的声音。两分钟后，天朗拿着拼图回到椅子旁边，开始两块拼图一起拼，他转了几下就放在那儿不管了，跑到别的小朋友旁边看，但是没有说话便离开了。最后大家都拼得差不多时，他只拼出了一半，而且也不正确，可是他自己觉得就应该这样。

分析：

天朗对拼图有一定的兴趣，在拼图的过程中还不能专心地去拼图，对空

间方位的认知不是太好，所以并不知道应该如何去拼。在没有掌握方法的时候，他把拼图块想象成小汽车、小火车之类的物体进行游戏。在整个过程中，天朗与同伴之间没有交流，完全是自己游戏，即使不会拼他也没有寻求帮助，只是到同伴身边看看，说明他在如何寻求帮助方面有待提高与指导。另外也需要教师引导和帮助他提高细致的观察能力。

从他的表现可以判断：对拼图比较感兴趣，没有与同伴交流，也没有寻求帮助。

具体措施：

利用过渡环节与他一起拼图，激发他对拼图进一步的兴趣，并引导他学习和掌握简单的拼图方法。同时告诉他，当遇到问题时，可以想办法解决，也可以寻求帮助。如尝试向同伴或老师请教，比如可以说：你能告诉我怎么拼吗？谢谢你了！这样就会越做越好。

记录者：张雅静

二、观察记录2：天朗玩拼图2

幼儿：天朗　　　　**日期：**2009年9月2日　上午8：30

地点：活动室

事件：天朗在益智区玩"拼图"

细节描述：

今天，天朗在拼图时，刚开始他仍是四周看看，过了一会儿，自己便拼起来，在拼的时候他还知道看看完整图。当拼到第四块时候，他停了下来，因为这时旁边小朋友说起动物园的事情，天朗听了听，自己自言自语地说："我见过狗熊、大象。"他说的声音不大，说完又继续拼图，五分钟后天朗拼完了，跑过来告诉我："静静老师，我拼完了。"

分析：

昨天看见天朗拼图的过程后，我便在过渡环节时与他一起重新拼图，并告诉他一些方法，所以今天在进行拼图时，他有了进步。更值得鼓励的是在今天的拼图过程中，天朗注意力集中了，也好像找到了窍门。当听到同伴议论有关动物园动物的时候，他只是自言自语，看出他对小动物比较感兴趣，但是他并没有加入同伴的交谈中，他可能还是不知道如何去交流，更好地加入同伴话题中，这方面经验还有待于积累。

从他今天的表现可以判断：学会了拼图的方法，但是没有与同伴交流，只是把结果告诉了我。

具体措施：

利用中午饭前的时间，带他与同伴一起玩儿"说动物"的游戏，并借此机会可以让天朗把自己知道的有关小动物的知识讲给同伴或老师听，慢慢学会更好地表达自己，与别人交流。

记录者：张雅静

三、观察记录3：天朗玩跷跷板

幼儿：天朗　　　**日期：**2009 年 9 月 9 日　下午 2：30

地点：操场

事件：天朗户外活动时玩跷跷板

细节描述：

户外活动时，天朗自己选择了一个鳄鱼跷跷板玩儿，自己坐在中间摇了摇，这时，班中的桐桐跑过来，一下子坐在跷跷板的一边，突然天朗"啊"的一声叫起来，眼睛看着桐桐，可是桐桐并没有下来，只是说："咱俩一起玩儿吧。"没想到天朗再次"啊"的一声叫起来，这回他的眼睛向我站的方向看过来，听天朗又喊起来，桐桐便从跷跷板上下来，选择别的玩具去了，天朗又自己玩儿起来。

分析：

天朗发现同伴上了他的跷跷板，他立刻反应出的是尖叫，意思是在说"不行，我要自己玩儿"，同伴跟他商量后，他仍不同意，还是在尖叫，同时用眼神向我求助，意思是在说"老师，他玩儿我的玩具"。在这个过程中，天朗没有尝试用语言与别人交流，他不知怎么去说，同伴跟他商量，他也没有用语言去拒绝，也看出他的语言表达，特别是与别人交流的能力，以及与同伴分享玩具、共同游戏的能力，都有待提高。

从他今天的表现可以判断：不会与同伴进行有效的沟通。

具体措施：

事后我与天朗再聊起这件事时，了解到他觉得玩具是他先玩儿的，就应该属于他，所以不愿意同伴来玩。那么在日常生活中，可以有意识地让他与同伴游戏，并把要求提在前面，如果遇到问题，不要用喊的方式，要用语言表达自己的意思。如问问桐桐：你是要跟我一起玩儿吗？

记录者：张雅静

四、观察记录 4：天朗搭积木

幼儿：天朗　　　　**日期：**2009 年 9 月 14 日　上午 8：30
地点：活动室建筑区
事件：天朗在活动区搭积木
细节描述：

早饭后，天朗来到"快乐家园"当建筑师，我告诉他："你要跟其他小朋友一起合作搭建，才能搭得漂亮。"天朗使劲地点点头，还"嗯"了一声，于是他就和另外三个小朋友进入到活动区"工作"起来。天朗先拿了几块长方体的积木，找了个地方搭起来，其他三个小朋友在一起搭建着楼房。"天朗，你能跟我们一起搭吗？"其中一个小朋友问，天朗点点头，可是他并没有去跟同伴一起搭，还是自己搭自己的，"你在搭什么呢？"同伴问天朗，"我在搭，我在搭桥。"他边说边把长方体的积木一块一块垒起来，上面又加了几块小的积木，左看看右看看。这时，旁边小舞台的小朋友在表演，他就趴在玩具柜上看，看了两分钟，他又回到自己搭的"桥"旁边，将摆歪的积木进行了调整，然后走到同伴搭的建筑物前看了看，便又离开，看着自己的作品。

分析：

天朗在建筑区的表现，可以看出他还是不知如何与同伴交流，即使提醒，他也是自己搭建，同伴邀请他，也只是答应一下，但是不知道如何加入，所以还是自己搭建。但是他看见同伴搭建，心里可能也觉得人家搭建得好，就去欣赏了。今天，天朗对自己的作品搭建比较认真，反复调整了几次，才算满意。在整个过程中，天朗说了一两句话，也是在同伴问的情况下才说的，其余的交流就没有了，说明他在尝试着与同伴交流。

具体措施：

及时鼓励他今天和同伴做事时没有发脾气，而且自己也完成了作品。当同伴发起交流时有了回答。鼓励他去询问同伴的作品或向他们学习，帮助他体验到大家在一起游戏的快乐。

记录者：张雅静

五、观察记录 5：天朗折青蛙

幼儿：天朗　　　　**日期：**2009 年 9 月 17 日　上午 8：30
地点：活动室美工区
事件：天朗向乐乐学习折青蛙
细节描述：

天朗来到美工区先看了看，其他小朋友都在拿纸折，他也拿了张纸，用眼睛看着对面的乐乐说，乐乐这时在折青蛙，他小声地说："我，我也想折青蛙。""那你大点声跟乐乐说。"我在旁边提醒着，"乐乐，你能教我折青蛙吗？"说时眼睛始终看着别处，不过乐乐听见了也同意了，于是开始教天朗。第一步和第二步，天朗学习得很快，从第三步天朗就不知道怎么折了，又自言自语说："我不会。"见乐乐没有反应，天朗就把纸直接伸到乐乐面前，"我不会。"乐乐就帮他折好，最后折青蛙腿时，天朗是自己看折纸图折好的，他还给青蛙画上了眼睛。

分析：

当天朗遇到困难时他自言自语，其实他是想折青蛙，想让别人教教他，可是没有主动直接去请教，可能也不知道应该如何说，在我的提示下才说出请求帮助的话。在学习的过程中也是如此，只跟自己说，没有让同伴听见，所以没有起到效果。但是他也想了个办法，把东西给同伴后再说，这样也能得到帮助。如果同伴还是没有反应，天朗可能就会发脾气了。到最后他还通过自己看图学会了，不管怎么说，天朗已经开始向同伴表达自己的想法，而且体会到表达清楚后能得到帮助，就能使自己获得成功。他自己也在想办法学习，解决问题。

可见，天朗尝试着向同伴请教，而且自己也在想办法。

具体措施：

鼓励和引导天朗跟大家说说今天自己是如何折出青蛙的，当遇到问题时用了什么好方法，让他自己感到自己的进步，也让同伴看到他的进步。告诉他遇到问题向别人请教后，如果没有回应，可以再说一遍。

记录者： 张雅静

六、观察记录6：天朗玩插塑

幼儿： 天朗　　　　　**日期：** 2009 年 9 月 21 日　上午 9：00

地点： 活动室

事件： 天朗与同伴一起玩插塑玩具

细节描述：

今天活动区时，天朗选择和班中的国麟一起玩儿乐高插塑玩具。他先自己搭了一会儿，然后看见国麟插的速度很快，把玩具都用上了，便对国麟说："国麟，我跟你一起插吧？""行"，得到国麟同意后，天朗便拿起几块玩具帮国麟插起来，嘴里还说："这个是城堡的门。"没用一会儿，两个人就插出一大片。这时，国麟说："天朗，咱们这儿都快插满了，你就别往这儿放了。"可是天朗好像没听见一样，继续插。国麟又说一遍："你不能再往这儿插了，天朗。"天朗这时才停下手来，但嘴里发出"嗯嗯"的声音，小手还插着腰，好像有点儿不高兴，随后把他自己插的拔了下来。

分析：

这学期一直鼓励天朗与同伴一起游戏，只要做得好就及时鼓励，所以天朗今天能和国麟玩儿游戏，对于他来说已经是进步了。以前他都是喜欢自己游戏，而且也很少能听同伴的建议。今天他不但能向同伴提出请求，还能与同伴玩儿一会儿，说明他也在慢慢感受与同伴一起游戏的快乐，只是在最后国麟不让他插时，有些不高兴，即使这样他也没有像原来那样发脾气，就是做了个动作来"发泄不满"。可以说，天朗能与同伴游戏了，也开始尝试着控制自己的情绪。

具体措施：

继续鼓励天朗多与同伴一起游戏。学会聆听同伴讲话，并能接受同伴的建议。我会继续关注他，适时地给予指导和帮助。

记录者： 张雅静

七、观察记录 7：天朗粘国旗

幼儿：天朗　　　　　**日期**：2009 年 12 月 21 日　上午 7：35—7：50

地点：睡眠室

事件：天朗与同伴合作做事粘贴国旗

细节描述：

　　早上天朗、子越、宇轩来得比较早，我询问他们愿不愿意帮忙把小朋友"十一"粘的国旗重新修补一下？他们都同意了。在整个粘的过程中，天朗始终很认真，当子越提醒他小心时，他使劲点点头；当子越递给他一个胶棒后，天朗马上说："谢谢。"过了一会儿，天朗的胶棒用完了，他跟宇轩说："宇轩，你能借我胶棒用一下吗？"当他们马上粘完时，天朗看见宇轩的手压着粘好的国旗，又说："唉，宇轩，你的手快起来，要不该把国旗压坏了。"都完成后，天朗跑过来说："静静老师，我们粘好了。""是吗？谢谢你们。""不用谢。"天朗说完就跑走了。这时陆陆续续有小朋友来，天朗还说："你们可别碰坏了。"

　　分析：

　　这是天朗和同伴的一次有效合作，没有发生争吵，自己也没有发脾气。原因是他首先能听同伴的建议；其次，在自己出现困难时主动向同伴求助；最后就是能提醒同伴小心做事。所以在整个过程中，他都觉得很快乐，体会到用有效的方法与同伴沟通带来的好处。

　　具体措施：

　　随后，我采取的措施是及时肯定，并让天朗自己说说感受，为什么感到开心？利用与孩子一同布置教室的时机，更多的让天朗与同伴一起做事，并让同伴也能发现他交往时做得好的地方，与大家分享。

　　记录者：张雅静

八、观察记录 8：天朗和小朋友一起排练

幼儿：天朗　　　　　**日期**：2009 年 12 月 28 日　上午 8：30

地点：活动室

事件：天朗与组员一起排练"小马过河"

细节描述：

吃过早饭，每组的小朋友都在排练自己的新年节目。天朗也在跟他们组的

小朋友排练英语剧"小马过河"，这时组长在分配角色："谁想当小马的妈妈，咱们组多一个人呀？""那就让天朗扮演吧。"一个组员说。"可他是男孩儿呀？"另一个组员说道。"那就让他当马爸爸吧。"组长说，"天朗，你当马爸爸行吧？"天朗点点头。于是他们就开始排练起来。当讲解员的说起了故事，别人都在自己的位置认真地听着，可是天朗却这看看那看看，讲到小马跟爸爸、妈妈分开，需要爸爸、妈妈叮嘱小马几句话，天朗仍在东张西望，旁边的"马妈妈"碰碰他说："该你说话了。"天朗这才跟着"妈妈"说起来，后面的表演天朗也多是被别人提醒。

分析：

天朗在这次排练的过程中，始终注意力不够集中，也没有参与同伴的讨论，所以多数是靠组员提醒的。即使在开始组长分配角色时他也没有听。说明他在认真聆听别人说话方面仍有待提高。只有认真聆听了，才能与同伴进行沟通。

具体措施：

我准备利用各种机会，有意识地引导天朗注意聆听，并教给他一些倾听的方法，适时地提醒他，使他逐渐懂得倾听别人说话。

记录者：张雅静

九、观察记录 9：天朗进行角色扮演

幼儿：天朗　　　　**日期：**2009 年 12 月 30 日　上午 9：00

地点：活动室

事件：天朗和小朋友一起表演

细节描述：

"比比和朋友"的社会性活动中，我们请小朋友 3 人一组，来表演珊迪向丽娜和泰加说出自己被吉儿欺负的事情。天朗主动举手要扮演珊迪，于是和他一起表演的小朋友也同意了。请他们上来后，天朗扮演的珊迪坐在椅子上，他还做出不太高兴的样子。这时扮演丽娜、泰加的小朋友走过来问："珊迪，你好像哭过，发生了什么事情呀？"天朗想了想说："嗯，嗯，我……我……我不想上学了。""为什么呀？""嗯，嗯……"天朗又想了想说："吉儿把我绊倒了。""那我们一起去找吉儿谈谈吧。"说着两个小朋友把天朗拉起来走了。

分析：

今天天朗要主动扮演角色，说明他挺喜欢故事内容，自己想感受一下。在整个表演的过程中，天朗基本上完成了任务，尽管表述时还有些不连贯，但是经过思考后也能回答上来，而且在表演的过程中，开始聆听同伴在说什么？与同伴进行了对话与沟通。对于天朗的表现我也进行了及时的鼓励，在回顾活动时，他说今天开心的原因就是与同伴表演，自己也扮演了角色。

具体措施：

利用故事和表演，让天朗在倾听别人说话的同时，更加能乐于表达自己的想法与感受。

记录者： 张雅静

十、观察记录 10：天朗的问候

幼儿： 天朗　　　　**日期：** 2010 年 1 月 18 日　上午 8：00

地点： 活动室

事件： 天朗对我说："我也想你了。"

细节描述：

今天我来到班上（因上周外出学习没有上班），看见孩子们是那么的亲切，这时桐桐进来，看见我后说："静静老师，你这几天上哪了？我都想你了。""是吗，我也想你呀。""静静老师，我也想你了。"芊芊也跑过来说，我笑着摸摸她，"静静老师，我也想你了。"这时我听到一个很小的声音，我一回头，看见天朗正从我身边走过，"天朗，你也想我了？"我蹲下来问他，他张张嘴，不好意思地点点头。"真的？我也想你。"我摸摸他的小脸。"你知道吗？我见过真的企鹅，在动物园里看到的。"天朗又跟我说起他喜欢的事情。

分析：

我今天真的没有想到天朗也能说出自己的想法和内心感受了。因为平时天朗很少说这方面的感受，但从他的表情中我能看出他是真心的，这也让我很感动。而后他又跟我聊起他在动物园看企鹅的事情，因为他比较喜欢动物，常常主动说起来的就是他又看到了什么动物。

记录者： 张雅静

天朗沟通能力发展的综合性评价 2009 年 12 月 14 日

领域及分项	表现		进步	
	档案			
	符合期望	需要加油	符合期望	异于期望
核心目标：沟通				
学习聆听别人说话		√		√
会寻求别人帮助	√		√	
能使用适当的策略进行有效沟通		√		√
乐于并能清楚地表达自己的思想和感受		√		√

天朗现在遇到困难时已经知道去寻找帮助，而且很有礼貌地说话，使同伴能够帮助他。他有什么事情也喜欢告诉我们，跟我们主动聊聊，使得我们也知道他的想法。在与他沟通，了解他的想法与感受时，由于语言表达仍有些欠缺，所以表达得还不是很清楚。同伴有时在与他沟通时，由于他不能认真聆听别人说话，所以同伴无法有效地跟天朗沟通。

特别可喜的是，天朗近段时间在与同伴沟通的时候，不再用武力，而更多地学习用简单的语言与其交往。比如他会说"你能原谅我吗？""你能帮我一下吗？""我能折好"等。以后应再多鼓励他用适当的策略与同伴进行有效沟通。

关注点滴表现，解读幼儿行为——三个小班幼儿的行为观察

梁 艳

每年九月，是幼儿园新生入园的时候。一个个从未离开过家庭的孩子，怯生生地走入了幼儿园的大门，这时的幼儿园，常常是哭声一片。孩子们的哭声牵动着许多家长的心。

幼儿与父母或其他依恋对象分离后对陌生环境和陌生人所产生的不安全感和害怕的反应，我们叫分离焦虑。每个孩子因为个性、习惯以及家庭环境的差异，分离焦虑的具体表现也各不相同。有些孩子只是表现为情绪不稳定，哭泣；有些孩子会饮食减少、睡眠不安、少言寡语；也有些孩子严重的会出现拒绝进食、身体不适等症状。

今年我即将接一个新小班，班中大部分孩子是从托班升上来的，不太会出现分离焦虑等不良情绪，但是也有七八个新入园的幼儿，他们没有集体生活的经验，往往容易产生分离焦虑的现象，面对这样的幼儿，我该采取什么样的策略来引导孩子们尽快地稳定情绪，适应幼儿园的生活呢？我的主要做法是三个步骤：先采用观察的方法，关注幼儿的点滴表现；然后判断幼儿的真实需求；最后给予有针对性的支持、指导和帮助。

一、预设目标，明确幼儿的发展方向

根据刚入园孩子的年龄特点和心理需求，我在预定了"保持情绪稳定，愿意参加集体活动"和"努力做力所能及的事"这两个目标以后，又进一步把这些目标进行了细化。在"保持情绪稳定，愿意参加集体活动"的目标中我认为当孩子们

"能在老师的带领下顺利进行一日活动"，又或是"能回应老师发起的交流"，再有表现出"喜欢参加小组和集体交流"，以及"能快乐的进行单独游戏"等行为时，就说明孩子们已经渐渐在适应幼儿园的生活了。在"努力做力所能及的事"的目标中，我期望孩子们"能在老师的帮助下做力所能及的事"和"有独立做事的愿望"。

二、关注幼儿的行为表现，了解孩子的需求和水平

孩子们虽然都是哭哭啼啼的，看起来没什么区别，但是仔细观察，我们也能发现孩子们产生焦虑的原因各有各的不同。我想只有了解孩子产生分离焦虑的根本原因，才能有的放矢，因人施教，帮助孩子们尽快缓解不良情绪，尽快适应幼儿园的生活。

为了更细致地观察幼儿的一日生活，我请来了资料室的刘老师，和我一起记录孩子们的点滴——晚间，我拿起今天我和刘老师共同收集的资料，一边看一边回忆和补全孩子的言语和行为。渐渐地，我看到了孩子的需求。

开学第一天忙忙碌碌，直到孩子全部离园，我的耳边还充盈着孩子们的哭喊声。虽然我看到今年新入园的这几个孩子焦虑情绪比较明显，有的一直哭着找妈妈，嗓子都有些哑了；有的孩子不吃饭、不午睡；还有的孩子背着小书包一直坐在门口，谁叫也不理；更有小朋友把脾气发在小伙伴身上。但是，我也看到了伊诺躺在小床上甜甜地睡着了，已经接近我所期望的"能在老师的带领下顺利进行一日生活"了；竞竞已经能接受老师的安抚，开始对老师产生依恋，比较接近"能回应老师发起的交流"了；我也找到了思义哭闹的原因。这都为我制订下一步的教育策略提供了支持和依据。

三、采用适当的办法，缓解孩子的分离焦虑

在这方面，我们的主要做法是：

（一）尊重幼儿的心理需求，保留在家的生活习惯

通过2~3天对伊诺的观察，我发现孩子一直抱着娃娃不撒手，如果让她离开娃娃她就会哭闹起来。我分析她对自己熟悉、喜欢的物品有依恋，我想针对这

部分幼儿，入园初期要关注孩子的心理需求，允许孩子保留一些在家的习惯，帮助她顺利开始幼儿园的生活。

（二）采取既帮且教的方法，提高自我服务能力

思义在家的时候还是用奶瓶喝水，大小便都是使用便盆。来到幼儿园以后，由于不会使用杯子和蹲坑等，自我服务能力方面的欠缺，造成了一定的心理压力，所以来园时哭闹现象比较严重。我想针对这个现象，一方面要尊重孩子在家中的生活习惯，在一定时间内让孩子继续用奶瓶喝水，蹲便盆大小便，避免因此产生焦虑的情绪；另一方面要采取"既帮且教"的教育方法，教给孩子正确地用杯子喝水和如厕的方法，同时在给孩子倒水时采取"少倒多添"的策略，减少孩子的心理负担，让孩子逐渐适应幼儿园的集体生活。

（三）引导幼儿产生对教师的依恋，减少和父母分开的焦虑

从将近一周对竞竞的观察中，我发现孩子渐渐对自己喜欢的教师产生依恋，这是她顺利开始幼儿园生活的基础，在和老师互动的过程中，由喜欢老师组织的活动到顺利进行一日生活环节不是容易得多吗！

在观察孩子一日生活环节的过程中，我采用了"拍照片""录像""用小纸条记录"等观察方法，在有目的、有意识、有计划地观察孩子过程中，我发现了很多我平时忽略的内容，这些记录向我展示了孩子的进步和发展，能够让我更加客观地去分析孩子的发展水平，找出适宜的教育策略。教师在教学活动或幼儿自由游戏与活动中，观察幼儿是否出现了与预定的目标有关的表现，将其记录下来，写上日期，并加上对其意义的说明是非常有意义的，因为这样可以让我们更加深入的了解和解读幼儿行为背后的含义。

附件一：对伊诺的观察记录

1. 对伊诺的观察记录 1

幼儿：伊诺	性别：女	
	年龄：3 岁半	
	观察时间：2009 年 9 月 1 日	
	发展目标与表现	能否达到
1. 保持情绪稳定，愿意参加集体活动。	(1)能在老师的带领下顺利进行一日活动。	√
	(2)能回应老师发起的交流。	×
	(3)喜欢参加小组和集体交流。	×
	(4)能快乐地进行单独游戏。	×
2. 能努力做力所能及的事。	(1)有独立做事的愿望。	×
	(2)能做力所能及的事。（在老师的帮助下）	×

观察描述：

午睡时间伊诺不上床，哭着抱着娃娃站在一边。一段时间后她抱着娃娃坐在了床沿上，又过了十几分钟，伊诺打了几个哈气以后，把娃娃放到了枕头上，然后歪着躺在了娃娃的旁边，慢慢地闭上了眼睛睡着了。

分析：

孩子对自己熟悉、喜欢的物品有依恋，入园初期要关注孩子的心理需求，允许孩子保留一些在家的习惯。当她抱着自己熟悉的娃娃时也能和其他小朋友一样午睡了。

基本做到了"能在老师的带领下顺利进行一日活动"。

记录者：梁艳

2. 对伊诺的观察记录 2

幼儿：伊诺	性别：女	
	年龄：3 岁半	
	观察时间：2009 年 9 月 3 日	
	发展目标与表现	能否达到
1. 保持情绪稳定，愿意参加集体活动。	(1)能在老师的带领下顺利进行一日活动。	√
	(2)能回应老师发起的交流。	×
	(3)喜欢参加小组和集体交流。	×
	(4)能快乐地进行单独游戏。	×
2. 能努力做力所能及的事。	(1)有独立做事的愿望。	×
	(2)能做力所能及的事。（在老师的帮助下）	×

观察描述：

户外活动时老师组织小朋友玩滑梯，伊诺抱着娃娃站着看了一会，走到滑梯边，迈上了一阶台阶，有点站不稳，用手扶一下把手，双手抱着娃娃，站了一会，把娃娃放在滑梯的一角，又回头看了看，转过身去玩了。

分析：

孩子开始逐渐放开熟悉和依恋的娃娃，和小朋友一起活动了。

基本做到"能在老师的带领下顺利进行一日活动"。

记录者：梁艳

3. 对伊诺的观察记录3

幼儿：伊诺	性别：女	
	年龄：3岁半	
	观察时间：2009年9月4日	
	发展目标与表现	能否达到
1. 保持情绪稳定，愿意参加集体活动。	(1)能在老师的带领下顺利进行一日活动。	√
	(2)能回应老师发起的交流。	√
	(3)喜欢参加小组和集体交流。	×
	(4)能快乐地进行单独游戏。	×
2. 能努力做力所能及的事。	(1)有独立做事的愿望。	×
	(2)能做力所能及的事。（在老师的帮助下）	×

观察描述：

户外活动时伊诺站在小朋友的后面，和大家一起模仿老师的动作，玩了五分钟左右。

分析：

伊诺能在老师的带领下玩一些自己感兴趣的游戏，逐渐开始参加集体活动，对幼儿园的生活环节也逐渐适应了。

基本做到了"能在老师的带领下顺利进行一日活动"和"能回应老师发起的交流"。

记录者：梁艳

4. 对伊诺的观察记录 4

幼儿：伊诺	性别：女	
	年龄：3 岁半	
	观察时间：2009 年 9 月 11 日	
	发展目标与表现	能否达到
1. 保持情绪稳定，愿意参加集体活动。	(1)能在老师的带领下顺利进行一日活动。	√
	(2)能回应老师发起的交流。	×
	(3)喜欢参加小组和集体交流。	√
	(4)能快乐地进行单独游戏。	√
2. 能努力做力所能及的事。	(1)有独立做事的愿望。	×
	(2)能做力所能及的事。（在老师的帮助下）	×

观察描述：

今天进行手指印画的活动，伊诺和旁边的小男孩一起玩起了颜色。她模仿着小男孩的样子把手伸进了盘子里，蘸了满满的颜料，印在了白纸上。然后把手举起来给老师看。

分析：

伊诺能在老师的带领下玩一些自己感兴趣的游戏，逐渐开始参加集体活动。

基本做到了"能在老师的带领下顺利进行一日活动""喜欢参加小组和集体交流"和"能快乐地进行单独游戏"。

记录者：梁艳

5. 对伊诺的观察记录 5

幼儿：伊诺	性别：女	
	年龄：3 岁半	
	观察时间：2009 年 9 月 12 日	
	发展目标与表现	能否达到
1. 保持情绪稳定，愿意参加集体活动。	(1)能在老师的带领下顺利进行一日活动。	√
	(2)能回应老师发起的交流。	×
	(3)喜欢参加小组和集体交流。	√
	(4)能快乐地进行单独游戏。	√
2. 能努力做力所能及的事。	(1)有独立做事的愿望。	×
	(2)能做力所能及的事。（在老师的帮助下）	×

观察描述：

伊诺很快吃完了早饭，来到了娃娃家，把小碗、小盘摆满了一桌子。然后从厨房中拿来一把白色的芸豆放在了盘子里，嘴里小声音说着："三个。"

分析：

能自己拿玩具，并能独立进行游戏，在游戏中能假想出一定的游戏情节。

基本做到了"能在老师的带领下顺利进行一日活动""能快乐的进行单独游戏"和"喜欢参加小组和集体交流"。

记录者：梁艳

伊诺入园适应情况的综合评价

伊诺三岁半，女孩。是我班这学期新来的一名小朋友，通过 2～3 天对伊诺的观察，我发现孩子一直抱着娃娃不撒手，如果让她离开娃娃她就会哭闹起来，她对娃娃的依恋行为表现比较明显。

这是新入园幼儿较为普遍的一种现象，孩子来到幼儿园之前在家中至少有两个大人照顾日常生活，有时甚至照料孩子的人更多，处处以孩子为中心。而到了幼儿园，二十几个孩子面对的只有三个老师，孩子一下子失去了她所习惯的中心地位，像伊诺小朋友这样，她来到幼儿园一下子缺乏了安全感，造成对亲人、心爱之物依恋感就更加突出。

针对伊诺的情况，我在入园初期关注了孩子的心理需求，允许她抱着娃娃参与幼儿园的活动，逐渐帮助她顺利开始幼儿园的生活。同时设法转移她的注意力，使她在宽松、自由的氛围中愉快地生活。

随后的几天我发现伊诺只有当发现有她喜欢的活动时她就能暂时放开娃娃，因此，我们有意识地引导她尝试参与各种有趣的活动，例如：户外游戏、游戏区等，使她慢慢地放下了手中的娃娃，逐渐开始和小朋友一起参加活动。

附件二：对思义的系列观察记录

1. 对思义的观察记录 1

幼儿：思义	性别：女	
	年龄：3 岁	
	观察时间：2009 年 9 月 1 日	
	发展目标与表现	能否达到
1. 保持情绪稳定，愿意参加集体活动。	(1)能在老师的带领下顺利进行一日活动。	√
	(2)能回应老师发起的交流。	√
	(3)喜欢参加小组和集体交流。	×
	(4)能快乐地进行单独游戏。	×
2. 能努力做力所能及的事。	(1)有独立做事的愿望。	×
	(2)能做力所能及的事。（在老师的帮助下）	√

观察描述：

思义随着小朋友一起去洗手，然后坐在了桌子旁边。自己把鸡蛋和豆沙卷都吃了。还对着给她照相的老师做出了各种丰富的表情。

分析：

来园第一天，思义的心情不错。能跟着老师和小朋友做事。

基本做到了"能在老师的带领下顺利进行一日活动"和"能回应老师发起的交流"以及"能做力所能及的事"。

记录者：梁艳

2. 对思义的观察记录 2

幼儿：思义	性别：女	
	年龄：3 岁	
	观察时间：2009 年 9 月 4 日	
	发展目标与表现	能否达到
1. 保持情绪稳定，愿意参加集体活动。	(1)能在老师的带领下顺利进行一日活动。	√
	(2)能回应老师发起的交流。	×
	(3)喜欢参加小组和集体交流。	√
	(4)能快乐地进行单独游戏。	×
2. 能努力做力所能及的事。	(1)有独立做事的愿望。	×
	(2)能做力所能及的事。（在老师的帮助下）	×

观察描述：

思义听到老师请小朋友表演节目，她很高兴，马上走到前边来。拿起一个手铃，随着音乐扭起来。一边扭还一边和旁边的伊诺说话。表演进行了两分钟左右。

分析：

孩子入园已经第四天了。她对幼儿园表现出浓厚的兴趣，能够对老师发起的交流有应答。对周围的小朋友表现得也很主动，边跳舞边和小朋友说话。

基本做到了"喜欢参加小组和集体交流""能在老师的带领下顺利进行一日活动"。

记录者：梁艳

3. 对思义的观察记录 3

幼儿：思义	性别：女	
	年龄：3 岁	
	观察时间：2009 年 9 月 7 日	
	发展目标与表现	能否达到
1. 保持情绪稳定，愿意参加集体活动。	(1)能在老师的带领下顺利进行一日活动。	×
	(2)能回应老师发起的交流。	×
	(3)喜欢参加小组和集体交流。	×
	(4)能快乐地进行单独游戏。	×
2. 能努力做力所能及的事。	(1)有独立做事的愿望。	√
	(2)能做力所能及的事。（在老师的帮助下）	×

观察描述：

今天思义来园时哭闹的现象比较严重。白天在活动中也经常看见孩子掉眼泪，挺委屈的样子。

在这一天中，我发现孩子有尿裤子的现象，保育员老师也向我反映，思义喝水的时候经常洒水，每次喝完水都要给她换上衣。在观察中我发现孩子喝水洒身上的原因是她不会用水杯喝水，喝的时候有的水喝到嘴里了，有的顺着下巴流到衣服上了。

她看到别的小朋友都喝完了，也很着急，越着急洒的越多。尿裤子的原因是她不会扒裤子，裤子脱在膝盖的位置，不会用手扒，直接小便，因此，有的时候就尿在裤子上了。这两个环节她都做不好，这让她急得哭了起来。

分析：

老师在倒水时采取"少倒多添"办法，让她减少撒水的现象，孩子情绪好转。

可见，孩子已经有"有独立做事的愿望"。

记录者：梁艳

参与游戏区活动情况(9 月 10 日)

姓名	区域名称				累计时间
	娃娃家	图书区	建筑区	操作区	
艺菲	★	★	●	★	25
伊诺	★	★	●	●	20
思义	★	●	●	★	25
竞哲	●	●	●	●	0

注明:

1. 图标的含义如下所示。

　★自己进入到区域中活动

　◆在老师的带领下进行活动

　●没有参与该区域活动

2. 时间单位"分钟",累计时间为参与区域活动的总时间。

3. 竞哲没有参与到区域中活动,坐在椅子上看着小朋友。

思义入园适应情况的综合评价

　　思义三岁,女孩,是我们班刚来的幼儿。初来幼儿园情绪很好,能积极参与老师组织的活动,引起她焦虑的原因在于她自理能力的欠缺。根据家长反馈的信息,孩子在家的时候还是用奶瓶喝水,大小便都是使用便盆。来到幼儿园以后由于不会使用杯子和蹲坑给她造成了一定的心理压力,所以来园时有哭闹现象。

　　针对这个现象我们意识到要尊重孩子在家中的生活习惯,在一定时间内让孩子继续用奶瓶喝水,蹲便盆大小便,避免因此产生焦虑的情绪。一方面采取"既帮且教"的教育方法,教给孩子正确地用杯子喝水和如厕的方法,在给孩子倒水时采取"少倒多添"的策略,减少孩子的心理负担;另一方面和家长进行沟通,希望家长也尝试让孩子用水杯喝水,家园双方配合引导孩子逐渐适应幼儿园的集体生活。经过大约两周左右的时间,孩子能自己独立喝水、在老师的帮助下蹲坑大小便、还尝试用勺子独立进餐,焦虑情绪有所缓解。

附件三：对竞哲的系列观察记录

1. 对竞哲的观察记录 1

幼儿：竞哲	性别：女	
	年龄：3 岁 4 个月	
	观察时间：2009 年 9 月 1 日	
	发展目标与表现	能否达到
1. 保持情绪稳定，愿意参加集体活动。	(1)能在老师的带领下顺利进行一日活动。	×
	(2)能回应老师发起的交流。	√
	(3)喜欢参加小组和集体交流。	×
	(4)能快乐地进行单独游戏。	×
2. 能努力做力所能及的事。	(1)有独立做事的愿望。	×
	(2)能做力所能及的事。（在老师的帮助下）	×

观察描述：

　　早饭没有吃，竞竞一直在大声地哭，还往外跑。老师劝说她把书包放下，竞竞坚决不同意，哭喊的声音更大了。老师同意竞竞先背着小书包，这个主意渐渐使竞竞停止了哭声。

　　随后她自己搬了个小椅子坐在了老师的旁边。

分析：

　　虽然没有把书包放下，也没有参与其他小朋友的活动，但是能够有些依恋老师，对老师的抵抗情绪没有那么强烈了。

　　部分地做到了"能回应老师发起的交流"。

记录者：梁艳

2. 对竞哲的观察记录 2

幼儿：竞哲	性别：女	
	年龄：3 岁 4 个月	
	观察时间：2009 年 9 月 2 日	
	发展目标与表现	能否达到
1. 保持情绪稳定，愿意参加集体活动。	(1)能在老师的带领下顺利进行一日活动。	√
	(2)能回应老师发起的交流。	×
	(3)喜欢参加小组和集体交流。	×
	(4)能快乐地进行单独游戏。	×
2. 能努力做力所能及的事。	(1)有独立做事的愿望。	×
	(2)能做力所能及的事。（在老师的帮助下）	×

观察描述：

在老师反复保证不离开她的身边的时候，孩子从老师的身上下来，坐到了摇马上。没有摇动摇马，不时用手抹一下眼泪，眼睛有时也望向滑梯上的小朋友。

分析：

虽然不是很情愿，但是也开始离开老师自己独立活动了。

基本做到"能在老师的带领下顺利进行一日活动"。

记录者：梁艳

3. 对竞哲的观察记录 3

幼儿：竞哲	性别：女	
	年龄：3 岁 4 个月	
	观察时间：2009 年 9 月 3 日	
	发展目标与表现	能否达到
1. 保持情绪稳定，愿意参加集体活动。	(1)能在老师的带领下顺利进行一日活动。	×
	(2)能回应老师发起的交流。	√
	(3)喜欢参加小组和集体交流。	×
	(4)能快乐地进行单独游戏。	×
2. 能努力做力所能及的事。	(1)有独立做事的愿望。	×
	(2)能做力所能及的事。（在老师的帮助下）	×

观察描述：

早上来园时，爸爸抱着竞哲进入大门。孩子用双手使劲儿搂着爸爸的脖子，脸埋在爸爸的肩膀上，背对着老师。老师说："竞竞，来，老师抱抱。"孩子使劲儿搂住爸爸不撒手。这时班上的豆豆正好走进幼儿园，老师对孩子说："竞竞，快别让爸爸抱了，豆豆来了，咱们和豆豆手拉手一起回班，好吗?"竞竞听了，手稍稍松了松，老师伸手把竞竞接了过来，竞竞双手搂住老师不再撒手了。

分析：

虽然没有语言上的交流，但是能离开爸爸的怀抱，和老师亲近，说明竞竞开始对老师发起的交流有应答了。

记录者：梁艳

4. 对竞哲的观察记录 4

幼儿：竞哲	性别：女	
	年龄：3 岁 4 个月	
	观察时间：2009 年 9 月 4 日	
	发展目标与表现	能否达到
1. 保持情绪稳定，愿意参加集体活动。	(1)能在老师的带领下顺利进行一日活动。	√
	(2)能回应老师发起的交流。	×
	(3)喜欢参加小组和集体交流。	×
	(4)能快乐地进行单独游戏。	×
2. 能努力做力所能及的事。	(1)有独立做事的愿望。	×
	(2)能做力所能及的事。（在老师的帮助下）	×

观察描述：

早饭以后，竞竞坐在桌子旁边待了一会儿，走到玩具柜旁边拿了一盒橡皮泥，取出了里面蓝颜色的橡皮泥，用手使劲把它按扁。又取出一个蓝色的模具，在橡皮泥上印了一个印，把模具放下了，又用手使劲地按起橡皮泥来了。

分析：

没有过分地依恋老师，尝试着自己独立游戏，有独立做事的愿望，逐渐适应幼儿园的生活环境和生活环节。

基本上做到了"能在老师的带领下顺利进行一日活动"。

记录者： 梁艳

竞哲入园适应情况的综合评价

竞哲，三岁四个月，女孩。竞竞初入园这几天对老师很依恋，老师走到哪她就跟到哪，像个"小尾巴"一样，很少跟小朋友去玩，每次都要老师反复跟她说她才跟其他小朋友玩一会儿，没过一会儿就又会来到老师的身边。早上爸爸送她来园，只有班上老师接，并把她抱进去她才能逐渐止住哭声。

上幼儿园是幼儿从家庭生活走向社会生活的第一步。从熟悉、自由、宽松的家庭生活到陌生的环境、同伴和老师以及具有约束力的集体生活，这会给幼儿带来不少压力。在陌生的环境里，幼儿最容易失去安全感，而到了幼儿园以后教师充当的是孩子父母的替代者，我们的一个拥抱，一句话，一脸微笑都能带给孩子快乐幸福的体验，只要我们给孩子以关爱，孩子就会把老师当成他们最亲的人，他们的喜怒哀乐都愿意与老师分享。

但是，反过来我也清楚地意识到，对老师的过分依恋也潜藏一种副作用。凡事要有个度，如果幼儿过分地依恋教师，对他们在与同伴交往上会产生反作用。

因此，在正确对待竞竞对教师的依恋的基础上，尽可能为她创设一个轻松愉快的环境，多鼓励她参与同伴和其他人的交往活动中去，平时多与孩子交谈，了解她的兴趣。同时作为为人师表的老师，还要时刻注意自己的一言一行，努力提高自己各方面的素质和修养，确保幼儿全面和谐健康的发展。

幼儿自主科学探究活动研究①

陈　晶　张　晶　杨书丽　张　靖

围绕着支持、激发和引导幼儿开展自主探究活动，我们对科学区、自然角、天气预报等活动，进行了较为系统、深入的专题研究。

一、让幼儿在科学区游戏中体验探究发现的乐趣

自 2002 年参加中法合作项目"做中学"科学教育实验以来，我们对幼儿园探究性科学教育原则、理念不断深入学习，对探究性科学教育活动不断研究、实践，逐渐对"将探究活动引入科学区"产生了浓厚兴趣。我想，科学区常开展的科学观察、科学实验、科学游戏、科学小制作等活动中，蕴含着很多幼儿可以通过亲历探究获得发现的科学概念与经验，具有探究发现的价值。而且，科学发现区作为幼儿科学教育的重要途径，应该与科学教育活动进行同步改革，将引导幼儿主动探究和发现的理念渗透其中，让科学区成为幼儿自由发现和探索的场所。

当然，我们也深知，科学区是幼儿自主活动的场所，不同于专门的科学教育活动，科学区的探究活动应遵循区域活动的基本特征，特别是要满足区域活动自主性、游戏性的特质，让幼儿在自由、愉悦、轻松的氛围中自由发现、自主探究，并从中获得乐趣。反思以往的科学活动区，区里的材料都是老师投放的，材料的玩法也都是教师逐一介绍的。孩子们虽然可以根据自己的兴趣选择玩具或材

---

① 本文五个部分的作者分别为：第一部分，陈晶、张晶；第二部分，陈晶、杨书丽；第三部分，陈晶；第四部分，陈晶、张靖；第五部分，陈晶。

料进行活动，但他们要做的就是按教师的要求操作、摆弄材料：把不同的材料投入水盆里，看看谁沉谁浮；用磁铁玩具吸在一起玩建构游戏；按老师教的步骤制作万花筒等。在这样的活动中，孩子们扮演的只是观察者和小工匠的角色，区域活动的游戏性大打折扣，幼儿活动的兴趣不高，学习的效果也自然会打折扣。

为了避免教师准备材料的弊端，更充分地调动幼儿参与活动的愿望，新学期科学区创建的过程中，我们尝试通过彼此联系的三个活动情境，带领师生共同创设和丰富科学区，开展科学活动，让幼儿在愉快的游戏与操作活动中自主探究、自由发现，体验探究发现的乐趣，取得了较好的效果。

(一)科学玩具园——在自主游戏中引发探究愿望

我们在新学期创设科学区之时就向孩子们发出了邀请："你们知道科学玩具吗？我们一起来收集科学玩具，在科学区办个展览吧。"在我的启发和鼓励下，科学区里慢慢地热闹起来：好玩的电动恐龙、会动的声控汽车、神奇的太阳能风车、能指方向的指南针、永远不倒的平衡小人，还有磁铁拼图、磁力棒、风向标、多功能组装椅、小小机械师……孩子们主动把自己的科学玩具带到幼儿园里跟大家一起分享，丰富的玩具吸引着所有的小朋友。经过孩子们的商议，我们为科学区起了新名字——科学玩具乐园。那段时间，这个新创设的活动区成了最受孩子们欢迎的区，不仅活动区活动时间总是"座无虚席"，而且只要一有空，就会有孩子到科学玩具乐园里摆弄这些有趣的玩具。

在收集玩具、分享玩具和玩玩具的过程中，孩子们不必追求统一的答案，不必急于完成任务，不必遵循成人的指令，全身心地沉浸在游戏的愉快体验之中。在自由、愉悦、轻松的游戏状态下，孩子们自然地展开观察、自由发现和分享交流的活动，常常彼此交流玩具的玩法、原理和自己的发现，还提出了很多有探究意义的问题，如"我发现磁力棒有的能接上，有的接不上，是不是有两种呀？""多功能组装椅里有好几种工具我都不会用！""太阳能风车在屋里也能转，它是不是有光就能转呀？""我觉得越大的玩具用的电池越多，电池越多越有劲儿"……

可见，让幼儿进行自由探索和游戏，为幼儿的科学探究和科学发现提供了必不可少的环境和条件。

(二)小小实验室——在自主探究中体验发现乐趣

经过了科学区创设初期的自由探索，孩子们对科学区和在玩科学玩具过程中发现的有趣现象产生了浓厚的兴趣和好奇心，激发了他们一探究竟的愿望。为满足幼儿的探究热情，我筛选了孩子们提出的三个问题，在科学玩具乐园中又开辟了一个"小小实验室"，将要探究的问题与相关的玩具对应放在一个单独的柜子里，并配上了记录表，为孩子们的探究提供支持。

"挑战磁力棒接龙"——要求幼儿将十根磁力棒全部连接起来排成不同图案，并记录自己成功摆出了哪些图案，为"磁力棒是不是有两种"的问题寻找答案。

"怎样让太阳能风车停止转动"——请幼儿想办法让太阳能风车停止转动，并记录自己的办法和效果，探究"太阳能风车是不是有光就能转"的问题。

"电池越多越有劲儿吗"——请幼儿收集不同大小的电动玩具，将电池盒拆开看看，并记录不同玩具电池的样子和数量，一探"越大的玩具用的电池越多"这一解释的科学性。

虽然探究由任务或问题引领，具有一定的目标性和任务性，但由于探究的问题来源于孩子，材料又是孩子们喜欢的科学玩具，三组实验马上吸引了孩子们的目光，引发了他们的探究热情。活动区活动时孩子们总会先"抢"这几个实验材料，还常常是两三个孩子一起做一个实验，边做边彼此交流，甚至争论。

观察孩子们的探究过程和结果，他们收获的绝不仅仅是科学概念，更多的是探究发现的乐趣和对开展探究的浓厚兴趣。在"挑战磁力棒接龙"时，由于不知道磁铁有正负极和同极相斥、异极相吸的原理，总会有孩子开始不能将所有的棒接上，但几经试误获得成功后，孩子们总是兴高采烈，不仅体验了成功的喜悦，更发现了如果连接不上可以将一根磁力棒掉一个头的有趣现象；在"怎样让太阳能风车停止转动"的实验里，孩子们先是找班级里阴暗的地方，后来，干脆想出了用手或东西挡住太阳能板的办法，找到了解决问题的重点；"电池越多越有劲儿吗"的探究更由于孩子们发现电池的样子、大小有的不一样，没法按电池的数量比较的问题，引发了他们更深入探究的兴趣……

可见，由幼儿的问题引发的探究活动不仅能够很好地激发幼儿的探究兴趣，满足他们的好奇心，让他们感受探究发现的乐趣；更能够让他们在探究发现的过程中感受科学的奇妙和自己的能力，学习解决问题的办法，建立探究学习的信心。

(三)科学发现区——在自主活动中收获科学素养

随着"小小实验室"活动的开展，孩子们已经不再满足于仅仅摆弄现成的科学玩具了，玩具乐园里只能看、不能操作的玩具渐渐被冷落。为进一步拓展科学区活动内容，满足不同幼儿自主活动、自主探究的愿望，我们正式将科学区命名为科学发现区，并将科学发现区与自然角打通，分别利用自然角、窗台、柜子和暖气格等设置了植物小天地、科学玩具园、小小实验室、玩具制作坊、科学信息栏五个空间，对科学区的活动内容进行了极大的扩展。

植物小天地——收集了喜干和喜湿的两类植物，种植了不同形态的两种豆子，提供了浇水、测量和观察的工具，让幼儿在种植、照料和观察植物的过程中感知植物的多样性，学习种植和照料植物的方法。

科学玩具园——对现有玩具进行了筛选，选择了四类幼儿易探究的科学玩具，按原理分类摆放：电的玩具、声音玩具、平衡玩具与磁铁玩具，进一步引发幼儿发现科学现象、探究科学原理的兴趣。

小小实验室——针对上述科学内容有层次地投放实验材料，让幼儿通过科学小实验探究科学原理，解释科学现象，形成科学概念，体验科学探究的乐趣，学习科学探究的方法。例如：对磁铁的探究包括了"磁铁可以吸起什么""磁铁哪个地方吸的东西多""磁铁的两端一样吗""谁的磁力大"等四个实验，由浅入深地让幼儿探究磁铁的基本特质。

玩具制作坊——提供适宜材料，利用上述科学原理进行科学小制作，让幼儿在完成科学小制作的过程中经历探究和发现的过程，获得成功体验，感知科学知识对生活和游戏的帮助。仍以磁铁为例，有"亲嘴小鱼""磁铁火车""跳舞小人""便条贴"等小制作。

科学信息栏——有科学小问号信箱和科学小博士两个专栏，鼓励幼儿提问和自主寻找答案，培养幼儿通过多种渠道收集信息以及用多种方式交流表达的能力。

科学发现区的调整和丰富将幼儿在科学区的活动由较为自由的游戏逐步引上了探究与学习，力求通过具有探究性的活动，培养和提升幼儿的科学素养。当然，活动区活动中的学习和探究仍应遵循从幼儿的兴趣入手、依幼儿的需要设置、让幼儿做活动主人、以游戏为主要方式、重探究发现的过程的原则。只有这样才能令幼儿的科学区活动真正成为幼儿自主性的活动，也才能满足幼儿自主探究、自由探索、按自己的速度学习和成长的需求，让科学区真正发挥它的特有价值。

总之，在科学发现区的创设过程中，教师要积极发挥组织者和指导者的作用，通过创设有益的游戏环境，倾听幼儿的探究愿望，提供支持性操作材料与探究内容等途径激发幼儿的好奇心，不断提高幼儿参与活动的积极性，使幼儿主动投入活动过程之中，让幼儿在科学发现区的活动中、在具有游戏情境的自主活动中体验探究发现的乐趣，成为活动区活动的主人。

二、让自然角成为幼儿探究科学的天地

自然角是大自然的缩影，是幼儿园中孩子们认识自然、探索自然的小天地。但是，在实际的工作中我们发现，孩子们对教师提出的自然角中的探究内容并不十分关注，观察记录活动也常常需要教师提醒，更很少主动地去照顾自然角。

这是为什么呢？经过观察与思考，我们觉得造成这种现象的原因有以下几方面：一是自然角中的材料准备、饲养照顾都是老师完成，探究问题也都由教师提出，没能真正调动幼儿参与的主动性；二是材料投放的目的性不强，有些只是看着它生长，有些甚至生长变化都不明显，自然提不起幼儿的兴趣；三是缺少有目的、有计划的引导，所以幼儿的观察零散而随意。为了充分发挥自然角的教育价值，我们从以下几个方面入手，引导幼儿关注自然角，让自然角真正成为幼儿探究科学的天地。

（一）选择生长变化明显的探究材料

由于幼儿的注意力持续时间短，坚持性和任务意识都不强，适合幼儿在自然角种植和饲养的动植物应该生长变化显著，区别明显。通常，在植物角我们会和孩子们一起种植牵牛花、各种豆子、蒜、小麦等，在动物角我们会饲养小鸡、小鸭、蝌蚪、蚕等。此外，种植饲养材料的摆放也要便于幼儿观察和探究，重点引导幼儿观察和探究的材料放在中间醒目的位置，需要比较观察的两种材料要放在一起。

（二）让幼儿亲历种植饲养的过程

让幼儿亲历种植饲养的过程，幼儿才能主动关注动植物的变化，从中获得相关的经验。为了让幼儿亲历种植饲养的过程，我们从收集材料开始就鼓励幼儿自主参与。

1. 幼儿自主收集材料

春天是播种的季节，杨老师想在这个春天引导幼儿种植和观察不同的豆子。但是，怎样让幼儿参与材料的收集呢？她从食堂要来了红小豆，并把问题提给了孩子们，如"你们知道这些是什么吗？""你还见过别的豆子吗？""把它们种在土里，春天会怎样呢？"……在我们的启发下，孩子们说出了很多种豆子，并且都想拿来试一试它们种在土里会怎样。结果，一个周末之后，孩子们纷纷带来了豆子，一时间红小豆、绿豆、黄豆、蚕豆、芸豆……各种豆子摆了一窗台。孩子们介绍和种植豆子的热情也很高，纷纷将自己带来的豆子介绍给大家，并跃跃欲试想要种植。

2. 幼儿自主饲养观察

一天房健忠从家里带来了小仓鼠，孩子们一下子就被它们那憨态可掬的样子吸引住了，围着笼子说个不停，小仓鼠看到这么多的小朋友也非常好奇，立着小前爪像是给小朋友作揖一样，太可爱了。"小仓鼠为什么总是咬笼子呢？""它是不是饿了？""小仓鼠喜欢吃什么？""它为什么白天总是睡觉呢？它们是不是生病了？"孩子们在观察中也提出了许多的问题。

看到孩子们这么喜欢小仓鼠，我们提议轮流照顾和饲养它们。于是，孩子们按组自己排了照顾小仓鼠的值日生表，每天，值日生都会认真地喂仓鼠，帮老师一起给仓鼠清理笼子。很多值日生还主动从家里给小仓鼠带来瓜子、玉米粒，吃午点、晚点时给小仓鼠留一些水果饼干。通过饲养观察，幼儿发现了仓鼠吃东西的习惯：用前肢抓取食物吃，而且在颊袋填储食物，更有意思的是当有新的食物时，仓鼠还会自己用前肢把颊袋中的旧食物取出，然后再储存新的食物。幼儿自己亲自饲养，促进了它们观察的主动性，他们经常会主动把自己的新发现与老师和小朋友分享。

3. 幼儿自主观察记录

春季，我们找来了蚕卵放到自然角。最初，孩子们对这些圆圆的、黑黑的小圆点非常好奇，提出了很多问题："它们真的能变出蚕吗？""它们吃东西吗？""吃什么呢？""它们这么小，能变成大白蚕吗？"……我们把幼儿关注的问题都展示在墙饰上，再将蚕卵分成四组，为每组钉了一本观察记录，请幼儿按小组观察和记录蚕卵的变化。结果四组孩子形成了一种竞争，不但都积极照顾自己的蚕，而且在蚕有变化时也都主动记录下来告诉其他组的小朋友，观察和记录的热情很高。通过饲养与观察，幼儿了解到蚕卵变成蚕宝宝是有温度限制要求的，太冷蚕宝宝不会出来；刚出来的蚕卵像小蚂蚁一样，所以叫蚁蚕，蚁蚕经过四次蜕皮才可以长大；蚕宝宝喜欢吃桑叶；蚕宝宝结茧时需要在角落里；蚕破茧成蛾后会交配产卵等很多关于蚕的知识都被记录下来，一本本观察记录也成了蚕一生变化的珍贵记录。

（三）用明确的问题引领探究方向

科学探究活动是围绕着一个个的问题展开的，如此能引领幼儿探究的方向与深度。自然角的探究也不例外。

1. 问题要基于幼儿的兴趣、原有经验和年龄特点

我们发现，幼儿对植物的关注和探究常常是零散和偶然的，也是短暂和片断的。为了引发幼儿不断关注和探究植物，我们利用设置问题情境的方式来引导幼儿关注自然角。

那么问题从哪里来？是教师凭空想出来的吗？不是。问题的提出是依据幼儿的兴趣、实际水平和教育目标制订出来的。在与幼儿谈话中发现，幼儿对植物的生长条件不是很了解，于是我们向孩子们提出了"种在哪里的豆子长得壮？"的问题，幼儿根据自己的想法，选择了不同的种豆子的地方：土、沙子、水、石头、棉花。待豆子种下去以后，观察它们的变化，并最终通过自己的亲身经历得出了相应的经验：种在土里的豆子长得壮。

2. 问题的答案幼儿应能通过探究自主发现

幼儿关于动植物的问题总是千奇百怪，而要引领幼儿探究的问题是要经过教师的甄别和筛选的。像"蚕是怎样长大的？""种在哪里的豆子长得壮？""小仓鼠喜欢吃什么？"等问题，幼儿都可以通过自己的亲自喂养、观察寻找出答案。但是，有的问题是幼儿无法通过探究获得答案的，像"乌龟怎样睡觉？""小金鱼身体里面有什么？"等。在自然角中，应该更多地提出幼儿通过探究可以自己发现和获得答

案的问题。

3. 问题应逐步深入，体现一个渐进的过程

对于任何事物的探究都是由浅入深、由简单到复杂的，所以面对众多的探究问题，我们需要根据动植物的变化依次提出，以使问题间有内在联系，并形成一个渐进的系列。

在种豆子的活动中我们就先后探究了以下几个问题：

"用哪种方法种的豆子先发芽？"引导幼儿发现用水泡过的豆子先发芽。

"种在哪里的豆子长得壮？"引导幼儿发现种在土里的豆子长得壮。

"芸豆、红豆它们长得一样吗？"引导幼儿从叶子、茎等方面进行观察与比较。

此外，在种植观察的过程中孩子们还发现了有意思的事情——植物的叶子总是朝着阳光生长。

在一系列的探究活动中，幼儿种植和照顾豆子的兴趣一直十分高涨，发现也是一个接着一个，获得了很多宝贵的经验。

对自然角的研究和实践让教师和孩子们都爱上了这里，并在探究与发现的过程中收获着喜悦与成长。

三、引领幼儿通过天气报告活动探索身边的科学

"做中学"科学教育强调探究内容应来源于生活，从周围常见的事物和现象中取材。而天气现象每天就发生在幼儿身边，它们有的夜以继日、循环往复地出现，有的则神奇莫测、变幻无穷，常常会激发孩子们的好奇心和探索热情，是幼儿开展探究的极好素材。但是，幼儿园以往的天气预报都是由值日生每天早上根据头天电视、报刊中的天气预报进行记录，专栏起到的只是传递信息的作用，从内容到形式都缺少让幼儿自主探究的机会和条件。

承担教育部中法合作"LAMPT"实验研究以来，在专家的指导下，我们学习借鉴"做中学"原则理念，重新思考天气预报活动的教育价值，以"引领幼儿探究身边的科学"为核心思想，进行了围绕天气预报展开的科学探究活动的实践探索，积累了一些有益经验。

(一)自己报告天气——让幼儿与真实世界对话

"做中学"强调科学教育要使儿童面对真实，向真实发问，与真实接触。可见，幼儿对于天气的关注如仅停留在转递气象部门发布的天气预报信息的层面，显然违背了"做中学"与真实对话的思想。那么，怎样让这个与幼儿生活密切相关又蕴含了丰富科学内容的活动，成为幼儿自主发现科学、探索科学的天地呢？我园"做中学"实验小组的教师们经过研究和讨论，提出了"让幼儿自己报告天气"的建议，将幼儿从天气预报信息的传递者转变为天气实际情况的发布者，把幼儿的关注点从收听、收看天气预报引向亲自观测客观事实。

为了激发幼儿自己报告天气的愿望，张老师围绕天气报告提出了"从哪里能知道今天的天气？""天气预报能告诉我们什么？""我们怎样报告天气？"一系列问题，并将"天气预报栏"换成了"天气报告栏"。自己报告天气的方式一下点燃了孩子们对天气的探究热情，他们不仅要关注天气预报的内容，更要每天自己动手到户外观察、测量实际的天气、温度和风力等，运用多种感官去感受和探索实际的客观世界。在每日报告天气的过程中，小班的孩子理解了阴、晴、雨、雪，感悟了天气现象的多变和奇妙；中大班的孩子们则自己学会了分辨风力和风向，发现了气温变化的一些规律，统计出了各个季节中各种天气的天数……一点点探索着身边的科学。

(二)自主解决问题——让幼儿亲历探究发现的过程

"做中学"提倡让儿童亲历探究自然奥秘的过程，在主动的探索中自己去发现问题、解决问题。因此，天气报告员们的观测不能仅仅以获得数据为目的，教师要善于引导他们把自己的观测结果与天气预报对比，鼓励他们提出新问题，并引导他们进一步探究和寻找答案。

在大班实际测量室外温度时，测量结果便引起了孩子们的争论："我测的温度怎么和天气预报的温度不一样呀？""我们俩测的温度怎么不一样呀？""天气预报说的最高温度是在什么时候呀？"亲自的实验引发了孩子们进一步的思考，这正是引导孩子们深入了解天气特点、自主寻找问题答案的好时机。于是，石老师抓住孩子的问题，带领他们开展了一系列的探究。首先，她鼓励孩子们对"一天的最高温度是在什么时候呀"进行了大胆的猜想，并和他们一起按猜想的时间列出了一个测量温度的时间表。这样，孩子们就在每天早上起床后(7：00)、早饭后(8：30)、上午户外活动后(10：30)、中午(12：00)、下午起床后(2：30)、下午户外活动后(4：00)及晚间(6：30)进行测量与记录，并在每一天结束时将当天的最高温度报告给大家。测量的第一天，孩子们就有了新的发现："一天中的温度不一样。""下午起床时是一天中的最高温度。"几天过去了，小报告员们的报告结果都是下午2：30是一天的最高温度。为了进一步证实，老师又请孩子们把几天的测量数据进行统计，并帮助他们把每一天的温度变化画成线。当一条条温度曲线展现在孩子们面前时，他们不禁叫了起来："石老师，一天里的温度都不一样。""每天都是下午2：30温度最高。""我猜对了，就是早晚凉、中午热。"接着，老师又将第二个问题抛给孩子们："同一个时间里，在树下和操场上，温度计测出的温度为什么不一样?"在问题的引领下，孩子们关于"太阳直接照射的地方温度高"的实证探究又开始了……

对真实天气情况的观测，有效引发了幼儿对天气现象的关注和思考，不但为他们自己发现和解决问题提供了机会和可能，而且利用身边的科学培养了幼儿尊重客观事实的科学态度。

(三)设计记录符号——让幼儿学习理解和运用符号

幼儿的思维是具体形象的，他们的记录方式也应丰富多样。但是，就像电视里报告天气运用统一的符号一样，在班级天气报告专栏内，幼儿对天气、温度、风力的记录也应该是用相对统一的符号，以方便幼儿间的交流和对天气情况的统计。当然，不同班级记录的符号可以有所不同，但都应是幼儿能理解的、容易记录的，且能较准确地表现天气情况。

在对风的观察记录上，不同年龄班就有着不同的符号：吴老师根据幼儿的发现将柳树姐姐请进了小班的天气报告栏，柳枝垂下表示没有风，柳枝飘扬表示刮风了，幼儿容易分辨；张老师和中班的孩子一起观察操场上的国旗，根据不同风力国旗飘扬的程度制作了风力提示图，幼儿可以根据风力选择适宜的旗帜图片；石老师在大班记录中就直接运用了数字表示风力的大小。中班和大班的温度记录也有所不同：中班以柱状图的方式呈现，格大而清晰，便于幼儿找到和记录；大班则以点状图的方式出现，让幼儿在画点与连线的过程中感受温度的变化。

幼儿观测天气的标准也许并不科学，观测结果也无法用精确的数据表示，但他们观测的标准具体而实用，他们的记录方式直观而形象。

(四)进行统计分析——让幼儿尝试整理和解释数据

记录科学研究的原始数据、科学探究的过程，并在此基础上对数据进行整理和分析，发现事物间的关系及现象背后存在的规律，是科学研究中很重要的步骤。因此，我们鼓励中大班的孩子通过对温度、天气现象、风力、风向、日出日落时间等长期系统的观测与记录结果的统计分析，以发现季节与气候、天气变化的特点与规律。

九月开学，袁老师就将天气报告栏的重点定位为引导幼儿通过观测天气、记录人们和动植物的变化感知秋去冬来的过程。为有目的地引导幼儿长期系统的观测，教师在班级的天气报告专栏和孩子们一起设立了日期、天气、温度、风力、着装和自然现象六个专栏，并与观察比较树的科学主题结合，开始了长期系统的对天气与季节的探究。经过孩子们四个月的长期观测与记录，温度曲线、树叶变化和着装情况最先显现出规律性的变化：温度越来越低、树叶逐渐变黄落光、人们的着装越来越多……

(五)开展爱心提示——让幼儿感悟科学对生活的意义

观测天气、报告天气目的是为了方便人们的生活，因此我们的天气报告也应该与小朋友的生活、活动联系起来。

在一个大风天，户外活动前，壮壮测完温度迅速跑进了活动室，边将温度记录在墙上边擦着小脸。和他一起去观察风力的大宝一进门更是抱怨着："今天是大风，还有沙尘，真脏。"我抓住时机，马上担心地问大宝："一会儿我们出去可怎么办？小朋友会不会也感觉不舒服呀？"听我这么问，大宝想了想说："那就戴上帽子和纱巾呗。"于是在报告天气时，我请壮壮和大宝把自己的感受和对大家的提醒都介绍给了全体小朋友。之后我们又进行了讨论，大家都认为他们的这种提示很好，并决定在天气报告中增加"穿衣指数"和"爱心提示"，每当变天时，报告员就要用图画的形式将需要注意的问题提示给大家，让天气报告真正为小朋友服务。就这样，下雨天，雨衣、雨伞就会出现在画面上；大风天，风镜和纱巾的图画又会提醒我们……在报告天气时，细心的小朋友还会提醒大家："今天有点冷，出去时应该多跑跑。"……这富有爱心的提示不仅让孩子们亲身体验到了天气与每日生活的关系，而且也增进了同伴间的友爱。

在爱心提示栏中，我们还根据不同年龄班设计不同的呈现内容和呈现方式，小班以穿衣提示为主，中大班根据幼儿的认识水平加入更多内容，还有的班以穿衣指数、运动指数的方式出现，请幼儿根据气温和天气情况，用不同颜色表示不同穿衣建议和运动建议，也获得了良好的效果。

天气预报的探究内容贴近幼儿的生活，不仅能使他们在亲历探究中发现知识，形成概念，亦能帮助他们体验到学习内容对自己和同伴的意义，感受到周围世界的神奇，体悟到科学就在身边。

四、科学探究案例：哪个瓶子装得多

为感知发现瓶子在生活中的多种用途，我们和孩子们一起收集了各种瓶子，根据用途进行了分类，并发现饮料是生活中瓶子用途最广且造型最多样的。为了进一步证明自己的发现，我们还带着孩子们到超市进行了简单的统计：在超市饮料架上，饮料种类共46种，仅小瓶装的饮料就有22种造型。我们还发现品牌一样的瓶子造型基本相同，不同品牌的饮料瓶子造型就不一样。与此同时，孩子们还提出了一个问题"这些饮料瓶都不一样，它们装的水一样多吗？"当时，我们没有急于告诉孩子们了解瓶子容量的方法，而是将问题又抛给了他们"怎样能知道它们装得到底是不是一样多呢？"并带着"怎么将容量这一抽象的概念传递给孩子？"的思考回到了班上。

（一）预先调查实验，判断探究价值

为了了解小瓶饮料的容量是否相同，我们研究小组的老师先收集来了各种饮料瓶子。经过认真的比对，还真发现了有趣的现象——看起来大小差不多的饮料瓶，标签上的净含量真的不同，而且饮料瓶看上去的大小和实际净含量并不成正比。例如：看上去大小差不多的统一、康师傅、雀巢三个品牌的绿茶，净含量竟然都不相同，分别是500毫升、490毫升和480毫升；而同样净含量为600毫升的脉动、可口可乐和百事可乐，瓶子看起来却差异很大；更有趣的是，看上去细细的"东东"饮品居然净含量有369毫升，比看起来容量更大一点的屈臣氏矿泉水的350毫升还多……

与此同时，我们又对"是否可以让幼儿自己比较容量"的问题进行了讨论。大家觉得虽然"容量"这一概念幼儿很难理解，饮料瓶身上的净含量标识对于孩子又很抽象，但是瓶子里装的水是多是少，有一些比较的方法是幼儿可以进行的。比如：将水倒在杯子里用天平比较、用瓶子间互相倒的方法比较、用量杯测量比较等，都应该能很方便地比较出水的多少。而且，大班末期的孩子已经具有了比较轻重的经验，应该可以迁移到容量的比较中。于是我们选择了同样是 600 毫升容量的两种饮料瓶：瘦高的百事可乐和矮粗的脉动，并用上述三种方法分别做了预实验，发现都能得到容量相同的正确结论，操作过程也比较便捷。

经过了实际调查和共同研究，我们觉得既然饮料瓶的容量真有那么大差别，又能有一些方法帮助幼儿进行比较，应该是值得探究的一个活动。但是，为了把握幼儿现有经验，我们还是决定先问一问孩子们。

(二)了解幼儿经验，共议探究方法

于是，我们将两种饮料瓶拿到孩子们面前："你们猜一猜，把两个瓶子都装满水，哪个瓶子里装得水多？""高的。""粗的。"(孩子们的意见果真出现了分歧)"怎样能知道到底哪个瓶子装得水多呢？"(老师马上接着问)"倒出来比比。"(佳佳的反应也很快)"可怎么比呢？"……(在老师的追问下，孩子们沉默了一会儿)"倒到杯子里，看这瓶倒几杯，那瓶倒几杯。"(湘儿打破了沉默，说出的竟是一个我们都没想到的办法)"湘儿真聪明，想到了用一些东西帮我们比，还有其他办法吗？""放到天平上比，看哪瓶重。"(贾妮想到了称重量的天平)"把那个盛得多的水倒了，把那个盛得少的水倒进那个里面，不满，那个就盛得多。"(小小一边指着瓶子一边表达自己要两个瓶子间互相倒的方法)

在老师的引导与启发下，孩子们的办法越来越多了，除了没有使用量杯的经验，我们预想的其他两种都说到了，还提出了用水杯量的方法。看来我们的预想可以实现，活动可以进入到亲历探究的阶段了。

(三)开展探究活动，发现问题症结

我们综合幼儿和教师预想的实验方法准备了四组实验材料：天平测量组、水杯测量组、互相倒水组和量杯比较组，鼓励幼儿自己选择一种实验方法进行比较和记录。

本想着经过充分的前期工作，孩子们的实际探究应该是非常顺利的。但是，在组织孩子活动时，没想到的事情还是发生了。实验开始后，孩子们纷纷拿着自己的两个瓶子到水盆处去灌水，但是由于缺少相关经验，向小小的瓶口里灌水成了孩子们的难题。一时间桌上、地上全是水，孩子们有的是越忙越灌不进去，有的玩起水来，还有的干脆放下瓶子慌乱地到处擦水。老师则帮了这个，又去帮那个，不知所措。结果一个小小的灌水环节竟占用了 15 分钟之久。

接下来重点的探究活动更是匆忙：用天平称量的孩子将瓶子里的水倒进杯子称量后分不清哪杯水是从哪个瓶子里倒出来的了；两个瓶子互相倒的孩子同样因为灌不好，水又洒了很多，影响了比较的科学性。用水杯量的也是越倒越分不清哪杯是哪瓶倒的了……活动的结果更可想而知，孩子们不仅没有能够得出正确的结论，而且有些沮丧。

在这次活动后，我们实验小组的老师马上进行了反思，意识到我们丢掉了很重要且十分有价值的一个前提活动——"怎样向瓶子里灌水"。应该提前进行这一活动，让幼儿在灌水活动中寻找适宜工具和方法，提前解决灌水的难题。此外，应该为瓶子、水杯和量杯都编上 1 号和 2 号，这样才便于幼儿试验和记录。

（四）调整活动方案、有效引领探究

发现了问题以后，我们还是认为要让幼儿自己发现问题和讨论解决问题的方法，因为只有基于幼儿经验，由幼儿提出的解决策略才能真正在活动中被幼儿所关注。于是，我们将活动的脚步放慢，先和孩子们一起对第一次实验的情况进行了交流："你的方法比出结果了吗？""你的结论和别人一样吗？为什么会有不同？""实验中你有什么发现？遇到了哪些困难？"在交流中，孩子们表达了自己的感受和发现，老师也适时地和孩子们一起总结了每一项试验应该注意的问题，提出了改进的方案，并就"怎样灌水又快又不会浪费水"的问题进行了一次专门的探究。

在这一活动中，孩子们收集制作了各种灌水的工具材料，有成品漏斗、酸奶杯、纸制的漏斗、利用矿泉水瓶上半部分剪下来自制的漏斗等。为了将实验引向有价值的探究，我们又提出了这样的问题："比一比谁灌得又快又好，灌满瓶子而且不洒水。"在活动中，孩子们津津有味地尝试起来，并通过实验发现了最适宜的材料——成品漏斗，因为它的口大嘴小，插到瓶子里水不会向外流；总结了最好的方法——将漏斗插好，用酸奶杯舀水，在接近瓶口处不再用漏斗，而是用小勺舀水，慢慢倒入。

有了上述活动为基础，再次开展"哪个瓶子装得多"的活动时，孩子们不仅能够较快、较好地灌满水，将重点放在之后的探究不同瓶子的容量上，而且也能很好地完成实验，得出统一的结论了。孩子们欣喜地发现原来看上去如此不同的瓶子，装的水竟然是一样多的。

在这次活动以后，围绕着"哪个瓶子装得多"的活动我们又开展了两次，一次是对看上去差不多，但容量相差 50 毫升的两个瓶子的比较；另一次是引导孩子认识瓶子上的净含量标识，通过抽象的数字进行比较。在这前后共四次的活动中，我想孩子们获得的不仅仅是比较容量的经验，更重要的是学会了辩证地看待问题，即：容量的大小是不能仅靠瓶子的形状估计的。

五、活动后的启示

在这一引领幼儿探究的过程中我深刻地领悟到：

第一，让幼儿探究的活动，教师必须亲历探究，只有教师首先把握探究问题、方法、材料，进行审慎的甄别、筛选和判断，才能使活动更具价值，更好地将幼儿的探究引向深入。

第二，幼儿的已有经验、在活动中呈现出的思维方式与实践行动等都是检验活动方案是否适宜的重要依据，教师一则要在实验前充分预估、分析与把握幼儿学习科学的特点规律与水平等；二则要在实践中密切关注幼儿在活动中的具体表现，并以此为依据，不断地反思、调整原定方案，使之更加科学完善。

第三，不成功的经验同样会成为幼儿进一步探究学习的重要依据，要善于组织幼儿的交流讨论，让他们将活动中的发现和问题充分交流，提出解决策略。让孩子学会自主提出问题、分析问题、解决问题往往比获得概念更为重要。

连续观察，惊喜发现

张雅静

　　每个孩子都是独特的，每个孩子都是与众不同的，只要老师能够真正地接纳他们，即使与众不同的孩子，也一样会成为群体中的一分子。这个故事就是从一个有点特别的孩子开始的，他的名字叫春雨。

　　春雨是个个子小小的男孩，从他一进入我班起，就引起了我的注意。不仅仅因为他是新转入我们大班的，更重要的是他与同龄孩子不同的那些行为。按说大班孩子在生活自理方面应该没有问题，而且简单地与同伴交流、表达自己的意思、规则意识的建立都应能够做到了。可是春雨却……

　　每次如厕后他的裤子都不能提正，我便提醒他："春雨，把你的裤子整理好。"他会小声地说："把裤子整理好。"双手也不知放在什么地方，就在裤子上蹭一蹭，即使告诉他如何做，他下次还是这样。每每问他问题，春雨都是在重复你的话："你需要帮忙吗？"他会说："你需要帮忙吗？"语速还很慢。平时就喜欢自言自语，也不知在说些什么，而且是不分场合地说。上课的时候经常有小朋友告状："老师，春雨总在我旁边说话，我提醒他好几次了，他还是不听。"直到这时，他才会稍事休息，但过不了几分钟，便又开始，偶尔还会发出些奇怪的声音。学习的时候，他不是挽裤腿就是扭身体，眼睛从来不和你交流；做操的时候，他会不停地抡着小胳膊，动作很夸张，而且每个动作都不能和上节拍；游戏的时候，他喜欢自己一个人玩，很少与同伴进行交流，即使同伴问他，他也没有什么回应，只是用"嗯""是啊"等简单语词回答，让他再解释时他就显得很紧张，使劲抿着嘴。每天我都在不断地提醒他，叫他的名字，刚刚教过的东西可能一会儿就又忘了。这些表现完全与一个即将上学的孩子对不上，怎么会这样呢？

我想越是这样的孩子，就更应该有责任、有耐心地去了解他、接纳他，走进他的内心世界。经过又一段时间的观察，下面的一件件事情，让我重新认识了春雨。

"老师，春雨他总在我旁边发出噗噗声。"这几天经常有小朋友向我告状，提醒过他后，还是不能控制住。我也发现春雨无论在做什么事情的时候，嘴里总发出"噗噗"的声音，频率还挺快，这到底是怎么回事呢？一次户外活动时我终于找到了答案。那天，小朋友都自选玩具游戏，春雨拿了几个轮胎摆在地上，自己坐到上面，嘴里便开始发出"噗噗"的声音，双手还不停地抢来抢去，持续了两三分钟。等他停下来的时候，便走过去问："春雨，你刚才在干什么呢？""嗯，我在，我在玩儿游戏。""玩儿什么游戏？嘴里还要发出噗噗的声音？""发出噗噗声"他挠挠头接着说，"是，是因为我在打仗呀。""打仗？那是在模仿打枪的声音吗？""嗯，是。"春雨回答。"哦，你从哪看到解放军打仗的？"我接着问。"从电视里。"我突然想起来最近电视里经常播放抗日战争的影片，他可能是在家和爸爸妈妈一起看，然后对打仗，尤其是打枪的声音比较感兴趣，所以在游戏时模仿。后来我又问他："你喜欢解放军吗？""嗯，喜欢。""那解放军除了打仗还做什么？"他想了想，没有回答上来，我便告诉他："解放军不打仗时要练习很多本领，练习射击、练习各种动作，还要学习知识，这样才能打胜仗。但是在上课的时候我们不能模仿，那样会影响大家学习的，你说呢？"春雨点点头，后来我又帮他找来几个小朋友跟他一起玩，并多搭了几个山洞，从他的表情中感觉他比自己玩儿时开心了许多。

孩子有时会对电视中的情境印象深刻，便会运用到游戏中去模仿，去感受那种快乐。如果老师只是单纯从主观去分析，也许会错怪他们。但如果静下心来观察，尝试与孩子聊聊，特别像春雨这样的小朋友，通过耐心地询问就能找到答案，从而了解到他真实的想法。

"老师，你看我这儿有许多小球。"一天早上春雨脱下外衣，走到我身边跟我说。这是他第一次主动跟老师说他自己的事情。我当时就回应到："啊，今天春雨穿的是件新衣服，上面的小球真漂亮。"连续几天，每天早上他都会跟我说点什么，我好像也形成了习惯，坚持每天早早地在门口等着他，听他跟我说。"老师，今天外面下雪了，有许多雪花。""对呀，一会儿我们可以去打雪仗。""我今天和爸爸跑步来的，我赢了。""是吗？一会儿我也跟你比比。"就这样一天一天，我发现春雨的表达能力慢慢提高，不再重复说话，语句也越来越长。中午起床后，他还会到我面前说些别的小朋友的一些事情……每次说完他就走了，有趣极了。每次他跟我说时我都认真地听，然后用眼神或动作或肯定的语言给予积极地回应，我想让春雨知道老师愿意听他说。后来我还试着让他给小朋友讲，让大家都能看到春雨的进步。老师积极的回应、肯定的眼神对于孩子来说是非常重要的，尤其像春雨这样的孩子，他们需要老师更多的聆听、更多的接纳。

一天活动区，春雨拿了一盒积木拼图玩儿，仅仅一分钟不到，他就拼出了一只蝴蝶。"这蝴蝶真逼真，这是头，这是翅膀，这是脚对吗？""嗯，对。""真棒，你还能拼什么？"春雨想了想，又动手开始拼，很快他来叫我，"你去看看。"我走过去问"这回拼的是什么？""蝙蝠""你的蝙蝠都用的什么形状的？""三角形。""用了几块？"春雨数了数说："十块。""那你能不能把这四块也用上？"我看见盒里还剩四块积木，就想让他挑战一下，没想到他很痛快地答应了，又很快把四块加了进去，而且加得很巧妙。我当时就拿纸把他拼的画了下来，他一直在旁边看着，好像有一种满足感。"你今天特别了不起，动脑筋学习，以后你可以教教小朋友，让他们也来学习，或者和他们一起拼会更有意思的图形。"我鼓励着春雨。春雨今天的表现真的令我吃惊，让我发现了他的优势，如果我当时没有及时与他交流，如果没有再给他挑战，如果……我庆幸今天一直支持他鼓励他，耐心地与他进行交流，让我又发现了春雨的优势。

在大班毕业典礼上，春雨不但为大家表演了诗歌，而且还为我们大家表演了钢琴曲，博得在场人的热烈掌声，他也露出了会心的笑容。我相信，在支持与信赖中，春雨也能以自己的步调快乐成长。孩子千差万别，但每个孩子都有他们自己的优势，作为老师只要坚持用心去感受，坚持认真倾听，坚持关注每个细节，坚持用欣赏的眼光看待他们，那么任何一个孩子都可以给我们带来一个个惊喜！

一次很有收获的亲子运动会

刘玉秀

　　随着小草回青、枝叶绽芽，人们也纷纷走出家门，开始了更多的亲近大自然的活动。我园以"锻炼身体、增强体质"为目的的春季体育活动也随之拉开了序幕，而我们大一班的"春季亲子运动会"更是将活动推向了高潮。

　　赛前，经过讨论、协商、筛选，我们最终确定下来八个比赛项目，绘制了宣传海报，制订了每个项目的比赛规则以及不参赛的时候怎样当观众的要求，孩子们自己设计制作了各式奖牌，还商定每个人选择三项自己最感兴趣、最擅长的项目填写在报名表上。经过一个月精心的准备，孩子们在 4 月 30 号终于迎来了盼望已久的亲子运动会。孩子们参与活动的积极性让我感动，而对三个不同孩子的新发现更让我惊喜。

场景一　夺冠瞬间

　　清元是一位中等个子的男孩，看起来憨憨的，与年龄相比显得幼稚一些。由于清元与人交流时所表达的内容缺乏逻辑，条理不清楚，动手操作能力、交往能力和自控能力等都比较弱，游戏中他虽然有跟同伴交往合作的愿望，但是不会与同伴合作使他产生不快乐的情感，在某些场合下他也是不受欢迎的人，朋友极少，属于边缘儿童。在这次准备运动会的过程中，清元重点参与了分组制作宣传海报、评选参赛项目、制作奖牌、摆放游戏材料等活动。

　　赛前，清元自己不能确定最适合自己的三个项目，每个项目都想尝试。我们根据观察，引导他申报了投篮、套圈、走平衡木这三个项目。在运动会现场，投篮、套圈的成绩平平，均没有获奖，在排队等待参加走平衡木的比赛时，清元一会儿蹲在地上抠鞋，一会儿推前面的小朋友，就连同伴和家长为正在走平衡木的小朋友喊加油也不能吸引他的注意，他显得心不在焉，看来是对自己前面的成绩不满意。

前5名幼儿中最好的成绩是3秒5，当裁判叫到"清元——"时，他站起来走到平衡木前准备好，随着裁判喊："开始。"清元立即大步向前走去，就在我们还在为清元大步走的动作揪心之际，裁判宣布："2秒3。"我简直不敢相信自己的耳朵，平时他从没走出这样好的成绩。随之家长一阵欢呼："这个肯定是第一名了。""这个走得真猛！"孩子们也受了家长气氛的影响，兴奋得为清元鼓掌欢呼，老师们由衷地说："清元，你真棒！"清元在大家的欢呼和祝贺声中显得异常兴奋，他手舞足蹈地笑着，眼睛眯成了一条缝，一会伸出手指做出胜利的姿势，一会又双脚跳起来。我摸摸他的头，由衷地为他高兴。

赛后，我问清元："你看见大家为你鼓掌是什么心情？"清元腼腆地笑着说："高兴。"我追问："为什么高兴？""我是第一名。"清元自豪得说道。我又说："你看，你经过自己的努力得了第一名，大家都为你高兴，还为你鼓掌加油呢。"这时，又有几个小朋友围过来，七嘴八舌地说清元是平衡木冠军，还有的说下次要跟清元分在同一组游戏呢！

清元在班上从来没有获得过这样隆重的认可，当他知道自己是平衡木比赛的第一名时，我们看见了他眼中的神采，昔日不愿意跟他交往合作的小伙伴也围绕在他身边说说笑笑，使他非常快乐。领奖台上的清元对着观众和镜头更是不停地做着各种胜利的手势，爸爸的相机对着他也频频亮起，清元俨然是个胜利的将军。

场景二　该不该算并列第一

曹政是一位高个子的清瘦男孩，他在班里年龄偏大，性格比较内向，不善表达，平时话不多，总是看见他默默地帮助大家做事情，受到表扬和鼓励之后常常是低下头嘿嘿一笑，显得不是很自信。曹政生活自理能力和大肌肉运动能力较强，在体育竞赛类和部分力量游戏时，同伴乐于接纳曹政参加小组活动，他也能不负重望，较好地完成分配给自己的任务。但是，由于曹政精细动作、口语表达和交往能力较弱，他的朋友不是很多，仅有的一两个朋友在班里也不是"领头羊"角色的人物。

在运动会上单脚跳的比赛项目时，每组三名小朋友，龚辰宇在第一组，她跳了4圈，是小组的第一名。第三组赛完后，第一名曹政的成绩也是4圈，两个四圈、两个冠军的现状是孩子们在商定运动会评选项目名次时没有预料到的。在讨论比赛规则的时候，孩子们明确提出"每个比赛项目只能有一个冠军"，这是裁判和孩子们同时提出让他们再赛一次的建议，两名小选手也同意大家的建议，信心十足地站到起跳线上。

随着裁判老师一声"开始——"的口令，曹政和龚辰宇开始第二轮"冠军争夺赛"。观赛的小朋友们、老师和家长们纷纷为自己支持的队员呐喊助威，"曹政，加油！""龚辰宇，加油！"两位小选手轻快地向前方跳跃着。"1圈。""2圈。"伴随着大家鼓励的呐喊声，他们努力地继续向前跳着，但是速度明显减慢了。曹政跳了3圈的时候停下来，左脚不情愿地落在地上，他低着头情绪低落地离开赛道。龚辰宇继续向前跳，边跳边回头看，在跳了将近4圈的时候也停下来，得意地甩甩脑后的长辫子，用手拂去被汗水沾湿后贴在额头的发丝。这时，裁判在项目计分表上两名运动员的名字下分别写下"3"和"4"，并报出成绩。

这时，有为龚辰宇鼓掌祝贺的，也有几个平时愿意跟曹政合作游戏的小朋友提出"不公平，曹政刚跳完，他太累了。""应该歇一会重新比。"等建议。面对孩子们的呼声和家长们的低声议论，裁判一时没了主意，把问题抛给了孩子们，请孩子们想办法、出主意怎样解决这种状况。彭炎首先建议说："两个人都算第一吧。"王子嘉表示反对的说："不行，应该歇一会再赛一次。"裁判问其他孩子的意见，孩子们争着发表自己的看法，只是说法不一，一时达不成一致的意见。

最后裁判问："同意并列第一的举手。"有14人举手。"同意再赛一次的举手。"有11人举手。最后以少数服从多数的原则，裁判曹政和龚辰宇是并列第一。给他们发奖牌的时候，龚辰宇和曹政都争着站在领奖台的中间，因为他们在讨论"领奖方式的时候"，借鉴了奥运会上冠军站中间，亚军和季军站在冠军两边的形式，对站位还是很在意的。龚辰宇推推曹政说："我是第一。"曹政说："我也是第一。"虽然两个人都是"第一"，但是，透过他们脸上的表情和动作，不难看出两个小冠军都不满意自己的成绩，也不太满意裁判的裁决。得冠军本应是充满喜悦的瞬间，但是在这两个并列第一的冠军身上我们丝毫感觉不到他们的快乐。

场景三　为什么三个项目四块奖牌

亲子运动会经过"激烈的"竞争，已近尾声，老师在逐项给运动员们颁奖，获奖的小选手们站在领奖台上，个个脸上洋溢着笑容，我正在给小冠军们照相，一边欣赏着孩子们甜美的笑容，一边分享着他们的快乐。

突然，天一在我身后大喊："老师，不公平，每个人有三个项目，为什么龚辰宇有4块奖牌？"另外，有两三个孩子和家长也在附和这种说法。我仔细看看龚辰宇的胸前的确有4块奖牌，名次分别是1、2、3、3，再看看黑板上的项目统计表，有四个项目都写着龚辰宇的名字，我也有点意外。我小声说："天一，你们去问问颁奖老师。"天一大声说："谢老师，为什么每个人参加三个项目，可是龚辰宇有4块奖牌？"由于离得较远且当时场景很乱，谢老师没听明白，解释说："刚才套圈时四个小朋友都只套上一个，所以这个项目就产生四块奖牌。"天一奶奶说："他说的不是这个意思。"我说："天一，你们自己去跟老师说吧。"

天一和宝熙来到谢老师前面说："我们每个人报三个比赛项目，就应该有三块奖牌，可是，龚辰宇有四块奖牌，她报四个项目不公平。"年轻的谢老师有些慌，她回头数数项目报名表，的确在单脚跳、套圈、平衡木、投篮等项目栏内都显示出龚辰宇的名字，大家愣在那儿一时不知如何是好。

这一下有更多的孩子都在喊："她多报项目，不公平。"有些家长也在窃窃私语，龚辰宇趴在妈妈怀里也很委屈。经过与龚辰宇和他妈妈协商，我们先请龚辰宇自己说说多报项目的原因。龚辰宇小声说："我不知道为什么多报了，我记得只报了三个。"我扶着她的肩膀说："没关系，我们相信你不是故意的，你只是报完名后没再数一数到底要参加几个项目。"我转向大家说："我们都看见了，龚辰宇一定是对这些运动项目特别有把握，比赛过程和成绩也确实显示出辰宇个个项目都很出色，我们请辰宇跟妈妈商量一下怎么处理好不好？"

龚辰宇从胸前摘下一块第3名的奖牌退给老师，老师、小朋友和家长们自发地给龚辰宇鼓起掌来，此时，龚辰宇脸上的乌云也散了。

我跟班里几位老师商量后，由大一班班长站出来跟大家表示道歉，她说："孩子们、家长们，我要跟大家说一句——对不起。孩子们在准备过程中商定了每人依据自己的特长限报三个项目，并由自己写在该项目表上，我们没有在孩子们报完名后仔细核对大家所报项目数量，所以造成龚辰宇多报项目的事情。龚辰宇，老师也要跟你说一句对不起，是老师的疏忽，才使你受到误会。"此时，家长和孩子们都静了下来。她接着说："家长们、小朋友们，我代表大一班老师跟大家说一句谢谢！首先，感谢天一和宝熙，他们发现项目与奖牌不等的问题敢于大胆说出来，是特别难得的品质，我们得鼓励一下他们的勇敢。其次，感谢龚辰宇能主动退出奖牌。再次，感激各位家长的责任心，你们没把孩子中间发生的事当作游戏，而糊弄搪塞，也没有干预孩子们的抉择，而是认真地倾听孩子们发现的问题，并宽容地把问题留给了孩子们自己解决。最后，要感谢所有的孩子和老师们，是你们认真的准备、精心的安排，才迎来了今天的运动会。感谢所有的家长、孩子和老师们，使得我们的亲子运动会圆满成功。给全体小运动员鼓掌，请他们上台领奖、照相留念。"家长和孩子们响起了掌声，脸上挂满了微笑。运动会在笑声中结束了。

活动后续：场景四 谁是真正的冠军

运动会上，在孩子们提出"重新比赛"对曹政不公平的疑义后，做出"并列第一"的判决显得有些仓促，两个并列第一的小冠军心里也相互不服气。但是，运动会现场由于曹政和龚辰宇体力消耗过大以及时间的限制，我们只是通过举手表决的方式判决曹政和龚辰宇是并列第一，其实对运动比赛成绩的准确计算来说是不合适的。因此，我们在运动会后又开展了一次"挑战冠军"的活动，曹政和龚辰宇随着裁判的口令同时出发，"1圈，2圈、3圈。"孩子们大声为自己的朋友喊加油，"龚辰宇，加油！""曹政，加油！"龚辰宇的支持者明显多一些，随着呐喊声，两名前冠军相继冲过4圈的成绩，支持者的喊声更加激烈，但是，两个孩子明显体力不支，呼吸变粗、步伐变得更慢了，开始两个人一前一后，速度不相上下，到第三圈以后，两个人逐渐拉开距离，曹政在前，龚辰宇在后逐渐相差有半圈的距离，到第四圈半过后，曹政脚先落地，随之龚辰宇在不到四圈半的时候脚也落在地上，我大声说："你们真棒！我都跳不了那么多圈。"孩子们也鼓起掌来，也有不服气地说："我跳得比他们还多。"我问孩子们："你们说，今天的冠军是谁？""曹政——""亚军是谁？""龚辰宇——"曹政抬起低垂的头边喘粗气边看着大家笑了。龚辰宇用双手在自己的脸颊边上扇着风，我提议说："孩子们，今天我们不发奖牌，咱们给冠军和亚军一个拥抱好吗？""好——"孩子们分别拥向曹政和龚辰宇。

这一次赛出真正的冠亚军，虽然没有奖牌，但是让孩子们看到了比赛成绩的公平性和客观性；虽然没有奖牌，但是同伴的拥抱和真诚的祝福给了他们莫大的支持和鼓励。这次比赛，对于两个小冠军也是一次磨砺和挑战，他们挑战自己过去的成绩，磨砺自己面对挑战的勇气，在同伴们跟他们拥抱的时候，我看见他们脸上灿烂的笑容。

运动会上的几个场面，使我们关注到儿童个体，关注到像清元和曹政这样平时不太受同伴关注甚至被排斥的孩子，他们在运动项目上发挥自己的特长，体验到自己的价值，感受到同伴的接纳和肯定，对他们今后形成良好的伙伴关系很有帮助；关注到应该用怎样的方式和策略支持孩子们获得各项发展；关注到应该如何在集体中发挥"领头羊"角色幼儿的能力，使他们也能进一步提高；关注到由于老师的疏忽给龚辰宇造成的麻烦，对于龚辰宇来说她也很难过，虽然她把三等奖的奖牌退出来，但是，每一块奖牌都是经过她自己努力获得的，对于她而言，做出这个决定是很有挑战的；等等。

总之，在这次运动会的竞赛过程中，孩子们关注的是比赛结果的公平与公正，但是，我想让孩子们懂得成绩并不那么重要，我要让孩子们感受到同伴在为自己加油和呐喊，感受到友谊和关爱。我想，孩子们对比赛成绩、名次的记忆随着时间的推移会变得模糊，而同伴间这份真挚的情感会永远地留在他们心里。

小胳膊"有话说"

刘玉秀

　　我在班里的一角做教具，桌子上堆了一些各色卡纸和剪刀、胶水、水彩笔、铁丝、大纸盒等工具用品。孩子们如厕时，围在我身边问："刘老师，你要做什么呀？"我说："给你们做一个小轿子。""啊？轿子是什么呀？""我在电视里看见过皇上坐轿子。""庙会里也有。"……孩子们好奇地议论着。我说："等我做完你们就知道什么样了，现在快去小便去。等会儿还要去做操呢。"孩子们陆续走了。

　　玺赫从我身边走过时，小胳膊肘在我后背擦了一下，他什么也没说就回到座位上了；喝水时，凉凉的小胳膊又从我胳膊处划过；洗手时，滑溜溜的小胳膊又从我胳膊处擦过去了……每次，玺赫什么也不说，也不停留，也不回头，只是有意而又装作若无其事地用胳膊碰碰我。但是，每一次擦肩而过的一瞬间我明明感觉到一双小眼睛在偷偷地、迅速地瞄我一下，他是不是有什么话要说呢？

　　户外活动时，我蹲在玺赫身边，摸着他的胳膊神秘地说："小胳膊，你要跟我说什么话呀？"玺赫听了一愣，笑着说："胳膊不会说话。"我说："小胳膊碰碰我，就是有话要跟我说呀！"玺赫推开我的手说："胳膊不会说话。"我说："那你替小胳膊说吧，你有什么事要告诉我吗？""我坐过轿子，爸爸还给我照相了呢。"玺赫说道。"噢，小胳膊就是要告诉我这么有趣的事情呀！怪不得它总是碰我呢。以后有什么好玩的事你就告诉我吧。"玺赫认真地说："你刚才说让回座位，没让说。""哦，你真懂事。我是担心你们做操的时间晚了。等小轿子做好了我第一个请你跟小朋友一起用它抬着娃娃玩吧。""好。"玺赫笑着点点头。

　　反思：

　　玺赫是一个皮肤黝黑、眼睛很大的男孩，他在班里不是很爱说话，偶尔还有一些口吃。玺赫平时做事情比较认真，但是能力偏弱，家长照顾比较细致。

其实，我知道玺赫用小胳膊碰我的意思就是想跟我说些什么，但是听见我说"回座位"的要求时，他能控制自己的想法，选用碰碰我的方式表达愿望，很有趣。他的做法使我想起书上说的——孩子有一千种语言，这就是其中一种吧。

原本孩子们很好奇，他们喜欢关注成人做事情，希望提前了解事情的结果，而我当时提醒他们按照常规做事情，也是担心孩子们围观时桌上的铁丝、剪刀等材料伤到他们，我的提示剥夺了他们要"先知先觉"的愿望，如果我当时给他们讲讲我将要制作的方法和顺序，他们了解一些可能会满足他们的心理。我选择在户外问玺赫要说的话，是想以一种富有童趣的方式引出他的想法，希望不给他那么大的压力，使孩子在精神放松的情形下愿意跟老师说一说，聊一聊。

接龙牌的新玩法

任咏泽

最近益智区里新投放的接龙牌引起了小朋友的兴趣，并纷纷结伴尝试着。但在游戏进行了一周后，出现了新情况。

场景一　接龙牌成了多米诺骨牌

亮亮熟练地将一溜接龙牌按数字顺序成功摆好后，左右看了看，摇了摇头，一把把接龙牌推散，抓起一堆接龙牌撒在桌面上，发出哗啦哗啦的响声，亮亮觉得很有趣，高兴地乐了起来，继续玩着"抓牌、撒牌"的游戏。一旁的童童也参与到其中。一向机灵的亮亮说："咱们玩多米诺骨牌游戏吧!"亮亮将一个个接龙牌立起，饶有兴致地拼摆起来，童童在他对面也积极地配合着，一会的工夫几张接龙牌竖立起来呈一字排开，"我来推，我来推!"童童迫不及待地推倒了第一张骨牌，随着一张张牌的顺势倒下，发出噼里啪啦的声响，两个伙伴一起兴奋地拍起手来。

场景二　让"骨牌拐弯"

"我在电视里看过多米诺骨牌的比赛，那个牌会拐弯、爬坡、钻洞，可好玩了!"亮亮提出了建议。童童附和道："没错! 我也见过。"两个孩子商量着把玩具筐里所有的接龙牌都聚到一起，进行分工布阵，亮亮摆了个蛇形道，童童在桌子的另一端摆弯道，并在中间添加了一个积木块："哈哈，让它上个台阶!"两个小伙伴的牌在桌子中间汇合了。在童童的推动下骨牌又一次顺势翻倒，可是倒下的牌到了中间台阶的部分停下了，两个伙伴凑过来看个究竟："哦，这个牌离台阶太远了，近一点儿。"拼摆过程一次次的尝试，亮亮将在上台阶部分的牌由刚刚横向竖立的方法改为纵向竖立，一阵忙活后，两个伙伴的实验又一次开始了。这次，牌顺利通过了台阶部分，孩子们发出了欢呼声。接下来又尝试着让多米诺骨牌钻洞、调头的摆法，随着每次骨牌倒下发出清脆的响声，实验时而成功，时而失败，他们也一会儿欢呼、一会儿又发出遗憾的叹息声，但两个小伙伴玩得开心极了！

场景三　让"骨牌"过桥

第二天，亮亮和童童又来到游戏区，从废旧箱里取出了一个饼干盒的盖子，"咱们用这个试试，给它架一座桥怎么样？"孩子们在饼干盒盖的两端用两个积木块撑起充当桥梁，让骨牌从桥上通过，这次他们让骨牌爬上台阶，登上了饼干盒盖的桥梁，发出了不同于在桌面上的"当当当"的响声，"嘿嘿……"童童发出好奇声。于是小伙伴又纷纷寻找来玻璃片、废纸盒、塑料尺子、小垫板等不同材质充当桥梁进行尝试，趴在旁边静心倾听骨牌在不同材料上行进时发出的不同的声响。"这个真好听！""我觉得在玻璃做的桥上的声音好听"……伙伴们玩得很满足。

场景四　让"骨牌"爬坡和钻洞

随后的多米诺骨牌游戏中，一张桌子已经不能满足孩子们的需求，游戏的场面随着他们参与的热情不断升温而变得更加壮大了，童童、亮亮和建筑区的同伴们协商将游戏转移到建筑区中，一张张骨牌在建筑群中钻来钻去，一会上高架桥，一会进入地道，之后孩子们还产生了兵分两路的想法，一组从桥上走，一组从桥下走，两组竞争看谁的骨牌倒的花样多，而且又快又顺利地到达终点。

通过连续的观察使我发现，孩子们在熟悉了接龙游戏的基本玩法后，兴趣就不大了。但是，使我惊奇的是孩子们与生俱来的学习能力和发展动力，他们从周围的环境中获得新的信息，将电视中看到的内容模仿、再现到自己的游戏中，并且能够打破原有接龙游戏材料的单一和固有玩法，积极思考和发明游戏的新玩法，进行新的创意性尝试。

　　作为教师，我们应该能够感受、欣赏孩子们在活动的细微之处所表现出来的发展潜能，尊重、支持他们这种对游戏材料的创造性想法和使用方式，以及对游戏内容的不断扩展和深化，使孩子们在游戏中获得更多的自主发展和快乐体验。

第四篇　成长的感悟　收获的快乐

小荷已露尖尖角，

梅花香自苦寒来。

名师之路漫漫

刘占兰

工作室成立近 4 年来，我们遵循优秀教师专业化成长的基本规律，创造性地开展了工作。下面和大家分享我们工作室四年来四个主要阶段的工作和我的两点深刻体会。

一、四个主要阶段的工作

(一)阶段一：帮助老师重新认识专业自我，勾画出自己成为名师的基本路线图

师德高尚、专业化、研究型的教师才能称得上名师。老师们都强烈渴望成为名师。但现实与理想却有很大差距。遗憾的是，老师根本没有意识到自己的差距，有的老师感到有差距却不知道差在哪里。

为了让老师们从专业的角度对自己有一个清楚客观的认识和把握，在 2008 年一年的时间里，我选择了经典教育著作让老师们研读，请身边的名师为老师们现身说法，讲述成长历程与修炼的过程，通过读书和写作辅导、现场研究等活动加强老师们的基础能力。工作室还让每位教师提交代表作、典型案例，通过个人介绍、集体分析讨论等方式，对每位教师的专业能力进行分析与诊断；找准问题，找到生长点……这些有针对性的重要活动，使每位教师懂得了名师是什么样的，她们具有什么样的专业智慧和师德修养；自己当前的水平是什么，在专业智慧和师德修养两个方面距离名师有多远，自己应该从哪些方面加强，从哪里突破；在此基础上，名师组帮助他们确定各自的发展方向，勾画出每个成员成为名师的基本路线图，明确了具体研究与工作任务。

(二)阶段二：沿着成为名师的路线图、朝着自己的方向不断提高

2009 年工作室的工作重点是引领着老师们沿着成为名师的路线图、朝着自己的方向不断地提升自己。工作室为每个人的发展提供更有针对性的、个性化的指导和帮助。

每位教师都在充分考虑个人特长和已有经验、发展方向、所带年龄班幼儿特点或工作性质的基础上确定了自己的学习和研究重点，并将其作为提高自身专业水平的生长点和突破口。工作室安排了三项重点任务并提出具体要求。

第一项，学习和丰富相关认识。学习相关理论和已有经验，了解当前的理论和实践研究进展；学习重要的著作和理论观点；就自己要研究的问题阅读主要学前教育杂志上的相关文章，了解同行们已经进行了哪些实践研究、好的做法和案例有哪些等。从而使自己的研究能够建立在一定的理论和相关经验的基础之上，克服没有理论依据和不了解现实的盲目做法，培养老师们研究的科学态度和意识。

第二项，教师个人进行实践研究。围绕着确定的研究重点，在自己的工作实践中开展研究，工作室定期交流各自的研究工作，并重点讨论遇到的问题和取得的新进展，为下一步的工作提出对策建议。

第三项，工作室集体进行现场研究。教师展示他们研究的思路和做法，工作室的全体成员进入教育现场，进行集体观摩、分析研讨。通过关键性提问引导思考，达成基本的共识，提高教师对学科领域关键经验与特点、幼儿的学习过程与特点以及教师的关键教育方式与策略的把握能力。

研究是卓有成效的，但最难的是对幼儿年龄特点的把握，对幼儿发展水平与需求的观察、判断与识别，这也成为制约教师专业能力提升的关键问题。为此，我们进入学习专题研究和观察儿童新阶段。

(三)阶段三：带领教师学习客观观察幼儿，做全面而真实的判断

我认为：善于观察儿童是名师最重要的基本功。作品取样系统是近年来在国际范围内广泛使用的幼儿观察和学习评价方法，我选择了中译本的代表作：《作品取样系统——教室里的真实性评价》①和《作品取样系统——3～6岁儿童发展指引》②两本书，带领老师们学习，指导老师们运用作品取样的方法开展专题研究。

我们进行了确定研究领域、确定儿童发展目标和可观测的表现指标、确定收集儿童学习与发展资料的观察与记录方法、建立儿童学习与发展资料系统、选择和实施教育促进活动、回顾与评价六个步骤的研究工作。

当然，研究是艰难的，起初老师们很难客观地描述事实，总是把主观想象当成幼儿发展的现实。我们还结合具体的案例专门学习和讨论过如何将主观解释、主观印象和客观事实描述区分开，着实地费了一番功夫。尽管如此，个别老师最后还没开窍。

可喜的是，绝大部分老师学会了如何进行真实自然情境中的观察，如何将具有连续性的、展现过程的充分事实证据作为评价儿童发展的依据；学会了怎样看见每一个儿童、看见他们的发展、看见他们的变化和进步。

(四)阶段四：引导教师形成个体化的研究优势与成果

艰苦研究取得了大量的研究成果，工作室从第二年开始特别将年终成果设计成具有个体化、个性化的"个人年度成果集"。目的是让每一个老师系统的梳理和深刻的反思自己本年度的收获与进步，并在与本工作室同伴的比较和对照中发现自己进步的幅度大小，自己的进展与优势、问题与不足，以便加快自己前进的步伐！

2010年以来，许多老师已经形成了自己的优势领域。原来就有的提升了，原来没有的找到了，每个人都获得了不同程度的提高。不过，由于我们工作室成员在起点上的差距比较大，其悟性、勤奋程度、身体健康状况也不同，最后的结果仍然差距很大。但我可以自豪地说，4年的学习和研究让老师们已经真正迈上了名师之路，在这条道路上已经迈出了数量不等、长短不一的脚步，他们的脚步会越来越坚实。

---

① 马戈·迪希特米勒，山姆·麦索尔斯.作品取样系统——教室里的真实性评价[M].廖凤瑞，等，译.南京：南京师范大学出版社，2009年2月第一版。
② 马戈·迪希特米勒，山姆·麦索尔斯.作品取样系统——3～6岁儿童发展指引[M].廖凤瑞，等，译.南京：南京师范大学出版社，2009年2月第一版。

二、两点深刻体会

(一)体会一：勤于写作能加快教师专业成长

经验积累与写作，是教师反思和提升自身实践能力的重要手段之一。我要求老师们进行三类写作：1. 日常观察记录和案例；2. 个案研究记录与报告；3. 经验感悟和体会。

工作室要求教师每人每周至少写 1 篇观察记录或案例，每月提交 1 次，登记记录，选出有代表性的作品进行交流和深入地讨论。以 2009 年为例，去掉假期共计 7 个月的时间，每人提交案例的数量都在 20～30 篇之间，全室共计二三百篇。实际上，有的老师案例写作的数量远比提交的要多很多。老师们累坏了，助手登记都累坏了，但年终回过头来，面对自己厚厚的成果，每位教师都感到欣喜和欣慰，有成就感。写作水平都有不同程度提高，用心的教师提高更大。

为了学习如何观察孩子，我要求老师们根据自己专题研究任务，重点观察 3～5 名幼儿，"观察并记录他们的行为，判断和识别孩子的兴趣需求、经验水平、面临的困难和挑战，在此基础上提出应对的策略"这三项主要内容构成了教师一个完整的"个案观察记录"。2009 年 9～12 月的 4 个月时间里，几乎每位老师都学习观察并撰写了数十个连续性的"个案观察记录"，初步学会了客观观察与描述、行为识别与判断以及提出有针对性的应对策略。

在 2008 年工作室建立以来，我就要求每位老师在听完报告、看完一本书后都撰写感想、体会和收获。从第二年起还提高了要求：从以往随意、自由的写法，转变成要求教师们将自己的体会分成几点或几个方面，用精练、贴切的语句或关键词进行概括和呈现。尽管这种做法老师们普遍感到困难，但这是学习对他人教育经验和思想的深入思考与提炼，是在具体的做法和经验中寻求教育学意义和价值的过程。

在阅读老师们后来撰写的经验体会时，我欣喜地发现，老师们开始尝试着使用深刻、准确而富有教育智慧的语言，表达自己的所思所想和发自内心的感悟。我相信这样的习惯和能力将伴随老师们整个职业生涯。

(二)体会二：承担重大任务能加快成长步伐

今年，我还为杨丽欣、陈晶、梁燕京等提供了参与培训农民工幼儿园教师和园长的公益性活动。杨丽欣、梁燕京还作为主要成员随同我参与了今年9月在西安召开的"全国学前教育三年行动计划现场推进会"的参观现场筹备工作，这是新中国成立以来最高规格的学前教育工作会议，以国务院的名义召开，来自全国各省市的重要人物参加了会议，省长、市长、财政厅厅长、教育厅厅长。他们分三路参观了12所幼儿园，为了让这些基本没去过幼儿园、不了解幼教的领导们了解到：学前教育是什么？为什么需要重视，值得投资？为什么需要专业的教师来做？为此我们付出了极其艰苦的努力。她们5天5夜的连续工作向陕西的幼教同行们展示了北京名师的师德风范和专业水平。为大会现场参观的圆满成功做出了突出的贡献，得到教育部相关司局领导的高度评价。这些锻炼机会也成为名师难得的修炼过程。

最后，感谢北京市教委给我和工作室10位成员这4年在一起学习的机会，这是我和老师们职业生涯中难得而又难忘的经历。4年的路是艰苦的，但收获是巨大的，有智慧的互补与促进，有师德的提升与修炼，更有真情和友谊在心中——铭记。

学习与思考并行， 实践与感悟同在

杨丽欣

回顾这几年在刘老师名师工作室的活动，既有对原有工作的"提炼、提高与提升"，也有对导师、同伴、团队的"感受、感悟与感谢"，更有对自身专业水平的"锻炼、磨炼与锤炼"，还有对事业发展实践探究的"深入、深度与深思"。四年来，作为成员、特别是作为刘老师的助手，我的感悟更深，我的收获也更大。对我而言，可谓是突破瓶颈，一年一个台阶，一年一个进步，最大的收获是对于学前教育的认识和价值追求的清晰与明确，使我走出了事业发展与专业发展中的困惑与迷茫的低谷。

一、感悟教育的"功利性"

"功利"在辞海中的解释为：功名利禄。指功业所带来的利益或指眼前物质上的功效和利益，与道义相对，多含贬义。

（一）感受真正的学者风范

我第一次对"功利"一词有所感触是在名师工作室的第一次小组活动上。刘老师提出工作室的目标时，说道："我们有两方面的目标，一方面是功利性的，要有职称上的提高、发表文章数量的提高……"另一方面是理想化的，就是专业水平的提升……"功利"让人如此敏感，也是有意无意要回避的词汇，但从刘老师口中说出来却是那么自然，我一边感慨刘老师的魄力，另一边思考刘老师为什么会用这个词，换一个不好吗？

之后细细想来，从心里感慨于刘老师真正的学者风范：首先是敢于直面问题。生活在这个世上的每一个人，谁不想成功？谁不愿成功？但是东方人，特别是中国人所特有的含蓄与谦虚，使得我们对有些问题或是回避、或是迂回、或是婉转，而不敢坦言相告、直言面对。谁都明白，有幸参加工作室，目的就是要提高：提高专业水平、提高专业能力，与此同时，也会带来显性成果的数量上的增加，其中也包括荣誉的获得、职称的提升等，这是大家都心知肚明的客观现实，但是我们往往不会采取这样直白的方式。学者，真正的学者，首先令人敬佩的是敢于面对问题的勇气与态度，无论是褒还是贬。其次是准确的切入性分析，让我们每一个人都能有非常明确的目标，而不是含糊其辞。

(二)体会"功利"的实践所在

感触教育实践中的"功利"性，是在我们第二次进行案例讨论时。当时，我将几年来自己带领全体教师在早期阅读方面的研究与大家交流，特别是不同年龄班的一些指导方式的研究成果，我还是很有信心的。但是，当我说完之后，刘老师问了我一个问题：早期阅读的最终目的是什么？我一愣，"是——理解作品"。"为什么要理解作品？"刘老师追问道。哦，我有些语塞，也有些摸不着头脑。刘老师顿了一会儿，接着说道："早期阅读的真正目的在于陶冶和陶醉……"我静静地听着，认真地想着：我们所摸索出来的方式方法与刘老师提出的观点，有什么不同，各自有什么价值呢？

在一次案例交流中，一位老师谈到了自己进行的一个关于"朋友"的主题活动，在整个讨论过程中，通过刘老师的追问与引导，使几个问题凸显了出来，"为什么要做这样的主题？朋友的真正意义是什么？它与泛泛意义上的朋友有什么区别？在这个主题活动中孩子得到了什么样的发展？其发展的价值是什么？是不是最终孩子能去与人交往了就叫会交朋友了？人的一生中什么样的人才是真正的朋友？教师在幼儿的发展中到底应该起到什么样的作用？"最后，刘老师说道："你做的这个，不客气地讲，就是太功利了。"突然之间，我有了一种顿悟之感，脱口而出："刘老师，我上次对早期阅读的观点是不是也很功利？"刘老师笑了……

(三)感悟"功利"带给我的启发

贯彻《幼儿园教育指导纲要》是幼教人的目标也是职责所在，我们在努力地转变着观念、深化着认识。但是一段时间以来，我们的实践工作似乎处于一种明白又不明白、知道怎样做又不知道怎样做的阶段。这其中，反映出专业水平有限、能力不足的问题，也反映出处于实践中的教师缺乏相应的具体理论性支持。但是不断出现且反复出现的观念问题、行为问题，究其根源到底是什么？是一直以来困扰我的问题，而"功利"让我有了一种茅塞顿开之感。

"功利"让我回想起十几年前，在幼教改革中提出的"不能只重结果，更要重教育过程"的倡议。两者间有着异曲同工之意，都是在强调教师在教育过程中的支持、引导作用，而结果则是在一切工作之后自然而然呈现出来的。教师的作用不是在现有状态和应达到的目标之间画上一条直线，从活动的开始就直指目标所在。"功利"凸显的就是教师的"教"，而忽略了幼儿的自主的体验、探索过程所带给幼儿的巨大发展价值。

二、关注幼儿学习的"关键经验"

如果说工作室第一年的活动是在刘老师专业引领下对原有经验的一种回顾、梳理和反思，那么第二年的工作就是在实践中对幼儿教育的深入探索与自身专业水平的提高。

（一）观摩的质疑中引发深入思考

这一年，随着活动的推进，成员间的开放、观摩活动也不断增加。每一次我们在进行集体讨论时，我发现刘老师往往会直接提出一个问题，既不是教育目标、也不是幼儿的原有经验，而是"在这个活动中，儿童要获取的关键经验是什么？"关键经验，关键经验，关键经验！每一次的活动刘老师都会以它为核心的质疑，引导我们随之展开讨论。这个词，让我们每一个人都会从另一个视角重新审视我们每一天都习以为常的教育活动，让我们开始真正从儿童学习的角度判定教育的针对性、适宜性、有效性。反复思考、认真推敲后，我发现"关键经验"不仅仅是一种关注儿童发展的评判视角，其中更涵盖着教育目标、学科体系、发展规律、现实环境、整体状态、个体差异等诸多教育的关键因素。更为关键的是这些因素在整合分析的前提下与儿童长远发展的有机结合，并真实地体现在具体的教育情境和适宜的方法中。

（二）不断地学习中体会深入与深度

接下来，刘老师带给我们两本"新书"（带有新的观念与认识，新的方式与手段的书）：《作品取样系统——教室里的真实性表现评价》《作品取样系统——3～6岁儿童发展指引》。如果说第一年，刘老师带我们一起学习的《与幼儿教师对话——迈向专业化之路》是我专业成长的一个新的开始，它使我从另一个角度深刻感悟到幼儿教师的角色、幼儿教师的专业性与成长，使我认识到那些在以往教育中司空见惯的现象和习以为常的表现，是那么缺乏专业性，那么不符合一名幼儿教师的专业标准，也开始学习着、尝试着以一种新的视角，以及不断地质疑与追问来反思、审视自身的教育观念与行为；那么，这两本书则是引导我们学习并掌握作为一名具有专业性的幼儿教师所应具备的重要的基本技能——观察与分析的能力、有效促进幼儿发展的能力。在刘老师的带领和指导下我从通读全书、细读重点章节、聆听刘老师的讲解、与大家分享感受与体会，以及在刘老师的指导下尝试运用作品取样的方式进行专题研究的过程中，逐步体会到刘老师和这两本书带给我的又一个深刻认识：观察，真实的客观观察是实施一切教育的前提；设定适宜的层次性、递进性发展目标是促进幼儿有效发展的重要手段。

这些学习和深刻领悟，让我有一种突破瓶颈的感觉。在我们的实际工作中，我们一直在努力进行着"不断提升教师的专业化水平，以有效促进幼儿健康成长"的各项工作，但是总感觉：在外围徘徊、不能准确的切入主题，脚步缓慢、实效性不突出，东一榔头西一棒子、不成系统，最重要的是大多浮于表面，更多的是关注到教师的做，而忽略孩子的真实表现，即便关注到了也往往是泛泛的，缺乏具体的表现指标和强有力的证据。然而，作品取样系统的运用，让我从在真实的教学情境中对儿童进行真实、细致、系统的观察入手，体会到了对教育过程中教师与儿童的客观认识的深入性和深刻性。关于作品取样系统，我认为，从某种意义上说：对儿童发展的关注深度反映了教育与教师发展的深度。

三、追求学前教育的"核心价值"

随着学习、实践、思考的深入，也随着自身岗位职责的变化，我对于学前教育的认识，也发生了根本的变化和质的飞跃。

（一）在教学特色的展示过程中收获提升与提高

由朝阳教委主办召开了全市参与的"杨丽欣教育教学特色展示会"，对我来讲具有在教师专业发展过程中里程碑的意义。这次会议我收获最大的不是大家的认可与肯定、赞扬与鼓励，而是在整个准备过程中自身专业水平的提升与提高。从接到任务到召开会议的整整半年中，要完成"五个一"（一本专著、一场主报告、一次教学活动、一组专家点评、一份宣传材料），感触最深的是：时间紧、任务重、要求高、压力大！

写一本专著，对我来讲，真有些可望而不可即，单单完成相应的字数就是一个工程！在老师们的支持和出版专业人员的帮助下，我将几年来带领老师们所做的有关"家园共育培养幼儿早期阅读能力"专题研究的内容，重新进行了回顾、梳理，并抱着一种"共同的努力成就共同的成果"的心态，将教师们的专题论文、报告收集整理编入书中，还积极鼓励并主动建议没有入选文章的老师们撰写实践案例。的确，有很大一部分可以说是我来确定并一步步指导完成的。最终，为了使案例部分更加上水平，并能给予其他教师以借鉴，我对这一部分近万字的内容逐字逐句地修改了四遍。刘老师的点评客观而深刻，专业角度的理性审视和感性叙述，使我切实感受到了幼儿教师应有的专业视角和能力，感受到了其中包含的希望与期望。而当教师们拿到印有自己名字的《走进早期阅读》时的那份欣喜，我不禁由衷的感慨：当给予他人帮助与机会时，你不仅仅能得到认可与感谢，而且会收获更多的快乐！

完成这份主报告，可以说是我的一次蜕变的过程。从成长历程到专题研究再到教育教学特色，那不仅仅是对原有经验的回顾与整理，更需要提炼与提升，挖掘出专业成长的核心要素，归纳出专业发展的基本规律，呈现出教育教学的独特之处。在与刘老师一次次的深夜长谈中，在一次次的反复修改中，在一次次的痛苦挣扎中，写作思路一点点清晰起来，核心内容逐步呈现出来。谈一次写一稿，指出问题改一遍，请教一次又有新认识，提出建议再重新完善。从最初的行政汇报稿，到二次的经验总结稿，再到三次的专题总结稿，以至四次的、五次的……每一次都要推倒重来，每一次都重新架构。正是在领导与专家的指导和帮助中，在一次次的重新审视与建构中，也正是在这样深刻与深度的反思中，使我对教师、教师的职业、教师工作的核心价值、教师角色以及专业成长有了更高层面的认识与感悟，也有了更为清晰的定位与目标。

(二)在自身角色的责任与使命中，明确学前教育的"核心价值"

走上园长的工作岗位之后，自身的责任与使命感使我看待问题的视角发生了改变，从局部到整体，从领域教育到全面发展，从教师一日工作到无处不教育……一个问题始终在我的脑海中萦绕："促进儿童的全面发展中有那么多的内容，一日生活的安排又是有一定规律和必要内容的，在非常有限的时间里，作为教育的专业人员——教师，我们给予孩子们哪些方面的培养是最重要的？哪些是对于孩子们的终身发展最有价值的？做什么才能为儿童的一生发展奠定基础？"

在这几年工作室的学习与锻炼中，在刘老师的带领与引导下，我学习到了一种对我来讲受益无穷的判别思路与标准——核心价值！沿着这个思路，我明确了自身的努力方向：在自身的实际工作中追寻并实现学前教育的核心价值！到目前为止，虽然有许多问题还没有清晰而准确的答案，也有些思绪还没有最终理清，但是我对于学前教育理论与实践的认识与思考却有了很大的推进，对教育现实问题与长远发展之间的矛盾也有了自己的初步解决"方案"。我相信，在这个思路的引领下，我的专业水平乃至我所领导的团队的专业水平都将有很大的变化与提高。

至此，我要感谢在这个过程中给予我指导与引领的刘老师，感谢给予我支持与帮助的工作室同伴和教师们，感谢那些彻夜难眠、困苦不堪的日子，感谢一遍遍的苦读与领会，感谢实践的观察和各种活动所带来的压力与思考，正是这样的磨炼使我不断地提升与提高。

在携手中共同成长

梁燕京

记得第一次走进工作室，刘老师就明确地提出：真正的名师应该是富有深刻内涵的出色的教师；是具有高尚师德和精湛业务的教师；是善于学习、勤于思考、求真务实、潜心钻研、勇于创新的教师；是乐于奉献和具有强烈使命感的教师。这段对"名师"的诠释，寄托着刘老师和各级领导对我们的殷切希望。在接下来的日子里始终引导着我们、陪伴着我们，并时时激励着我们。短短的几年中，我们这些来自不同城区、不同园所的老师们在刘老师的带领下度过了一个又一个紧张而有意义的下午和黄昏。尽管我们大多是上午带完班然后急匆匆地赶到工作室，或是利用周末的时间来到这里，但是每一个人都不愿意失去任何一次学习和交流的机会。因为，在每一次的活动中，在与刘老师的每一次交流中，刘老师都是在用自己的实际行动诠释着名师的含义，我们每一个人也都越来越真切地感受到名师的真正内涵。回顾这几年走过的工作室之路，虽然有汗水，有泪水，但更多的却是收获和感悟。

一、真实地面对自己，明确自己的优势与不足

当我第一次聆听刘老师对于名师的讲解与描述时，我意识到这也许会是我今后几年甚至是十几年需要不断为之奋斗的目标，因为现在的自己真是相差甚远。那么，现在的我究竟应该从何做起呢？当我们在刘老师的引导下，用比较客观的眼光、抱着真实的态度来分析和评价自己和同伴在活动中的优缺点并提出自己的建议时，我感觉到一种求真务实的研究氛围在我们的工作室里悄然建立起来，使

我在不断质疑同伴和被同伴质疑的过程中，逐渐地学会正视自己的优势与不足，越来越敢于真实地面对自己。

以前，我在孩子们的活动中关注点很多。活动内容是否新颖？活动形式是否多样？是否体现了新的教育理念？然而，孩子们在活动中的真实表现以及他们的需要到底是什么却没有很好地进入我的视线。另外，对于活动的价值判断也大多是主观想象，缺乏对幼儿以及对活动本身科学的观察与分析。直到在刘老师的引领下运用"作品取样系统"开展了专题研究，才使我真正将目光投向了"孩子"，使自己的关注点转向了：孩子在活动中的真实表现是什么？他们的现有水平如何？孩子们还需要怎样的支持与帮助？直到这时，我才把关注的目光投向了孩子。记得在尝试运用"作品取样系统"对幼儿进行观察和评价时，我遇到的最大问题就是：不能客观地记录幼儿的表现，总是不自觉地加入自己的主观臆断；对幼儿的现有水平无法做出客观的判断；对于表现性指标与幼儿实际表现不能很好地对应起来；对于幼儿的实际需要不能提供有效的支持与帮助等。刘老师通过亲自到我们每一位工作室成员的幼儿园看实践，手把手地带领我们分析和诊断每一个人的优势与不足，在实践中的具体表现是什么，下一步应该怎样去调整等。这使我看到了许多自己过去根本看不清、认不准的问题，使我总是浮在表面的一颗心终于落了下来，让我实实在在地感悟到教育是需要我们抛开一切功利的东西静下心来去潜心研究的，是具有一定规律和依据的一门实实在在的科学。

实践、反思，而后再实践、再反思，对于我来说多年来几乎成了定式。然而对于名师的内涵，我从在认真地聆听中有所感、到在大胆的实践中有所悟、再到与同伴广泛的交流中有所体会，经历了漫长而艰苦的过程。渐渐地，我除了单纯地干和思，开始尝试对照名师的标准全面的审视自己的工作状态和教育行为，让自己离名师的标准近些，再近些。

二、找出自己的生长点，全方位地完善自我

人们对于名师的要求的确很高，在我看来更是有些高不可攀。回想自己以往的教育，很多时候是凭经验、凭感觉在走，缺乏一定的理论依据。庆幸的是，这些问题依旧没有逃过刘老师的眼睛。几年中，刘老师精心安排了案例分析、现场

研究、故事分享、读书交流、专题讲座等丰富多彩的活动。从教师的基本素质和能力培养开始，在一点一滴中激发我们的名师精神，在潜移默化中激励我们全方位地完善自我。

（一）向专家学习，找准方向

记得鲁迅先生曾经说过：世上本没有路，走的人多了，也便成了路。如此说来，刘老师用心安排的几次专家讲座，就是提示我们可以怎样去走自己的路，怎样才能走出一条更好的路。国老师、陈立老师和郁教授的几次讲座使我受到了很大的冲击，同时也使我不得不静下心来思考自己的差距到底在哪里？"写作"是我的弱项，怎样才能像成功的前辈们那样把它当作一种乐趣，同时又成为一种习惯呢？每周一篇的教育随笔让我经历了不想写也不会写，到想写又写不好，再到写点什么自己也喜欢看的过程，使我也逐渐有了乐在其中的感觉。

（二）向书本学习，开阔视野

几年中，刘老师给我们推荐了大量的专业书籍。不但让我们了解到国内外最新的教育理念，还帮助我们获得了大量前沿的教育信息。这些先进的教育理论有效地支持了我们的实践工作，为我的日常研究奠定了良好的基础。除了理论书籍的学习，刘老师还请杨老师向我们推荐了许多经典的绘本图书，使我们在感悟生活的同时，不断地将爱书和爱看书的习惯传递给孩子们。对于书本的学习不但开阔了我的视野，同时也将阅读和学习的习惯长久地带入了我的生活。

（三）向同伴学习，激发愿望

人们常说，同伴间的差异是最好的资源，对于工作室里的伙伴们就更是如此。大家有的擅长音乐，有的擅长体育，有的擅长语言……总之，由于是来自不同城区，不同园所的骨干教师，每个人都具有比较鲜明的特点。正是这份差异和难得的相互学习的机会，大大激发了我们每一个工作室成员都不甘落后的愿望。我们会不自觉地向彼此学习，在共同感悟每个人目前存在问题的同时，相互吸纳每个人身上的优点，从而实现共同进步和共同发展。

（四）向自己学习，树立信心

一直以来我总是对什么都感兴趣，但是对什么都不精，对什么都研究得不深入。记得接到工作室的第一份通知就是树立我们每一个人感兴趣的领域及感到困惑的问题，在此基础上帮助我们确定自己的研究领域，鼓励我们每一个人找到自己感兴趣的生长点。通过和刘老师的多次讨论，我的研究领域确定为美术和语言。在每一次的活动中，刘老师总是鼓励我们说出自己的闪光点和问题在哪里。通过这样的自评不但让我们对自己的优缺点做到心中有数，重要的是要我们学会正确地评价自己。当我能够肯定自己的一份优点时，往往会增加对自己的一份信心。

三、在实践中不断摸索，批判性地学习与创新

对于新理念、新经验的学习，我们大多希望能够拿来就用，并且能够用着就好。但以往的经验告诉我，每一次的模仿与运用往往很难达到预期的效果。究竟原因在哪里呢？一次关于瑞吉欧报告后的讨论让我豁然开朗。为了拓展我们的视野，了解近年来在世界上备受瞩目的瑞吉欧教育，刘老师安排了"走进瑞吉欧"的讲座。当我们对那里的教育理念和游戏材料议论纷纷并且跃跃欲试的时候，刘老师提出：对于他人的理论和经验我们不能照搬，而应该批判性地学习与运用。对于一项成功的经验，必然有它特定的文化背景，简单的移花接木是无法令其枝繁叶茂的。只有在深入而透彻的了解他人理论精髓的同时，客观的分析自身的优势与不足以及我们所处的环境和现有的条件，通过实践及不断地分析与反思，创造性的学习与运用。也就是说，对于新经验的学习，应该是通过批判性地学习与创新，而最终形成具有我们自己特色的新经验的过程。

名师工作室为我们这些抱着"想把幼儿教师这份神圣工作做好"这一美好愿望的教师们搭建了广阔的平台，使我们能够在专家的引领下相互学习、相互质疑、相互欣赏和相互鼓励。与此同时，刘老师那求真、求实的敬业精神和科学态度也时时刻刻地感染着我们工作室里的每一个人。工作室的几年是短暂的，然而我们每一个人却都是硕果累累。在这条路上，我们虽然有着艰辛的付出，但更多的是受益终身的收获。在这里，我要发自内心地说一句：感谢各级领导的良苦用心，感谢刘老师、杨老师的悉心帮助与扶植，感谢各位工作室姐妹的相互鼓励与陪伴！虽然我们离名师的标准还相差很远，但是我们会携起手来共同成长，向着心中的目标不断前行！

静心修炼，厚积薄发

梁　艳

时间过得飞快，近四年的名师工作室的学习生涯已悄然而过，盘点几年来的每一次活动，回顾精彩而又充实、碰撞而又互动的每一个瞬间，都让自己觉得难忘：刘老师组织我们参加名师的经验交流会，让我们体会名师热爱教育事业、淡漠名利、无私奉献、精益求精的敬业精神以及谦虚谨慎、友善宽容的生活和工作的态度；刘老师引领我们尝试开展"作品取样系统"的研究，使我们接触最前沿的教育理论和科学的研究方法；刘老师组织我们开展教学实践和观摩，使我们立足于教学现场开展教学研讨活动，从而获得理论水平和实践能力的双重提升。

能够参加名师工作室的学习，真是我的幸运，特别要感谢市教委领导为我们搭建了这样一个学习的平台，感谢幼儿园领导给予我这个学习的机会，更加要感谢刘老师为我们所做的一切。让我和工作室的老师们一起经历过程、感受成长，使自己每一步行走都留下踏实、清晰的足迹。

一、感受名师，洗涤心灵，提升素质

(一)与名师对话，洗涤心灵

作为刘老师工作室的成员，能近距离接触名师，亲聆刘老师的谆谆教导，我获益很多。刘老师治学严谨，功底深厚，为人和蔼、平易近人，对幼儿教育有着精辟、独到的见解，深受工作组成员的尊重和爱戴，能经常和刘老师在一起，真是荣幸。刘老师还组织我们参加了杨丽欣和王鑫两位老师的教学经验研讨会，同时还给我们创造机会和陈立老师、国秀华老师进行面对面的沟通，让我们近距离体会和感受名师的风采。

(二)与同伴对话，碰撞智慧

我们工作室的成员，来自不同的幼儿园，由于大家抱有共同的目标，很快我们就成了朋友。我们在一起探讨问题，互相帮助，我们敞开心扉，真诚分享共同经历的种种困惑、成功经验以及教育策略。很多教育智慧常常源于同伴间的思维碰撞，在共同学习的几年中，工作室的老师们给予了我无私的帮助，让我借此机会向老师们表示深深的感谢！

(三)与书本对话，沉淀思想

苏霍姆林斯基说："每天不间断地读书，跟书籍结下终生的友谊。潺潺小溪，每日不断，注入思想的大河。"在工作室学习的几年中，刘老师一直在潜移默化地告诉我们成功的秘诀之一是读书。要想成为名师，就要让读书成为习惯，勤于学习，充实自我。

二、学习理论，开展实践，提高能力

几年的名师工作室活动，使我有机会接触最前沿的教育理论，特别是刘老师引领我们借助"幼儿作品取样系统"开展实践研究，在不断的实践、反思、再实践的过程中我体验了科学的研究儿童的方法。回想自己以前虽然也对幼儿进行过各种方式的观察，但是都不能从观察中了解幼儿行为背后产生的原因。通过学习和实践"作品取样系统"，我找到了产生问题的原因：之所以不能解读幼儿的行为，这绝不是师生比上的差距，而是教师观念和技能上的差距，根本原因是我观察幼儿能力有所欠缺。而"作品取样系统"为我的观察能力的提高提供了方法和支持，使我感受到了只有运用科学的方法，充分观察幼儿，才能解读幼儿的行为。通过对幼儿的持续观察，我了解了孩子初入园时产生分离焦虑的原因，我能更有针对性的实施教育策略，从而帮助孩子很快地度过这段时期，顺利地开始幼儿园的集体生活；通过开展"促进幼儿身体运动能力发展的实践策略研究"使我能针对不同动作水平的幼儿运用有效的教育策略，促进每名幼儿体能的发展。

三、审视自己，反思不足，思考未来

记得刚来工作室的时候，刘老师让我们用书面的形式思考并描述自己的优势和特长以及到底期望在工作室中获得什么发展。经过这几年的学习，我想我明白了刘老师所说的"名师应该是具有深刻内涵的骨干教师，他们要有高尚的情操和品质，要有高水平的专业化程度。乐于思考而不浮躁；能够合作而不自私自傲；会研究并能体会到教育科学的严谨与求实；尊重职业特点，保持纯洁而美好的心灵"这句话的真正含义，也明白了自己到底想要的是什么。

在和名师近距离接触的过程中，我重新审视自己：有没有全身心地投入工作？有没有注意学习和总结？工作中有没有勤于思考？为什么有的时候总感觉自己的教育底气不足？为什么和名师比起来，自己差这么多？静下心来的思考使我明白了，教育是一门艺术，是一幅精美的图画。临摹是可以的，更重要的是神似，而不是形似。我想，参加名师工作室学习名师的教育思想和经验，不能简单地临摹，重要的是要领悟名师的精神，认识教育的真谛。

教育的智慧不可能从外面灌输进去，没有任何一个人可以直截了当地告诉我们教育的窍门，它应该是从我们内心生长出来的，一个人文化的素养也是难以训练和灌输的，靠的是日积月累的浸润和孕育。在工作和实践的过程中，我深深感到，如果不学习，不掌握新知识，我只能因循守旧，安于现状，最后落后于时代发展的步伐。只有不断学习，才会使我不断建立更具发展性的课程观。我最大的弱点就是读书不能坚持，总是给自己找这样那样的借口，只有需要用的时候才觉得自己书读得少。我想我不是没有用心，而是工作中有太多惰性。"教，如逆水行舟，不进则退。"由于平时学习的理论太少，因此在教育实践中很难游刃有余。当务之急我必须扎扎实实地多读书，这样才能提高自己的理论水平，克服浮躁情绪，才能静下心来审视自己的教育行为，指导自己的实践工作。"学习、学习、再学习"，我会在今后的工作中不断地提醒自己，督促自己。刘老师教给了我们研究和学习的方法，我要按照这个思路开展自主学习，向自己的目标迈进。

我们作为一名教师，要知责任、明责任、负责任、尽责任。我要学习名师扎实的理论功底、深厚的文化积淀、开阔的教育视野、精湛的教学能力及永不满足

的超越精神，冰冻三尺非一日之寒，我要从点滴做起，从现在做起，坚持不懈，积极开展实践与反思，逐渐缩短与名师的差距。

　　幼儿教师的教育实践工作虽然辛苦、琐碎，但是我也在教学实践中获得了丰富的阅历与幸福的体验。教育不是牺牲而是享受，不是重复而是创造，不是谋生的手段，而是生活本身。相信只要我用心地投入，就会发现乐趣就在这"劳累"中间，幸福就在这"烦琐"中间，收获就在这"平凡"中间，我想要成为一名专业化的研究型教师还有更长的路要走。我相信我们全体工作室的教师一定会精益求精、勇攀高峰、传承师魂！我们会是一个快乐而满足的幼儿教师！

名师引领，收获丰盈

白立茹

仿佛昨天还是满怀着惴惴不安的心情踏入名师工作室的情景，如今却到了依依惜别的日子了。静静地坐在电脑前，开始做这份工作总结。回忆 2008 年年初，我有幸和 9 位各区的优秀教师一起参加了刘老师的名师工作室，这几年来，在学习磨炼中我们不断开阔着教育视野，提升着教育智慧。虽然很忙碌、很艰辛，但更多的是体会到了自己成长的欣喜、体会到了收获的快乐。随着屏幕上一行行字迹的逐一出现，我的脑海中那难忘的一幕幕学习经历亦清晰地浮现出来……

一、思想引领，德高为范

这几年中，刘老师通过面授指导、观摩考察、案例分析等方式手把手帮助我们提升综合能力；她注重激发我们每位教师的发展热情，通过提供专家讲座、名师研讨会等方式使我们的思想受到了一次又一次的洗礼，激发了我们积极参与实践研究的主动性；她注重个人指导与集体互动的有效结合，通过开展"作品取样系统"的探索，指导我们开展个人专题研究和分享交流，提高了我们的研究意识和研究能力。

刘老师耐心地为我们规划个人的职业发展方向：依据我们专业特长和成长的需要，帮助我们明确职业规划的必要性，提出合理化的发展建议和研究的思路。并结合每个人的工作实践进行分层次的引领，倡导我们扎根实践开展研究，引领我们每位教师规划出适合自己的职业发展之路。鼓励我们树立职业发展目标，努力做专家型教师、做名师。刘老师的鼓励让我们充满动力的同时也感受到很大的压力。在这几年的工作室学习中，刘老师以身作则，用她自身的榜样作用，引领我们学习如何做一位名师。在实践中，我深深体会到做一位名师要付出太多的艰辛和努力，我们每一个人都要通过自己的努力走出一条不同于他人的成长之路。

刘老师为我们创造了一个又一个与专家、优秀教师对话的机会：聆听国秀华老师的成长之路，感受着老一辈教育工作者成长过程中的酸甜苦辣，我们每一个人都被她积极向上、永不放弃的精神所鼓舞，这种精神激励我们在今后的工作中无论遇到多大的困难都要积极面对和攻克。在聆听了杨丽欣和王鑫老师的特色研讨会后我们找到了自己工作中的不足，明确了自己努力奋斗的方向。借助这些优秀教师的"成功经验"，刘老师让我们在聆听的过程中，心灵也一次次受到了洗礼。在整个过程中，我们更加理解了成为名师背后要付出的艰辛努力，更让我们感受到作为一名教师在发展过程中的责任和重担，也领会到了刘老师的良苦用心。

二、专业引领，提升理念

忘不了，刘老师手把手带领我们开展实践研究。为提升我们科学研究的能力，刘老师带领我们开展"作品取样系统"的实践研究。刚刚开始接触时，我们很多人都摸不着头脑，在刘老师的引领下逐渐明确了此项研究的内涵，并逐步在工作中落实研究。为了加强大家的理解，刘老师还专门带领大家赴南京参加"作品取样系统"的作者——美国哈佛大学山姆·麦索尔斯教授的报告会，与专家近距离接触，帮助大家更加深入的理解其精髓。在提升认识的基础上我们开始了自己的专题研究。在这个过程中，我遇到了很大的麻烦：先是计划制订的不够合理；然后是表现指标不适宜；在刘老师和杨老师的帮助下反复修改完计划后，在实施的过程中又发现研究过程与目标的脱节以及收集资料的问题；在总结阶段又发现了分析评价的问题；等等。我真正体验到要做一项科学的研究有多么不容易，它绝对不是偷懒的人能够做到的。这次开展专题研究的经历是我成长过程中的一个重要体验，有成功、有失败、有泪水、也有喜悦，但更多的是成长经验的积累。这份收获将伴随我今后的研究之路，给予我更多的借鉴和启迪。

忘不了，刘老师带领我们深入解读纪录片《小人国》时的体验。这个中国的巴学园真实故事深深地打动了我。观看之后的研讨，特别是刘老师的总结和提升使我受益匪浅。片中大李老师教育的成功之处就在于"尊重""平等"和"公平"。她能够顺应每一个孩子的发展，没有拒绝每一个孩子发展的需求。她认为"孩子是脚，教育是鞋"，教育就要树立一个大的教育观，表现在尊重幼儿的多样性、人格，相信"每一个孩子都是不一样的"。面对池亦洋这类儿童，无论情况多么复杂，大李老师始终本着让他知道什么是正义的原则，通过不断的尝试让他知道什么是公正的。《小人国》的故事让我们认识到，要从小帮助幼儿对正义感有正确的认识，教师正确的教育是对人一生的塑造，教师的原则会影响幼儿的一生。

对比大李老师，我反思自己的工作，尊重幼儿的确还有些像口号，平等和公平做得也与大李老师有很大差距。通过观看纪录片促使我对工作有了进一步的思考，也督促我在后来的工作中及时调整，努力像大李老师那样支持和培养幼儿，做个心怀大教育观的教师。

三、特色引领，研究创新

刘老师引领我们按照既定规划开展个人的专题研究，精心设计每一个人的专题研究计划和研究内容。我的专题研究为"中班幼儿语言表达能力的研究"。在刘老师和工作室其他老师的多次帮助下，经过反复修订，制订出了通过谈话活动观察和识别中班幼儿语言表达能力的计划和目标，并积极开展和实施了实践的研究工作。

在实践过程中，由于我对作品取样系统认识还不够全面和清晰，研究的效果总是差强人意，刘老师不厌其烦地多次帮助我定位、寻找突破口，对研究过程进行了反复调整和修改。几年的个人专题研究，对我来说是一段很不平凡的经历，成长也比较艰辛，在刘老师和全体工作室成员的帮助下我获得了很大的收获。

（一）明确了目标，打开了思路

作品取样的研究是我第一次这样静下心来，扎扎实实地开展科学的实践研究。它让我认识到深入地走进幼儿、倾听幼儿才能真正了解幼儿，对幼儿做出客观公正的评价。运用作品取样的研究方式在开展个人专题研究的过程中对我有很大的启发和触动，它将成为我今后研究过程中的一个典范。

(二)提高了对观察的认识

在刘老师的引导下，我逐渐认识到了什么才是真正的观察，老师作为观察者应该站在什么样的位置上，也从原来盲目的观察者逐渐转变为走近幼儿身边的倾听者和观察者。在观察记录的方式上也逐渐领悟了，从原来的带有主观色彩的观察记录转变为能还原观察现象并进行客观分析的记录。

(三)提升了分析和识别幼儿行为的能力

在开展研究的过程中，我遇到的最大问题就是分析和识别幼儿行为方面的问题。在刘老师的引领下，我将本年度的研究重心放在了观察和识别幼儿行为上。经过一段时间的实践，观察的角度和分析的深度虽然有了一定的提高，但是我深知这些分析和识别还不够深入和准确，还需要今后反复的提升和学习。

(四)养成了随时记录的习惯

通过开展专题研究，使我进一步认识到了日常观察的重要性。我更加重视日常生活中对幼儿随时进行观察和记录，养成了随时记录的习惯，为写作积累了较为丰富的原始资料。今后，我会将这个习惯继续保持下去，以促进自己更快地提高。

四、互动引领，吸取经验

忘不了，一次次互动式的案例研讨。刘老师组织的案例研讨是我们每个学期必有的重要活动之一，每一次名师工作室的培训机会我都非常珍惜。这也是我们相互沟通、学习，大量积累和提升经验的好机会。每每此时，我的头脑都在飞快地运转，记录下许多有价值的笔记。我们每位教师都会将自己的研究案例、经验拿出来与大家分享，然后大家进行交流和研讨，最后刘老师进行点评。每一次互动都能让我从其他同伴那里学习到许多好的经验，从刘老师的点评中有所感悟和提升，其中的收益都对我的实践工作有很大的影响和帮助。同时，在参与分享的过程中我也能及时发现自己的问题，及时调整和改进观念，促进教育行为的转变。案例研讨有效地促进了我们每一个人的成长。

忘不了，每一次观摩学习的场景。这几年中，刘老师带领我们先后到朝阳、崇文、西城多个幼儿园进行工作室成员间的实地观摩学习。这也是集体对个人的一次细致、实在的指导，每次观摩都能让我们收益很多。特别是观摩后的研讨，刘老师的提升既为被观摩教师做出了分析和建议，也给我们大家带来了很多的启示和帮助。我们喜欢这样的培训方式，因为我们的主阵地就在工作一线，这种"参与互动、观摩研讨、小组合作、分享交流"的指导方式，也就是结合工作实践对我们进行现场培训，帮助我们在理论提升的基础上，促进我们将理论转化为有效的工作行为。

与此同时，每次工作室的活动与研讨都能激起我对自己工作的反思，孔子曰："吾日三省吾身。"反思之说自古就有。而每一次反思又都会对我的工作带来新的促进与发展。学习的真正意义和价值也由此显现！同时通过学习，我对自己所肩负的责任也有了进一步的认识，进而鞭策自己全面提高学习能力和工作能力！

五、自学引领，反思充电

参加名师工作室以来，刘老师一直提示我们要加强学习，并为我们推荐了许多优秀的专业书籍。在工作室培训之余，我注意加强自学，提升自己的专业知识水平。我先后阅读了多本教育书籍。如《教育中的心理效应》这本书中提到的"禁果效应""南风效应""霍桑效应""扇贝效应"等让我联系实际受到很大启示，它告诉我们教育一定要遵循科学的心理规律，只有懂得幼儿心理的教师才会有好的教育。又如，《多元智能理论与学前儿童能力评价》这本书让我学习到通过多种活动促进优势智能的发展的途径和方法，以及注重过程性评价的主要内容，最有启发的是一些实用的评价策略，如多彩光谱艺术夹，观察、录像分析等。此外我还阅读了一些语言领域教育的专业书籍，并上网查阅了很多语言领域方面的文章，作为自己开展专题研究的理论支撑。通过系列的工作室培训以及自学，结合工作实践，我将自己的研究内容和感想体会撰写成文章，多篇文章在市、区评选中获奖和发表。

刘老师带领我们工作室的教师赴南京参加"作品取样系统"的报告会，我因为有事耽搁没能到会议现场。后来我及时找来光盘进行自学，使我对如何观察孩子有了新的认识和感悟。以往，我们很多时候面对幼儿观察起来是手足无措，不知道什么东西才是最有价值的，在徘徊犹豫的时候往往已经错过了观察的最佳时机。可是我们平时很少静下心来去倾听孩子，还常常用教师的想法来解释幼儿的言行，这种评价实际上是没有多大意义的。

通过录像学习我感悟到"观察"的重要意义。作为教师，我应该进一步学会倾听幼儿，并且在观察的过程中及时地做好有效的记录，客观地分析和判断幼儿的言行，有针对性地对幼儿进行指导。还要学会多与幼儿进行情感交流，以积极的方式与幼儿交流，做到蹲下来与幼儿讲话，同身高、同眼神的交流，让孩子切实感受到老师的关心与爱护。学会对孩子进行积极的、有促进性的评价，将积极的评价渗透于一日生活之中，贯穿在一日生活的各个环节当中。

六、发展过程中取得的成绩

名师工作室的学习生活对我个人的专业思想和专业能力都给予了非常大的帮助，促进了我的成长与发展，也有了较多的成果发表和获奖。同时，名师工作室的学习让我对教科研有了新的认识，在很大程度上促进了我自身教科研能力的提高。我也能及时地将每次学到的新理念和新方法带回去与老师们分享，同时将经验运用于我园的教研实践中。我的工作也得到了领导的认可。工作职务得到了提升，在本区也发挥了更大的作用。此外，我深入班级、扎根中班开展个人专题研究。运用观察记录和教育随笔的形式及时捕捉和记录幼儿的语言表现，撰写观察记录和教育案例，完成系列的专题研究。

名师工作室学习就要告一段落了，在这几年中，我能这样近距离的与专家互动、能结识这么多优秀的老师们，不敢说有伯牙子期高山流水遇知音的欣喜，却有相识相惜的欣赏。刘老师厚德博学、思维敏捷、待人真诚，老师们才华横溢、勤勉好学，他们都是我仿效的榜样。能有这样的机会，在名师工作室充电，实在是我教育生涯中的一件快事！由衷的感谢上级领导给予我这样好的学习机会，感谢刘老师不离不弃的耐心指导，也感谢工作室各位老师的照顾和帮助！

这几年对我的历练和提升已经深入我心，这些学习经历和收获将会伴随我今后的教育工作生涯。我会在今后的工作中继续深入的开展研究，更加努力做一名研究型的教师，做一名称职的名师工作室成员。

学习着、感动着、收获着，在不断突破中提升自我

蔡 涛

时光荏苒。工作室的学习画上了令人回味的句号。我与刘老师零距离接触，感受名师风采，在其中学习着、感动着、收获着，我是幸运的。

三年的工作室学习时间虽然短暂但却永恒。在这里，我聆听了名师的教诲，快速提升了自己；在这里，我享受了深刻的报告，深刻触动了自己；在这里，我体验了研究的价值，有力促进了自己；在这里，我的疑惑和不解得到了学友们无私的帮助，让我在轻松、友好的学习氛围中提高。回首每一次的学习活动，都让我感受到和谐、互助，在欣赏中觉察自己的不足，在突破中挑战自己的能力。

一、学习让我提高

(一)读书

有人说："一个优秀的教师，必得有四大支柱的坚固支撑。丰厚的文化底蕴支撑起教师的人性，高超的教育智慧支撑起教师的灵性，宏阔的课程视野支撑起教师的活性，远大的职业境界支撑起教师的诗性。"为了让我们能够获得四个支柱的坚固支撑，使教育活动的实效得以提升，使幼儿和教师获得共同发展，在三年的学习中刘老师不断激励我们多读书、读好书、会读书、研读书，并从专家的角度向我们推荐了一系列的精品好书，如《影子的故事》，让我从托马斯老师身上感悟到观察、思考、支持、引导是使教育活动的实效得以提升，使幼儿和教师获得共同发展的法宝；《儿童的100种语言》时刻提示我，理解是读懂孩子，走进孩子心灵深处的金钥匙……在刘老师的鼓励下，我们不断地向书籍学习，从书籍中获得宝贵的智慧，通过写读书笔记，交流读书感悟，我们的思路拓展了，理论水平也提升了。

（二）交流

除了向书本学习，工作室还为我们提供了"请进来""走出去"的学习机会。通过与名师的交流，我的心灵获得了洗涤，从名师朴实的言谈、丰富的人生阅历、幽默的一颦一笑中真实地感受到她们的投入和热情，感受到她们的付出和艰辛，感受到她们的学识和能力，感受到她们的质朴和真诚，感受到她们的智慧和胸襟。从国秀华老师身上我感悟到"教育要脚踏实地"；从陈立老师身上我感悟到"教育要坚持不懈"；从杨丽欣老师身上我感悟到"教育要深入研究"。香港一行，让我开阔了眼界，让我意识到：教育应该远离功利浮躁，努力追求一种自然、和谐，以促进儿童发展为根本目的，让环境成为无声的老师，让孩子成为环境创设的真正主人，运用前瞻、科学、适宜的教育专业理论知识，去启迪孩子幼小的心灵。

（三）聆听

在工作室平台的搭建下，三年来我聆听了许多名师报告，在报告中我汲取着营养。陈立老师《千里之行始于足下》的报告教给我"贵在坚持，深在探索，真在心境"，我从中获得感悟：努力坚持不懈，学习精益求精；杨丽欣老师《享受阅读快乐，感受阅读魅力》的报告教给我"幸福其实就是一种心境，一种感觉，生活中幸福无处不在，它时时刻刻都伴随在我们左右"，我从中获得感悟：在工作中创造快乐，让生活更加精彩；王鑫老师《教育经验和成长经历研讨会》教给我"用心做教育，研究中成长，思考中进步"，我从中获得感悟：用心做教育就要用心读懂孩子，用心观察发现，用心深入思考，用心不断创新……

二、反思让我进步

刘老师经常对大家说："一个好老师要经常不断地反思，做到乐于思考而不浮躁。""在学习中反思，在反思中提高"这无疑是经得起实践考验的真理。反思可以让我重新审视自己的教育策略和行为；反思可以让我不断提高教育教学的能力；反思也可以让我清楚地看出并满足孩子的真正需要；反思还可以让我发现并改正日常工作中的不足；反思更可以让我的教育教学水平呈螺旋式的上升，从而促进我向学习型、研究型、创新型教师的目标大步迈进。自我反思是提高业务水平的重要途径，对自己的教学行为、学生的活动方式、教学目标的制订、教学内容的选择……及时进行反思、总结、改进，从"经验型"的教师向"科研型"的教师转型。在日常的教学过程中，我做到三个反思：教学前反思，从培养幼儿实践能力着手，拓展教学内容，优化教学过程；教学中反思，及时自动地在行动中反思，培养反思和自我监控地习惯；教学后反思，随时审视，随时修正，形成自己的教学个性。因为只有不断的反思才能够使我真正的成长、成熟和发展。在从青涩到成熟的蜕变过程中，通过坚持认真地对自身能力与水平、教育内容与方式方法、教育对象进行反思，才能够发现问题、思考问题继而解决问题，在反思中成长，在反思中成熟，在反思中成功，在反思中超越。

三、研究让我充实

刘老师鼓励我们结合自己的教学特点，借鉴运用"作品取样系统"的理论、方法在各自的教学实践中继续开展专题研究。在专家的引领下，我对科学有效的研究方法有了新认识，进一步掌握了观察的方法，深深地感悟到研究的真谛所在。我将"作品取样系统研究"科学、合理、正确、深入地运用在日常工作中，及时而准确地记录观察对象的行为表现，形成一个完整的"线索"，对幼儿的发展足迹做出客观、真实的描述，并结合研究记录对幼儿的发展进行评价，从而体现评价的真实性。观察研究让我和孩子们都获得了提高，我们分享着收获的喜悦。

三年的学习中，有导师的指导、同伴的帮助，还有丰富多彩的活动，这些都让我体会到，自己原来所关注的课堂教学中，还有很多是我以前没有思考过、或是思考不深入的问题。通过学习，我深深体会到"学然后知不足"，通过反思，我发现想要成为一名专业化的研究型教师还有很多路要走。三年的工作室学习是短暂的，但又是永恒的，三年的学习充满着精彩与快乐。这个温暖、和谐、欢乐、充满朝气的集体，给我留下了深刻的印象。俗话说：学习无限、发展无限。还有许多未知等我去学习探索，我将把这里作为起点，继续努力学习，不断探索，不断提高自身的科学素养和教育教学水平，去迎接新的学习、新的挑战。

名师——我永无止境的追求

金　东

2008 年，我有幸参加了北京市名师工作室的学习活动。三年多的学习使我懂得了要想成为名师就要具备高尚的人格魅力和优秀的专业能力。我是一名普通的一线教师，从教 20 多年来在实践中积累了一些教学经验，参加了一些课题研究，也取得了一些荣誉和成绩，但是这些和"名师"的标准相比好像还相差甚远。市教委为我们创设了这次难得的学习机会，就是要打造出一支具有高尚的职业道德和专业能力的教师。尤其是在一开始倾听了刘老师对名师的解读后，让我有了一种紧迫感和责任感。在三年工作室的活动中，在专家的引领下，在同组老师们的帮助下，我开始了从量变到质变的学习旅程。

一、在读书中改变自己

高尔基曾说："书是人类进步的阶梯。"的确，书是我们获得知识和增长智慧的重要源泉之一。作为教师，我们必须多读书、爱读书。在读书中，我也发生了重要的变化。

（一）从"让我读书"到"我要读书"

在第一次名师工作室的活动中，刘老师就为我们制订了每年读 10 本书的学习计划，并为大家推荐了重点阅读的书目。当时听到这个数字时，我还有一些不理解。我想，平时的工作压力就挺大的了，哪里还有时间来读这么多书呀？但是为了完成作业我也只能硬着头皮，挤出时间来看书。随着《迈向专业化之路——与幼儿教师对话》《蚯蚓、影子与漩涡》《图画书阅读与经典》《活动中的幼儿》《幼儿作品取样系统》《聚焦幼儿园教育教学反思与评价》等一本本书的阅读完成，我逐渐发展了阅读的价值，体会到了刘老师的用心良苦。我像一块海绵贪婪地吸吮着书中的营养。反思自己以前的想法更觉得太简单和幼稚了。慢慢地，读书成为我的习惯和生活中的一部分。我根据工作需要，相继又选读了一些自己感兴趣或与专题研究相关的书籍。在读书的过程中，我努力去理解作者的想法和所要阐述的理念，再进行消化和吸收，理论水平有了大幅度的提升。从"让我读书"到"我要读书"，我实现了对读书的认同和转变。

（二）从"接受性读书"到"思考性读书"

随着读书习惯的形成，随着读书数量的不断增加，在读书的过程中，我慢慢开始了从全盘接受性读书到带着思考和问题去读书的转变，并力求在书中寻找答案，解决工作中的困惑。

"田果果"这个名字在我还没有接手中三班之前就早有耳闻。果果的自由、果果的个性都是无人能比的。看着他每天像一匹小野马一样奔跑在操场的时候，所有的"软硬兼施"都显得无济于事。常常是他在影响了正常教学被老师指出来的时候，老师得到的是果果的一顿乱打。午睡时如果果果一动不动地躺着，那一定是在睡袋里又多了几辆小汽车。和小朋友们的不友好让他在班里没有好朋友，而这些丝毫没有影响果果自由自在地在班级和操场上奔跑的好心情。对于这样一个孩子，是《儿童的一百种语言》让我理解了他的需求，他的经验和水平。读书让我打开了心扉，教我读懂了孩子，帮我解开了困惑。

二、在研究中提升水平

科学教育是我感兴趣的领域，在工作室的学习交流和专题研究中，我逐渐认识到，幼儿园科学教育要以培养儿童的科学素养为价值定位；以探究、体验、发现为核心。以孩子们的好奇心和生活经验为出发点，在随机活动中激发他们对科学活动的兴趣，是科学活动的基础。

为了更好地观察和了解孩子，我尝试运用"幼儿作品取样系统"的三种观察方法，即素描观察法、逸事观察法、图表观察法，进行了为期两年的对幼儿的观察和评价研究。

我尝试着在幼儿园一日活动中对本班幼儿开展了仔细的观察。通过观察记录和分析指导，让我了解儿童，读懂儿童。我还体会到，真正走进童心世界，说起来容易做起来难。只有真正做到了解、理解和尊重幼儿，才能走进他们的世界，才能促进他们身心和谐发展。

当我熟练地掌握了这三种观察方法之后，我按照工作室制订的计划开展了专题研究活动，在长达两年的实践活动中，我对如何引领幼儿开展对植物的观察有了新的理解，也进行了一系列卓有成效的案例研究。我还将自己的观察记录梳理成册，撰写出了研究报告《和幼儿一起探究植物的秘密》。

三、在反思中记录成长的足迹

在读书和实践的同时，刘老师又要求我们要不断积累自己的学习实践过程。在反思中不断记录自己成长的足迹。

最初自己比较缺乏反思的习惯，当在工作中看到一种现象时，自己有看法和想法，但只是一闪而过，懒得动笔去进行梳理。随着现场画面的模糊和逝去，自己的想法也随之而去。但是当我陆续参加了国秀华老师、陈立老师、杨丽欣老师和王鑫老师的讲座以及特色现场会后让我感到自愧不如。她们年龄不同、成长的环境不同，但是她们有着一个共同的特点，就是对职业的执着追求和对自己的严格要求。而过去正是因为疏于对自己高标准的要求，才产生了懒散的想法，千头万绪真正落到笔头时才感到力不从心，真正落在纸上写出有内涵的文章就感到更难了。刘老师正是发现了我的这个问题并及时要求我开始从读书笔记、从教育反思写起，一点一滴地进行积累，不断提升自己的书写水平。

记得第一次书写《与幼儿教师对话》的读后感时，面对厚厚的一本书，自己真不知道从何下笔，草草应付了事。但是听了同组老师们的读后感后，我发现了差距。那个时候我暗下决心，一定要潜下心来把写作当成任务，快速提高自己的写作水平。于是回到家后，我再次拿起书重新阅读并结合自己的理解进行分析和记录，重新书写了读后感。接下来，我还针对自己的不足制订了学习计划，在读书、实践的基础上不断记录自己的所思所想，不断提升自己的反思能力和文字水平。三年来，我累计对幼儿的观察记录有三百多篇，教育反思六十多篇，各种活动反思二十余篇，专题研究总结六篇。在这里我想说：写作已经成为了我工作中的一部分。

当我把写作形成习惯后，我还会经常把反思拿出来反复阅读，从中发现自己思想变化的过程，从而也能更清楚地看到自己成长的足迹。

工作室还及时把我们的文章收集成册，一年一本，厚厚的三大本书中记录了我们的成长变化。看到自己的文章刊登在书中、刊登在《学前教育》杂志上时，看到两年来自己的实践撰写成研究报告时，更感到了写作给予自己的快乐。

四、在前进中永不满足

时间就这样转瞬即逝，在三年的学习中自己有了很多的收获，面对即将画上的句号也有很多的不舍，但我想说这个句号只是暂时的，因为在成为名师的道路上我还需要长期的学习和反复的锤炼。在学习的过程中自己仅仅迈出了一小步，虽然在科学领域中开展了一部分的研究，但是如何将一个领域的研究转变到多个领域的研究，让自己成为一个教育的多面手，这是自己今后应该思考的问题。

在学习的过程中让我感到这条路继续走下去仍会很艰辛，但是我愿意在这条路上坚定地前行。因为我知道，"名师"是我永无止境的追求目标！

借名师引领， 实现自身专业成长

刘玉秀

2008 年，北京市教委搭建平台，为我们这些骨干教师提供了跟名师和专家近距离学习的机会。我有幸成为刘老师工作室的成员之一，与来自不同区县幼儿园的 10 名姐妹在名师工作室学习。三年来，在刘老师的引领、激励和督促下，在组里其他姐妹的帮助下，我在确定教育活动的核心经验、观察分析儿童表现、寻找教育策略等方面进行了积极的探索与实践，并从中浅尝到了学习和研究的甜头，感到了收获的喜悦。

一、名师垂范，提高自己对教师责任的认识

(一)对"为师者"人品的认识

回想工作室成立之初，刘老师关于"名师"给我们做出的解释：真正的名师应该是富有深刻内涵的出色的教师；是具有高尚师德和精湛业务的教师；是善于学习、勤于思考、求真务实、潜心钻研、勇于创新的教师；是乐于奉献和具有强烈使命感的教师。这些话激励着我们为之努力和奋斗，国秀华老师、陈立老师、杨丽欣老师等，这些真正的名师和优秀教师，他们对幼教事业的热爱、对专业的钻研、对自己的严格，都是令我敬佩和学习的榜样。

(二)对"骨干教师"责任的认识

我作为一名市级骨干教师，承载着领导和同事的期望与厚爱，记得在北京幼师的培训典礼上，张处长对我们提出："骨干就是支架，要撑起重任。"责任既是压力，同样也是动力。三年来，各级领导的期望与信任督促着我不敢懈怠，在学

习和实践中不断探索，力求尽快提高自己的各项能力，努力缩小与名师的差距，在一线教学和教研中发挥自己的骨干作用，与青年教师牵手共同提高。

(三)对"专业成长"必要性的认识

日常工作中，每每组织教学活动、投放游戏材料、撰写教育笔记时，总是觉得专业知识和教育策略有所欠缺，使我对教学质量的提高、专业的成长产生迫切的需求，我深刻体会到只有做专业的幼儿教师才能给幼儿提供更好的、更适宜的教育。

二、名师引领，促进教育理念的提升

记得参加名师工作室的第一年，刘老师就明确要求我们大量阅读、有选择地阅读，并推荐给我们一批好书。拿到这些书我如获至宝，书中的理念对我的教学实践有着很好的指导作用。每一个章节都值得我们去咀嚼、去内化、去实践。我从最初被动的完成刘老师要求的阅读量，到现在养成了主动读书的习惯。

(一)努力让读书成为习惯

伟大作家高尔基说过："书籍是人类进步的阶梯。"能在忙碌的工作之余挤出时间阅读，阅读一些跟自己工作相关的书籍，让我获益匪浅。书中的实践案例和专家的点评分析，回答了长期困扰我的一些问题，增强了我的问题意识、反思意识，让我明白了什么是有效教学，如何实施有效教学，以及有效教学的反思。也使我能把实践中的经典案例归纳梳理成经验。除此之外，我还爱上了图画书，经常通过各种途径买书，这些经典绘本书拉近了我和孩子之间的距离，提高了我的阅读品位。在阅读中我体验到甜头后，我还时常把书推荐给同事朋友，再跟大家分享交流，又一次提升了我的认识，扩展了思路。

(二)认真感受名师的智慧

如果说"读书打开我心中的一扇窗"，那么实践使我的职业之窗更加明亮。在向书本学习之外，我还向名师学习。学习名师们对幼教事业的热爱与执着精神，学习她们对名利的淡泊，对培养我们这些年轻教师的钟情与付出。学习工作室里的姐妹们组织教学的能力、设计高质量提问的能力、反思的能力以及归纳和总结的能力……总之，向书本学习、向名师学习、向同伴学习的过程不仅提升了自己的教育教学理论素养，而且对教学方式、课程模式、教师角色定位、教学评价标准等都有了新的理解和认识，并逐渐将知识与技能、过程与方法、情感态度与价值观以及有效教学的策略运用到实践中，自觉地反思自己的教学行为，促进了自己专业水平的提高。

三、名师点拨，促进自己的专业发展

杨丽欣老师说过："研究是学习、思考、成长的过程。"的确，在研究孩子、研究教育的过程中，我们真的静下心来观察孩子、推敲问题、讨论适宜策略时，会发现很多过去没有发现的或者说没有关注到的又非常值得研究和探讨的问题。

（一）学有所获，拓宽研究的思路

在刘老师的引领下，跟各位姐妹一起在不断反思、调整中获得提高。能在教学实践中发现问题、提出问题，并努力尝试用学习到的专业知识解决问题。在日常带班过程中，对孩子的一举一动有了研究的意识，了解他们的身心发展规律，结合专业知识分析孩子行为背后的本质，提出的指导策略更加具有针对性，实实在在地促进了孩子们的发展。孩子们获得有益的新经验的同时，我也在观察和研究的基础上，开展着有效地指导，在小小的成功之后，体验到了研究的乐趣，拓宽了研究的思路。

我作为一名骨干教师，承载着领导和同事的期望，自己的研究意识和专业能力在学习和实践中有所提高之后，还要在教学和教研中发挥骨干的辐射作用，引领园里的青年教师成长。在集体备课时、在教学观摩时，我会把在工作室接收到的前沿信息、学到的新观念、阅读到的好书等转达、推荐给同事们，引领他们讨论实践中遇到的问题。例如，向他们介绍"观察幼儿的方法"：记录现象——诊断问题——寻找适宜策略——总结观察效果。实践中，老师们意识到观察是做好教育工作的前提，多观察孩子的行为表现，多研究孩子的内心体验，就会积累更多适宜的教育策略，也就会向专业的教师靠得更近。

每次工作室活动时，刘老师让我们对活动现场、对教学案例讨论，对听过的讲座写感受。就拿现在写工作室学习的总结来说，虽然表面上来说是给我们每个成员布置的一项任务，但我认为更多的是让我们自己进行反思。反思，让我们立足于自我，对自己一年来学习成果进行审视和分析。反思，让我思考过去一年来自己的成长步伐是快还是慢，用了几成功力，向前迈了几步台阶，有了多少收获等，从总结中汲取经验教训。在反思中，提高了我的主观能动性；在反思中，我找到了自己与其他姐妹的差距，给自己增加了动力；在反思中，我感受到了作为市级骨干教师的责任和使命。责任和任务，虽然让我减少了休闲和娱乐的时间，但也让我的惰性在活动中一点点减少，我深知成长的道路需要快马加鞭，在勤奋中缩短自己与名师的距离。

（二）学有所用，提高专业的水平

英国作家培根说过："阅读使人充实，会谈使人敏捷，写作与笔记使人精确。"在学习的过程中我体会到，只"看到别人的做法""读到理论知识""听到经典的案例"是远远不够的。这些都是简单的学习，只有经过自己的深思熟虑、结合自己的实践经验进行调整和改进，才能形成自己的经验，并及时把经验以文字形式整理出来，形成教学经验和规律，久之，形成自己的教育特色。就像烹饪菜肴一样，食材对于大家是一样的，只有经过烹饪者精心的设计和加工，才能做成独具特色的美食。

1. 与同伴分享自己的收获

我能参加工作室的系统学习，可谓是众多教师中幸运的代表。我深知在背后有众多领导和姐妹们支持着，不能满足于个人的成长与提高，只有团队的整体提高才能达到水涨船高的目的。于是，在我园的区级骨干教师参加东城区半日评优、获奖后的展示开放、经验交流等一系列活动中，我跟她们共同研究区域材料怎样物化教育目标、教育活动怎样调动幼儿兴趣和原有经验、经验交流稿怎样能全面反映教师的设计思路和实践经验。共同研究、共同参与的过程中，我的教育水平在不断进步。当得知我园杨老师是唯一一位机关园获奖教师的时候，我由衷地为她感到高兴。

2. 承担园里立项的课题任务

三年来，工作室引领我们通过读好书、观察孩子、扎根实践、开展专题研究、梳理撰写经验等一系列指导措施，使我的专业水平提高很快。在我园开展的"十一五"立项课题中，我担任课题组长，带领托班和小班老师们集体研究制订适宜的教育目标，寻找小年龄幼儿获得社会性发展的途径，研究制作能促进幼儿交往的游戏材料，编写游戏教材、撰写结题报告和论文等，此项课题获中国学前研究会二等奖。我体会到，只有专业基本功扎实，才能运用有效的指导策略促进儿童的发展，才能更大地发挥骨干教师的作用。

3. 把个人研究扩展到全园的研究

在工作室，刘老师手把手的指导我们运用《作品取样系统》的模式制订研究计划，观察孩子，开展深入系统的研究。我更多的是独立地看待个别孩子的观察和指导，而没有从中寻找规律。就像书中作者强调的一样："作品取样系统不是让孩子更聪明，而是让老师更明白。老师更好地了解孩子，才能做更好的老师，更好的老师才能提供更好的教育……"是的，老师只有在更清楚地了解每一名幼儿的特点和差异之后，才能运用适宜的教育策略，帮助幼儿有所改善，更好地促进幼儿的发展。

有了这些收获和研究感悟，在我园使用这套观察系统评估幼儿时我发现，孩子们在语言表达领域相对较弱，青年教师们不会观察孩子，于是，我带领老师们在区域游戏中开展了观察幼儿的语言表达能力的研究。学期末，在测评表上显示，绝大多数幼儿的语言表达能力有所提高，同时教师们的观察意识和观察质量也有明显提高。专题研究、集中讨论、测评反馈等一系列过程的收获，让大家爱上观察幼儿、学会观察幼儿的方法，促进孩子们获得更大发展以及教师们对研究幼儿的热衷是我新的收获。

4. 协助教师们修改文字材料

工作中的实践经验和感悟需要我们及时梳理和总结，但是怎样从平凡琐碎的工作中提升出新颖、有价值的经验呢？这是困扰老师们的难题，我在观摩老师活动时，会及时反馈该教师有价值的做法和思路，鼓励老师把做法和思路整理成教育笔记。面对老师们的论文、案例、笔记等文字材料，我会提出修改思路的建议，帮助老师们分析案例的价值点和措施的有效性等，使老师们更加明晰撰写思路以及如何选择叙述角度。在老师们的文章获奖或发表的过程中，我的文字表达水平也获得了提升，我喜欢并享受着这个双赢的过程。

总之，在体味着专业成长与进步为自己带来喜悦和甜蜜的同时，我对工作室即将结束有着深深的眷恋和不舍，对刘老师和姐妹们由衷的感激。在名师的引领下，我不断地实践，不断地反思，更促使我重新审视了自己的教学实践。看看工作室的姐妹们，通过三年的学习，有的老师已经靠近了"名师"的目标，但是我还距此差距很大，我会继续努力，坚持不懈地向着这个目标靠近，努力使自己成为更好的老师。

享受研究的乐趣，体验成长的快乐

任咏泽

如果说北京市名师工作室是拥有一方沃土的桃园，那么参与工作室的每位老师就像朵朵娇艳的桃花在这三年里获益其中、竞相绽放，并努力散发出各自的魅力与芬芳。

学习的过程是财富，收获与感恩伴成长。回首往昔，细数下来，在北京市名师工程的整体推动下，参与工作室的学习已经经历了四年的春华秋实，这期间我从无数次地被感动到勇于大胆追随梦想、从不断的汲取理念内化为行为到自主执着的潜心研究，如今的我将这些伴随自己成长的每个过程都视为一份巨大的"财富"，并将永远珍视，因为它不仅引领了我执教生涯中的过往行为，让我授用于实践工作之中，同时还影响着我的未来发展道路，甚至是我整个职业生涯。

一、工作室中的人对我的影响

说到人，刘老师对我的影响尤为重要，刘老师严谨的工作作风和谆谆教诲时常回响在耳畔。三年中跟着刘老师一起学习，所有工作室老师都与她产生了深厚的感情。刘老师时常给我们推荐前沿的教育理念、根据每个人的专长与兴趣爱好鼓励我们做个人专项研究。实践证明，我的成长都和刘老师的言传身教紧密联系，每当到学期末看到自己整理出的厚厚一打专题研究资料，每次将刘老师督促我们做的观察记录中选出一篇作为案例论文送上征稿后收获到奖项时，我从心里感谢刘老师，正是刘老师的严格要求与一丝不苟认真负责的态度，促使我们专业成长的如此之快，使我们加快了迈向名师的步伐，在这里，衷心地感谢刘老师对我们不厌其烦的教诲与潜心培养。同样，工作室中的同伴在我的成长历程中也起到很大的作用。杨丽欣老师一边是工作室共同学习的姐妹，一边用心做着刘老师的助手，打理着工作室的大事小情，大到引领姐妹的专业成长、外出学习期间做好事先的联络与活动后的琐碎事宜，小到利用休息时间为工作室姐妹们网上订书、送上新年的一份祝福，尤其是她在早期阅读中的专业研究成果给我们的实际工作带来了很大的启示与借鉴，在我的眼中她似乎就是新时期名师的真实榜样。同样影响到我的还有工作室活动期间特邀的讲座专家以及工作室的其他成员，他们都是我成长发展之路的榜样与伙伴，愿我们工作室的所有姐妹都能感受幸福的职业人生，享受成长的快乐。

二、工作室中的研究对我的影响

刘老师给工作室的全体成员提供了一次十分难得的机会，组织我们亲临《作品取样系统》丛书的作者、译者的见面交流研讨会，让我们更近距离地与众多专家进行交流研讨，使我在持续使用"作品取样系统"对幼儿进行观察评价尝试的三年之后，重新审视自己的教育实践行为，对"作品取样系统"的领悟与理解更深了，并对如何观察幼儿、究竟观察幼儿什么有了更新的认识。

(一)明确落实观察点，全方位了解幼儿

通过作品取样系统的学习与理论内化，我明确了对幼儿进行观察应该是全方位的，它包括生活活动、教育活动、小组活动、分散活动等，教师通过幼儿一日生活的各个环节来捕捉幼儿的行为表现、语言表达及心理反应。同时，经历了日常工作中使用作品取样系统的探索尝试，我体会到要重点关注幼儿游戏、幼儿使用材料及同伴互动等过程，了解了幼儿的实际水平、兴趣需要与发展空间。

通过实际观察我还体会到，不应该站在挑剔评判的角度上去看幼儿哪里做得不对、会不会，而应该认真了解他有哪些会了？能做到什么程度？目前具备什么样的经验基础？等等，并且对幼儿的观察不能是一时一事，而要看到一个阶段甚至是一年的时间，这样才能让我们更全面、客观、公正地了解每位幼儿的发展现状，为教师的准确分析与提供适宜的实施策略提供依据。

（二）理清客观评价思路，反思幼儿发展成因

观察后需要教师对幼儿的行为进行评价，经过平时周期性、常态化的持续不断的观察，我摸索出一些经验。在确定好观察对象后，对该幼儿首先采取纵向评价原则，即从该幼儿初期水平到对幼儿之后出现的细微变化乃至幼儿最终的发展变化，形成整体的发展脉络，看到幼儿一步步不断发展的过程。另外，我还特别注意看到幼儿的优点和进步，多肯定、鼓励幼儿。

（三）转化适宜的角色，采取有效的策略

每次参与工作室的活动后，我都将活动笔记进行整理和重点标注，通过理解与内化，我体会到在观察幼儿的过程中，教师要根据需要、根据幼儿的具体表现不断转换自身的角色：在幼儿很专注于某个活动的过程中时，教师要做一个旁观者静静地观看，不要打扰到幼儿的活动；在幼儿遇到困难出现沮丧不自信时，教师要做一个真诚的支持者，安抚幼儿并给予他信心；当幼儿需要与同伴或老师进行交流沟通时，教师要充当一名耐心的倾听者，理解幼儿的心中所想；当幼儿需要帮助与配合时，教师要转化为一名提供支持的助手，等待着幼儿的成长与发展……

三、我的收获与成长

如果简单概括总结名师工作室多年来的整体工作，我想第一年是培养习惯；第二年是引领研究；第三年是个性发展。

首先，所谓培养习惯，我的最大感受就是自从进入工作室学习以来，刘老师给我们提了一个要求：要多读书、善反思、勤写作。因此，我们由最初的应付完成作业，到逐渐产生兴趣，到最终渐渐养成了习惯，并充分享受到其中的快乐。刘老师常说："要让读书与写作成为追求和习惯。"而养成记录的习惯、撰写日常观察记录如今也使我们乐此不疲，我们在观察记录中看到了幼儿的成长，在研究中我们与幼儿一起体验到了成功的快乐。

再说引领研究，应该开始于采用"作品取样系统"对幼儿进行观察测评时，初次阅读这一套丛书便开阔了我们的眼界、拓展了研究思路，细致的观察与分析、

鲜活多样的作品收集、客观公正的评价以及行之有效的教育施策，为我们更多的了解和掌握幼儿的所看、所思、所说、所想提供了有益的借鉴，使我们能及时采取适宜的教育行为，这是努力做智慧型研究型教师的基本素养。

最后是个性发展，要得益于刘老师的集中培养与个性打造。在工作室的每次活动中，刘老师都给我们每个人提供施展专项研究的舞台与空间，工作室就像一个大家庭，根据每个人的发展方向与兴趣爱好进行研讨交流，刘老师提供理论支持、同伴间进行积极互动、自我挑战，让我从一个认真做事、机械接受的普通一线教师，逐渐成长为敢于大胆创新实践、懂得审视反思自己的教育行为的教师，并以做研究型、专业化教师为目标和发展方向，不断努力提高自己的教学水平，不断反思自己的教育效果，不断完善自己的教育策略，同时，也不断总结经验与不断发掘自我的教育潜能，实现不断地自我超越。

感谢工作室刘老师给予我们的耐心指导，感谢名师工程给我们提供磨炼专业技能、增长教育智慧、开展合作研究的平台。让我们怀着一颗感恩的心，在幼教事业上不断奋进，享受幸福职业人生。相信执着的坚守、潜心的研究与自信的心态将伴随我们在未来名师的道路上快乐成长！

昨天　今天　明天

张雅静

　　曾经看电视，采访乔羽老先生，他问大家："人一辈子过多少天？"大家摇头，老先生说："人过三天。走过去的是昨天，走过来的是明天，正在发生的是今天。我们应该抛开昨天，仔细想想明天，关键是把握好今天。"我觉得说得很有哲理，在当今社会我们要想干好事业，就必须把昨天的荣誉放下，努力把握好今天，让这一天快乐、充实，目的是使明天更加美好。每个人都有自己的成长印记，每位教师都有属于自己的成长轨迹，既然我们选择了幼儿教育这份工作，就要多一份责任，多一份用心。四年名师工作室的学习与历练，为我自己的成长之路留下了浓浓的一笔。这一路，有过失败，有过泪水；有过进步，有过退缩；有过喜悦，有过迷茫……但人生不就应该如此吗？不经历风雨怎见彩虹，没有付出，怎么会有收获。"认真做事只是把事情做对，用心做事才能把事情做好"是我的座右铭，正是它不断激励着自己，在刘老师、杨老师的引领和工作室同伴们的帮助下，才使自己有了点点滴滴的变化。回眸昨天、审视今天、憧憬明天，我心潮澎湃，感慨万千。

一、回顾昨天，重新审视自己

　　昨天，就代表着第一年的我。进入工作室时，我也已经工作了 14 年，在这十余年的教学生涯中，我曾始终坚信，只要勤恳踏实就一定能够得到发展，但是慢慢地我总感到自己在专业发展成长之路上停滞不前。随着社会环境和现代教育观念的迅速变革，如何找到适合自己的专业成长道路，如何让自己有新的起点与突破，成为困惑自己的问题。带着这种困惑，我来到了刘老师的工作室。记得刚刚参加名师工作室的第一年，刘老师就告诉我们什么是真正的名师："应是富有深刻内涵的出色教师；是具有高尚师德和精湛业务的教师；是善于思考学习、勤于反思、求真务实、潜心钻研、勇于创造的教师；是乐于奉献和具有强烈使命感的教师。"从那一刻起我对自己有了新的目标，同时也看到自己与名师的差距，确实感到了压力。

（一）与自己面对面，让我敢于面对失败

一直认为自己是一个不轻言放弃的人，虽然不算聪明，但是工作很用心，有责任心、肯吃苦、做事认真。而且很喜欢与孩子在一起，有着多年的工作经验，在幼儿园常常得到领导和老师的认可，是孩子喜欢、家长满意的老师。然而一次教育活动案例的交流，让我的观念与思想发生了巨大的改变。当我拿着自认为很成功的案例与大家分享后，刘老师的一句："你的核心价值是什么？对孩子有什么样的发展价值？"的话一下把我问住了，没想到，自己认为是一节很尊重孩子的活动，却出现了许多甚至是观念上的问题，确实给自己一个打击。在以后的每次学习中，自己都会非常紧张，生怕自己说错，不知自己的做法到底对不对，总是感觉永远达不到要求。一次次让我感觉到自己与名师的差距。曾有一段时间，我对自己越来越不自信，这到底是什么原因？就这样，我每天处于这种焦虑状态中，直到听到陈立老师讲座时提到美国人波斯说的一段话，才让我重新认识了自己。"成长＝经验＋反思，如果教师仅仅满足于获得经验而不对经验进行深入思考，那么即使有 20 年教学经验，也许只是一年工作的 20 次重复，除非善于从经验反思中吸取精髓，否则不可能有什么改进。"

那一刻，我才发现自己之所以总原地踏步，对自己的能力表示怀疑，是因为每天在重复自己的工作，并没有静下心来反思每天的工作，时常对自己说："自己的水平就这样了。"或找些外界的原因，使得自己很容易满足。找到根源，放下了包袱，我决定重新开始，将工作室中的每次学习，都看成是难得的机会，敢于剖析自己，怀着感恩的心态听取工作室老师们的建议，不断改进自己的工作。

（二）与名师面对面，让我寻找到自身的差距

在工作室开始的第一年，刘老师为了让我们感受到什么是名师？自己与名师

的差距到底在哪里，请来了北师大幼儿园的国秀华老师为我们进行讲座，虽然以前也听过国老师的讲座，但是并没有这么近距离的听她讲自己的成长历程。一个个小小的案例，仿佛在自己身边也曾发生，可为什么自己却没有捕捉到，原因就在于不善反思，不爱笔耕，就像国老师说的："勤能补拙是自己的信念，敢吃别人不愿吃的苦，乐于花别人不愿花的时间，愿意下别人不愿下的功夫。"善于反思，勤于笔耕可以提高专业思想与技能。反思可以让我找到用什么理论支撑；反思可以让我发现幼儿在什么地方最有兴趣；反思可以让我找出成功的原因；反思还可以让我学会不断追问为什么，使思路更加清晰化。刘老师也曾一直在告诉我们：名师是出色的教师，而不仅仅是知名的教师。因为一个人出名和知名的方式很多，而出色则需要更多的艰辛努力。这次讲座对我来说不但找到了自己的差距，更重要的是让自己有了更高的追求和目标，人有了目标就会不断努力，不会再迷茫。

（三）与书本面对面，让我寻找到理论的支撑

"不积跬步，无以至千里。"只有不断地通过阅读学习进行自身的弥补和进修，才能不断提高自身的理论水平和文化底蕴。在第一年的工作中，刘老师便开始慢慢地引领着我们去看专业的书籍，目的就是不断充实自己的头脑，让我们爱读书、会读书、读好书。《迈向专业化之路——与幼儿教师的对话》《聚焦幼儿园教育教学反思与评价》《活动中的幼儿》《蚯蚓、影子和旋涡》等，这些书籍让我看到最新的教育理念，看到国内外教育学者是如何对孩子做出准确的判断，为孩子提供适宜的发展支持。刘老师给我们推荐的每一本书，都成为我工作中的良师益友。让我如海绵吸水般获得了大量的教育前沿信息。当工作中有困惑的时候，我就会到书中找到相关的理论，从而再返回工作中去验证，真正将理论付诸行动。除了专业理论书籍的学习，在工作室我们还接触到许多经典的绘本图书，它带给我的是一种愉悦、一种快乐，在一幅幅画面的背后，有对生活的感悟，有对做事的诠释，还有人生的哲理。无论是对成人还是对孩子来说，都受益匪浅。现在我一进书店，都会不由自主地来到绘本图书区，细细品味其中的内涵。这些书籍，慢慢成为自己的宝贝，让原来不爱看书的我，逐渐养成了阅读的习惯。

二、发展今天，找到自己特色

今天，就代表着我参加工作室的第二年和第三年。在这两年中，自己不断找到了定位。三年来的教学交流和各种学习，我开始更专业的观察和反思自己的教育观念、教育行为和专业成长。思考问题的方式在逐步发生着转变。刘老师对教育教学活动的深入分析，拓展了我的视角，引领我们不断找到自己的特色，让我在专业成长之路上，幸福地成长起来。

(一)秉承"坚守一线"的那份心

记得听过这样一句话："科学家是靠手而不是靠嘴，科学家的主阵地应该是实验室而非讲坛，否则，他就是政客。"名师的讲座与学习，让我感受到的是她们对幼教这份事业的执着和热爱，而正是这种强烈的感受推动着我，让我更加珍惜每天与孩子们共处的机会。特别是我们学习完《作品取样系统》这套丛书的内容后，学会真实、客观的观察孩子，就成为我工作的新目标。做到这一点，就更要与孩子在一起，关注他们的一言一行、一举一动，只有这样，才能发现他们的优点。刘老师也曾告诉我们成为名师的九个方面，其中第一条就是：对职业的信念，对专业执着的追求，这是前提。我喜欢跟孩子在一起，每天只要有时间，我都会在班中，与他们游戏、谈话、学习。坚守一线，让我能将所学到的知识第一时间进行内化和运用，实现自我的成长；坚守一线，也让我真正的体会到了在付出时间精力后换来的是心灵的美好与纯净。天朗的变化、鲲鲲的转变、春雨的进步……一个个活生生的案例，都是来源于观察，我与他们沟通，聆听他们的想法，理解他们的言谈举止，洞察他们行为背后的"秘密"，与他们一同成长。

(二)寻找特色发展的那条路

作为名师，一定要形成自己的特色，要在特色中求发展。刘老师从工作室成立开始，其实就在慢慢地帮助我们寻找每个人的特色。从第二年开始，从运用《作品取样系统》开始，从观察孩子开始，让我们自己根据自己的特点，制订专题计划，从核心目标的确定，到分项目标的制订，再到专题报告的撰写，刘老师不断地鼓励我们对实践中遇到的问题及解决策略进行理性地思考，并尝试从中总结出一些有规律性的结论和具有指导意义的经验，固化之后最终成为自己的特色。因为我们幼儿园一直是以家园合作培养孩子良好行为习惯为特色，所以在社会领域方面，有一些经验和积淀，随着专题的不断深入，自己更愿意去观察孩子、记录孩子，关注他们的社会品质，如沟通、交往、合作等，而且我也有多年带大班的经验，所以在刘老师和同组老师的建议下，自己的专题便围绕着沟通、有效沟通、促进有效沟通策略进行了逐步的研究，使自己工作起来更有目的性，更知道应如何为孩子提供适时的支持，促进了教与学。

通过专题《促进大班幼儿进行同伴间有效沟通的研究》，促进了幼儿沟通能力的发展，增强了幼儿同伴间沟通的意识，使幼儿掌握了多种沟通的策略，提高了幼儿的交往能力，为幼小衔接工作打下了坚实的基础。通过适宜的教育策略，不但使班中幼儿，特别是对于所观察的六名幼儿，在有效沟通方面都有所提高。沟通使他们彼此更加了解；沟通使他们有了更多的话题；沟通使他们学会解决问题；沟通使他们达成共识，真正感受到良好沟通带来的益处。

同时，每年的专题研究都会不断深入，在专题的引领下，自己在社会领域的组织与设计方面有了不小的进步。我会更多地运用班级的环境来影响幼儿，更多地让大班幼儿体验有效沟通带来的快乐，从而让孩子们愿意沟通、喜欢沟通、学会沟通。在这个过程中，让我自己也逐渐形成了一定的特色，开展的"快乐你我他""朋友加油""欣赏朋友""赞美时刻"等活动，不但使孩子知道了如何获得快乐，如何发现别人的优点，如何赞美朋友，而且更重要的是他们更加喜欢这个班集体，更加喜欢同伴与老师，更愿意说出自己的想法，让我和孩子们心灵交融、一起成长。

(三)铭记勤能补拙的那句话

勤能补拙这句话，是国秀华老师在她的讲座中提到的，虽然是简单的四个字，但它却随时激励着我。我不是很聪明的老师，而且与名师的差距确实很大，但是我对自己的工作永远热爱，一旦把任务交给我，我便会尽自己最大的努力把它完成好。所以我会多花一些时间去工作，因为只有勤奋，再加上天赋，才能做到事半功倍。像在观摩完自己的半日活动后，刘老师和各位同组老师提出许多建议，特别是针对教育活动提出了一些看法。事后，我便与班中老师进行了反思，并及时调整，重新上了一回，果然效果比第一次要好，最重要的原因是真正从孩子的角度出发，思考了这个兴趣点对孩子来讲是否具有发展价值？现有的和缺失的经验是什么？真正理解什么是合作做事，挖掘出了活动的核心价值。在这样的过程中，我发现了许多孩子的优点和教育契机，让我意识到活动的精彩是孩子们学得有效和投入，而非教师的个人技能展示；活动的精彩来自对孩子们的正确解读，而非教师的本本经验；活动的精彩需要环节和目标的内在联系，而非简单表面的热闹。试想，如果自己只是听完建议，简单进行反思，或不做精心的准备，反复推敲，那么也就不会有第二次的成功。这次活动之后，让我明白了好的教育活动都是反复研磨、一次次改进调整而来的。三年的工作室学习，告诉我，不聪明没关系，但是不用心、不勤写、不勤反思是绝对不可以的。

三、展望明天，向目标继续飞翔

虽然工作室即将结束，但是自己的成长之路还很长，每一天都是新的篇章，面对着未知的世界，自己还能做什么呢？在后浪推前浪的时代，自己是否还能不断前进？还能依然保持那份淡定？我想，我应该抛弃自己已拥有的成绩，保持自己适当明确的定位，向着既定的目标前进。

(一)潜心阅读——做永远的学习者

国画大师张大千先生曾说："要想去俗气、去浮气，而增逸气，第一要读书，第二要读书，第三还是要读书。"潜心阅读无论何时都是与时俱进的重要学习方法。只有在持之以恒的专心阅读中，才能产生思维的联想，迸发出智慧的火花。每次听刘老师讲话，总是感叹自己积累太少、阅读面太狭窄。而教师教育教学实践能力没有一定的理论基础作支撑是很难实现突破与长远发展的。"不积跬步，无以至千里。"阅读可以让我们静下心来回味书中的真谛；阅读可以让我们获得最新的信息；阅读可以让我们产生冲动和灵感。所以我会努力让自己学会潜心阅读，做一个永远的学习者。

(二)潜心实践——做坚定的耕耘者

记得一位学者说过一句话："不管今后如何，我都会为我永远是一位老师感到欣慰!"她对自己工作的热爱、执着也一直萦绕在我脑海中。作为教师，如果能对一份工作产生无限的"爱"意，是需要一种职业的修炼和做人的境界的。潜心实践——做坚定的耕耘者，需要勇气和毅力，更需要付出一种责任心。不断地实践为自己积累着经验，默默地耕耘为自己增加了自信。一名幼儿园老师，身上的责任很重大，我会为之不懈地努力，让自己成为一名好老师，拉近与名师的距离。

（三）潜心·研究——做精神上富有的教师

一个人真正的富有不在于拥有诸多钱物，而在于始终保持一种不断进取、成就全新自我的精神。一个人的物质财富是有限的，而精神财富却可以无限扩大，我愿意做精神上富有的老师。无论大小研究，它都可以促进教师的专业成长，它都可以激励教师在烦琐的工作中摆脱平庸，体会到研究后带来的幸福感。它都可以提高一线老师发现问题、解决问题的能力，感受理论与实践的碰撞，使教师在研究中学会思考、善于思考。三年工作室的学习与研究，让我体会到它带来的快乐，那就是班中的每个孩子都快乐、健康地成长着。他们就像无数颗智慧的小星星，不断努力使自己越来越明亮、越来越与众不同，他们就是我最大的财富。在以后的日子里，我还会将研究的心态和眼光运用到工作中，达到快乐研究、快乐工作的境界。

不管昨天是成是败，我们把今天握在手中，努力去奋斗，用信心和勇气成就美好的明天！相信自己就一定能成功！

牵手名师，幸福前行

陈　晶

时光荏苒，四年的工作室活动转眼已经结束，如今回首，心中满满的都是收获和成长的快乐。还记得刚得知自己成为刘老师工作室成员时的激动与兴奋。能有幸成为市工作室的培养对象本就是一份荣誉，能参加刘老师工作室对我来说更是一份缘分与幸运。自 2002 年"做中学"科学教育实验项目开始，我就有幸随我园课题组在刘老师的亲历指导下开展学习、研究，她令人钦佩的专业水平、严谨求实的工作作风一直以来都让我非常敬仰。因此，我当时对于即将开始的工作室活动真是满怀期待。

但最初，我对工作室的认识很片面，只是期望能在刘老师身边得到专业指导，以提高自己的教育教学能力。但随着工作室活动的逐步开展，我发现刘老师给予我们的引领绝不仅局限于教育教学。她更为关注的是引导我们朝着名师的方向前行。在刘老师的精心安排与谆谆教诲下，我深深地感受到了自己的成长与变化。

一、坚定成长信念——做有追求的幼儿教师

工作室的第一次活动，刘老师就将名师的标准摆在我们面前："名师应该是具有深刻内涵的骨干教师，他们要有高尚的情操和品质，要有高水平的专业化程度。""名师要乐于思考而不浮躁；能够合作而不自私自傲；会研究并能体会到教育科学的严谨与求实；尊重职业特点，保持纯洁而美好的心灵。"并向我们提出了希望，希望我们能够对照名师标准检视自己，明确目标，朝名师迈进。接下来的

四年，刘老师又带领我们走近了多位名师，让我们零距离聆听她们的成长发展之路，分享她们多年实践、研究的成果，更用自己的高尚人格、博爱情怀、敬业精神和真知灼见让我们看到了名师的风范……刘老师精心安排的一系列"走近名师"的活动让我对"个人成长"进行了重新的思考。"怎样理解成长？""我还要不要成长？""目前的我应该朝哪方面努力？""怎样才能更好地成长？"等问题经常会出现在我的脑海。对照名师标准和身边名师，我看清了自己的不足，看到了努力的方向，并开始思考自己的发展轨迹，规划自身的发展目标。

不仅如此，刘老师还针对我们每个人的情况和特点逐一帮助我们规划自身的发展，特别鼓励我不能迷失在繁忙的工作中，一定要勤于动笔、善于学习，明确研究目标和发展方向。作为业务干部不仅不能停下前进的脚步，反而更应注重自身的专业发展，只有这样才能更好地引领带动身边教师的成长，推动幼儿园教育教学质量的不断攀升。刘老师还给了我很多学习和锤炼专业功底的机会，参加农村幼儿教师培训项目，参与《3～6岁儿童学习与发展指南》修订等，让我开阔了视野，收获了成长。

四年来，在刘老师的引领指导下，我不断坚定了提高综合素养、实现自我超越的信念与追求，也对工作室的意义有了更深刻的认识。"以名师为榜样，重新树立自我超越的信念追求，向着自己职业生涯的新高度努力奋斗，以不负刘老师的培养与期望，也让自己有能力更好地为幼儿园服务，为教师们服务。"这是我在聆听国秀华老师讲座后的感悟中写到的，代表了我对自我专业成长的新的追求与信念。

二、一步一个脚印——做有发展的幼儿教师

在帮助我们树立成长目标的同时，刘老师还为我们精心勾勒了成长的路径。每一年，工作室都有不同的活动内容和实践任务，让我们磨炼心性、锻造品行，全面提升道德和专业素养。回望四年，每一次参加工作室活动，刘老师精心设计的内容、环环紧扣的安排、语重心长的教诲、深刻精辟的点评都会让我受益匪浅、意犹未尽；每一次完成工作室任务，思考、预设、实践、回顾、落笔、成文……每一个设计、每一篇反思、每一项总结都要经历一番自己与自己、实践与

理论的对话。

说实话，在忙碌的工作中还要参加工作室的活动，完成工作室的任务，自己确实付出了很多辛劳，甚至还经历过纠结与不解。记得刘老师初次让我们运用《作品取样系统》观察幼儿时，我就曾有些畏难和排斥。我又不是带班教师，怎么系统地观察孩子呀。但咬牙做了一轮后，我渐渐感受到了它的魅力，体会到了科学系统的观察对改进教学的意义，更理解了刘老师的良苦用心。如今，每一次翻看工作室活动资料和四年来的作业，特别是运用"作品取样系统"观察幼儿、开展研究的一篇篇观察笔记和专题总结，总会让我深深地体味到充实和幸福。

成长必须要付出努力，成为教师培养工作室的成员，背负着幼儿园、工作室主持人、市教委领导的殷切期望，背负着为首都幼教事业的未来贡献力量的历史使命，必须要克服自身各种困难积极参加活动、完成任务，逐步实现自我超越与发展，才能不负众望。何况与真正的名师相比，我们的付出还远远不够，我们的差距还很悬殊。身处教师培养工作室这样好的平台之上，我们没有理由停下前进的脚步。

四年来，我有五篇论文和案例分别在市、区教育学会、科普协会等论文评选中获得一、二等奖，四篇文章在《学前教育》《北京教育研究》《崇文教育研究》中发表，并在 2007 年、2010 年连续两届被评为北京市骨干教师，多次被评为区级先进工作者。我参与的课题"幼儿园探究式科学教育研究与实践"获中国教育学会全国优秀教育科研成果二等奖，崇文区"十一五"中期优秀教育科研成果一等奖，其成果集《让幼儿在探究中学科学》一书也已由北京师范大学出版社公开出版发行。

三、在研究中成长——做有深度的幼儿教师

盘点自己四年来的收获与成绩，最让我自豪和感动的就是摆在案头近 3 万字的专题研究总结——《为幼儿的美术表达提供有效的支持》。这份总结对我的意义绝不仅仅是一份凝结了汗水的研究资料和总结论文，更重要的是在开展研究和撰写总结的过程中自己在观察和了解儿童对美术教育的认识与实践、美工区域的创设与活动指导以及如何开展专题研究等方面获得了从理念到行为的全面提升。

(一)看见儿童——认识上的新飞跃

刘老师布置的"运用作品取样系统开展专题研究"这一任务，打破了我惯有的

思维模式，让我静下心来从幼儿出发，以观察了解幼儿为前提开展研究。在亲历了这样一轮研究之后，我对研究的认识更加深入了，教育的对象是儿童，教育研究首先要观察和研究儿童，要在了解他们真实表现的基础上判断它们的发展水平与兴趣需求，并以此为依据进行教育的判断、研究教育的策略。而且，对儿童的观察与了解应贯穿研究的始终，在教育实施的过程中更应该时时关注幼儿，不断调整教育，才能获得更为有效的教育策略。运用"作品取样系统"开展专题研究让我体验到了研究的真谛——发现儿童、发现教育。

（二）学会观察——实践上的新收获

对幼儿的观察和了解常常是我们感到最困难的，在学习和运用"作品取样系统"开展的这次研究中，刘老师手把手地指导我们，帮助我们把握好评价的指标，制订好研究的计划，改变了我以往的观察方式，让我对幼儿的了解不再局限于某一个时间点上，避免了对幼儿已有经验和原来水平不了解以及由幼儿情绪造成的判断不准确的问题。此外，"作品取样系统"还让我们学习到了更多的观察方法，在实践中尝试运用之后我发现我们对幼儿的了解更加多角度，收集的资料也更加丰富，对幼儿的判断也自然更加客观准确了。

（三）深度研究——经验上的新提升

在刘老师和工作室同伴的指导帮助下，我对"美工活动对幼儿发展的意义"进行了重新的思考，将"如何为幼儿的个性化表现提供支持和引导，让幼儿的艺术表达能力获得有效提升"定为研究的重点。研究视角的转变和对幼儿的潜心观察让我们看到了美工区环境创设与教师指导中的问题，分析了幼儿用多种材料进行表达所需要的关键经验，很好地拓展了思路，并总结梳理了"吸引幼儿材料选择的策略""支持幼儿创作表达的策略""欣赏倾听幼儿表达的策略""丰富和提升幼儿表现的策略""主题化美工区的选择与指导策略"等实践策略，获得了良好效果。

感谢市教委为我们搭建了北京市学前教师培养工作室这样好的学习成长的平台；感谢四年来刘老师的悉心关怀、辛勤施教和专业引领，工作室伙伴们的关心和帮助，以及我所在幼儿园朱小娟园长和老师们的鼓励与支持。我会将这四年的收获沉淀，进一步坚定信念、执着追求、锻造品性、历练专业，朝着名师迈进。

附录　幼儿园教师教育能力等级评价操作手册

幼儿园教师教育能力评价表①

领域	能 力	标 准	1级 （不合格）	2级 （合格）	3级 （良好）
一、班级环境创设与利用能力	1. 营造良好的师幼关系与班级氛围	◇师生和幼儿同伴关系积极友好 ◇班级充满关爱			
	2. 充分利用和合理安排空间	◇充分挖掘和利用空间来支持幼儿活动 ◇活动区域的设置与安排合理			
	3. 提供和制作适合的玩具材料	◇班级玩具材料充足，适合幼儿操作 ◇玩具材料具有开放性，便于幼儿自由取放 ◇有至少三成的自制玩具和自然材料			
	4. 创设适宜的墙饰	◇主题墙饰与其他墙饰配合 ◇兼具教育性与艺术性 ◇高低适宜，幼儿参与程度高			
二、一日生活的组织与保育能力	5. 建立合理的班级秩序与规则	◇作息安排与生活常规合理 ◇班级秩序井然 ◇幼儿积极主动、自由快乐			
	6. 合理安排和组织一日生活环节	◇计划中充分体现合理安排一日生活的各个环节和各种活动 ◇安排合理，既满足幼儿需要又能发展幼儿自主性和独立性 ◇既有稳定性，又有灵活性			

① 本评价表与下文的评价操作手册均属课题研究成果。课题负责人：刘占兰；参与文本起草的主要人员：陈晶、陈立、杨丽欣、梁燕京、朱金岭；参与讨论修改完善的主要人员：管培红、高美娇、何娟。

领域	能　力	标　准	1级 （不合格）	2级 （合格）	3级 （良好）
二、一日生活的组织与保育能力	7. 实现保教结合	◇保教人员合理分工协作 ◇考虑到幼儿身心健康与呵护			
	8. 善于随机教育	◇发现并利用各种教育契机进行个别教育 ◇善于生成有意义的活动			
	9. 有效保护幼儿安全、健康	◇提前预见和避免活动中的不安全因素 ◇及时发现幼儿的身体不适并妥善处理 ◇妥善处理日常事故及其他紧急情况 ◇进行适合幼儿年龄特点的健康与安全教育			
三、游戏活动的支持与引导能力	10. 提供游戏机会与适宜内容	◇保证幼儿游戏时间 ◇有条件开展各种类型的游戏 ◇内容健康，符合幼儿年龄特点，尊重幼儿意愿			
	11. 材料丰富、适宜	◇各种游戏区域内的材料数量种类丰富 ◇材料能支持、引发和促进幼儿游戏			
	12. 鼓励幼儿自主游戏	◇自选内容，自己决定玩什么 ◇自选伙伴，自己决定跟谁玩 ◇自选材料，自己决定用什么材料和怎么用			
	13. 适时、适当地引导幼儿在游戏中发展	◇根据游戏特点适宜地引导幼儿获得身体、认知、语言和社会性的发展 ◇注意促进幼儿发展以满足其游戏快乐为前提，渗透自然不勉强 ◇教师介入游戏的方式、时机适宜，效果良好			

领域	能　力	标　准	1级 (不合格)	2级 (合格)	3级 (良好)
四、教育活动的计划与实施能力	14. 有明确适宜的教育计划	◇有长短期兼顾、适宜的目标 ◇有全面的计划与安排 ◇有具体的活动方案，目标、内容、形式和方法适宜 ◇考虑到教育在生活中的渗透			
	15. 能观察幼儿并适时调整活动	◇能观察和判断幼儿的需求和发展水平 ◇能在观察判断的基础上了解幼儿，给予幼儿适宜的指导 ◇能灵活调整计划和方案			
	16. 活动的组织形式与方式适宜	◇具有趣味性、综合性和生活化特点 ◇灵活运用集体、小组和个体活动形式			
	17. 鼓励和支持幼儿活动中的主动学习	◇教育情境创设引发主动学习 ◇引导与回应适宜，有促进性 ◇因人施教过程中关注到幼儿的个别差异 ◇幼儿有较多操作探索、交流合作、表达表现的机会 ◇能促进幼儿多方面发展			
五、激励与评价能力	18. 运用积极评价	◇关注幼儿日常表现，及时发现和赏识幼儿的点滴进步			
	19. 运用以观察为主的多种评价方法	◇能运用观察、谈话、作品分析获取信息，客观了解幼儿和评价幼儿 ◇能与其他保教人员及家长沟通获取评价信息 ◇注重幼儿的学习过程和发展变化 ◇能够全面评价			

续表

领域	能　力	标　准	1级（不合格）	2级（合格）	3级（良好）
五、激励与评价能力	20.有效运用评价结果	◇了解和判断幼儿发展水平 ◇指导和改进教育教学 ◇向家长反馈，共同商讨教育对策			
六、沟通与合作能力	21.善于与幼儿沟通	◇使用符合幼儿年龄特点的语言和沟通方式 ◇善于倾听，和蔼可亲，尊重幼儿			
	22.与同事共同发展	◇能与同事交流、分享经验和资源 ◇能与同事合作 ◇能与同事互助			
	23.与家长沟通合作	◇与家长建立平等关系 ◇与家长有效沟通 ◇与家长共同商讨促进幼儿发展的对策			
七、反思与发展能力	24不断反思	◇主动从多方面收集相关信息 ◇进行不同形式的反思 ◇依据反思结果改进保教工作			
	25.探索和研究	◇有研究意识和能力 ◇针对保教工作中的现实需要和问题，进行探索和研究			
	26.实现专业发展	◇制订切实可行的专业规划 ◇通过多种途径和方式实现规划目标和内容			

幼儿园教师教育能力评价操作手册

一、环境的创设与利用

1. 营造良好的师幼关系与班级氛围

标准：

◇师生和幼儿同伴关系积极友好

◇班级充满关爱

不合格

——班级氛围紧张安静，或过于吵闹。

——教师与幼儿交流互动严格、高控，消极评价和批评较多，师幼关系疏离。

——教师明显喜欢个别幼儿，而不喜欢一些幼儿。

——幼儿间冲突较多，解决方式简单粗暴，相互间负面评价多。

——教师间关系不够协调，要求不一致。

合格

——幼儿情绪愉快地进行活动，教师的声音低柔。

——教师经常以温和的、支持性的方式回应幼儿，并对幼儿的主动交往做出积极反应。

——教师多以正面、鼓励性语言组织、指导和评价。

——同伴关系友善，幼儿能运用一些交往策略。

——教师间关系融洽、及时沟通、要求一致。

良好，即在合格的基础上还能做到

——幼儿总是发出愉快的声音，高兴匆忙地进行活动、轻松地交谈。

——教师能与幼儿间进行个别交往，交往中师幼都感到自然、亲切。

——教师能引导幼儿选择有意义的活动。

——教师关注和接纳幼儿的各种情绪反应，及时给予适宜的安慰和疏导。

——教师关注每一个幼儿，公平公正地对待幼儿间的差异。

——同伴关系积极、友善；能运用适当的交往策略和友好的方式解决冲突。

2. 充分利用和合理安排空间

标准：

◇充分挖掘和利用空间来支持幼儿活动

◇活动区域的设置与安排合理

不合格

——教室布局小学化，没有活动区域划分或区角很少，不符合幼儿年龄特点。

——不能充分利用和合理规划与安排空间，幼儿活动空间少，难以开展各类活动。

——设施设备不能正常使用，布置与摆放存在安全隐患。

——幼儿毛巾、水杯、被褥等个人用品没有固定位置，不能专人专用。

合格

——活动室清晰地划分为若干个活动区域，设置合理，区域间相对隔离。

——能充分利用和合理安排空间，能满足幼儿自由开展各种活动。

——设施设备处于良好的使用状态，且布置与摆放安全卫生，玩具材料和图书等便于幼儿独立取放和使用。

——桌椅、玩具柜、饮水器等有相对固定的位置，幼儿毛巾、水杯、被褥等个人用品固定位置、专人专用。

良好，即在合格的基础上还能做到

——活动区域类别多样，内容与数量符合幼儿年龄特点与活动需求，并能根据幼儿的发展与活动需求适时调整。

——区域设置因地制宜，空间充足、动静分开。

——根据区域功能设置相适宜的空间设施和环境布置。

——区域安排既能让教师顾及全体幼儿，又能有侧重地开展个别指导，行走
　　通道便利。

3. 提供和制作适合的玩具材料

标准：

◇班级玩具材料充足，适合幼儿操作

◇材料具有开放性，便于幼儿自由取放

◇有至少三成的自制玩具和自然材料

不合格

——玩具材料数量少、种类单一。

——玩具材料不能保证其安全无毒、卫生清洁；

——玩具材料不符合幼儿年龄特点。

——没有或较少的自制玩教具。

——玩具材料由教师分派，摆放位置不便于幼儿的自主取放、整理和独立
　　使用。

合格

——玩具材料数量充足、种类多样。

——玩具材料安全、无毒、无害，坚固、卫生且便于清洁。

——玩具材料符合幼儿年龄特点。

——利用成品玩具、原始材料、生活用品、废旧材料、工具等多种资源，为
　　幼儿提供和制作玩具材料，自制玩具和材料三成以上。

——玩具材料具有操作性，幼儿能够自主动手操作摆弄。

——玩具材料摆放固定、有序、开放，高度适宜，附有标识，有利于幼儿的
　　自主取放、整理和独立使用。

良好，即在合格的基础上还能做到

——根据活动区域功能，结合当前教育目标内容、幼儿发展水平和兴趣需求
　　收集和投放玩具材料，并随教育目标、幼儿发展和活动需求及时更换和
　　调整。

——有适于不同发展水平幼儿的玩具和操作材料，具有层次性。

——与幼儿共同讨论和收集玩具材料，并允许幼儿将自己喜爱的玩具带来与大家分享。

——让幼儿参与制作，体验制作玩具的过程和快乐。

4. 创设适宜的墙饰

标准：

◇主题墙饰与其他墙饰配合

◇兼具教育性与艺术性

◇高低适宜，幼儿参与程度高

不合格

——没有墙饰布置或明显小学化。

——墙饰内容只重视艺术性，缺乏教育性。

——高度不便于幼儿观察与操作。

——幼儿没有参与，或者只悬挂幼儿作品。

合格

——合理利用墙面，设置不同功能和类型的墙饰。

——墙饰呈现方式直观形象、有童趣，教育性与艺术性兼顾。

——墙饰布置高低适宜，便于幼儿观察和互动。

——能利用自然物和废旧材料，师幼共同布置。

——墙饰内容与课程、幼儿的活动有联系。

良好，即在合格的基础上还能做到

——师幼共同设计和布置墙面

——墙饰内容随幼儿的活动和学习进展逐步丰富和调整。

——墙饰使用后的收藏方式便于幼儿继续使用。

二、一日生活的组织与保育能力

5. 建立合理的班级秩序与规则

标准：

◇作息安排与生活常规合理

◇班级秩序井然

◇幼儿积极主动、自由快乐

不合格

——作息时间安排明显小学化，不符合幼儿年龄特点。

——生活常规机械死板，不具有可调整性。

——幼儿对常规的理解和熟悉不够，经常需要教师提醒。

——幼儿活动的自主性和自由性受限。

合格

——作息时间安排符合幼儿年龄特点，能结合季节变化适当调整。

——生活常规的内容和形式幼儿能够理解和熟悉。

——师生共同遵守和维护规则，各种活动自然有序。

——幼儿比较积极主动地参与活动，有自由快乐的表现。

良好，即在合格的基础上还能做到

——生活常规的内容非常有助于培养幼儿良好的行为习惯。

——有些生活常规的内容教师和幼儿共同交流、协商制定。

6. 合理安排和组织一日生活环节

标准：

◇计划中充分体现合理安排一日生活的各个环节和各种活动

◇安排合理，既满足幼儿需要又能发展幼儿自主性和独立性

◇既有稳定性，又有灵活性

不合格

——在环节和时间安排上只有集体教学和户外活动。

——过渡环节以集体等待为主；或者混乱无序。

——环节安排死板，不能根据情况进行调整。

——各个环节的组织形式单一。

合格

——各个环节的时间安排比较合理，基本符合幼儿的年龄特点和身心需要。

——过渡环节有组织，比较自然、有序。

——不同的环节有一些不同的组织形式，注意动静交替。

——能根据季节、天气、突发事件等因素的影响，适宜的调整环节安排的时间与顺序。

——在一日生活中，幼儿比较自主，情绪愉快。

良好，即在合格的基础上还能做到

——能科学、合理地安排一日生活，既有稳定性，又有灵活性。

——过渡环节的组织自然、有序，能够关注到幼儿的情绪状态和个别需要。

——能根据不同的环节和活动采取丰富多样的组织形式。

——能较好地根据不同幼儿的身体需要与个性需求适宜的调整。

7. 实现保教结合

标准：

◇与保育员合理分工协作

◇考虑到幼儿身心健康与呵护

不合格

——教师与保育员缺乏有效沟通和交接，有些工作要求不一致。

——对幼儿的生活护理管理不够细致，没有记录或记录不全面。

——不允许幼儿根据个体需要饮水、如厕。

——对于个别身体健康有问题的幼儿，没有及时采取措施。

——不重视幼儿的心理健康问题。

合格

——教师与保育员的目标一致，每日针对幼儿的身体状况都有简单的沟通和交接。

——能够按要求做好幼儿的生活护理，并全面、准确地记录。

——根据不同的活动内容和性质有适宜的身体健康方面的提示和保护措施的准备。

——在一日生活中，能关注幼儿的身体健康和心理状况，发现问题及时、快速、适宜地做出反应。

——培养幼儿自我服务的意识和能力，并给予一定的锻炼机会。

良好，即在合格的基础上还能做到

——教师与保育员有着丰富的生活护理常识和经验，能给予不同年龄、不同需要的幼儿以良好的照料。

——不仅在幼儿园而且鼓励家长在家里培养和锻炼幼儿自我服务的意识和能力。

——能与保健医生积极配合，对于体弱、肥胖儿、过敏体质等特殊幼儿有详细的帮助和照料措施。

——结合教育教学和生活活动等环节，有效开展身体和心理健康教育。

8. 善于随机教育

标准：

◇发现并利用各种教育契机进行个别教育

◇善于生成有意义的活动

不合格

——忽视幼儿的兴趣和需要，不能发现教育契机。

——刻板执行教学计划，不能抓住教育契机进行个别教育。

合格

——能关注幼儿的兴趣和需要，有进行随机教育的意识。

——在一日生活中，能抓住一些教育契机，有意识地根据目标进行教育渗透。

——在一日生活中能通过与幼儿个别或小组互动，进行随机教育。

良好，即在合格的基础上还能做到

——能比较密切地关注幼儿的兴趣和需要，并将其作为教育的生长点。

——在一日生活中，善于抓住随机教育的时机，自然有效地渗透教育。

9. 有效保护幼儿安全、健康

标准：

◇提前预见和避免活动中的不安全因素

◇及时发现幼儿的身体不适并妥善处理

◇妥善处理日常事故及其他紧急情况

◇进行适合幼儿年龄特点的安全与健康教育

不合格

——没有或不清楚安全应急预案。

——没有进行相关的安全演练活动。

——没有安全教育活动，偶尔会有简单的警告；

——对班级里的安全隐患不够重视，没有及时排除。

——出现安全问题时教师不能采取有效的应对措施。

合格

——有比较完善的安全和应急预案，保障措施与设备设施放在固定位置。

——班级每一位教师都了解和清楚安全和应急预案。

——确保班级和周边环境没有安全隐患，如果发现，及时、快速地解决。

——定期开展安全教育活动，并有不同的主题内容；环境中有安全提示的内容。

——带领幼儿参与安全演练活动，并能针对发现的问题与幼儿进行交流和讨论。

——根据本班幼儿出现的问题和一些社会上出现的安全问题进行教育，有一定的应对突发事件的意识和能力。

良好，即在合格的基础上还能做到

——将安全教育活动作为经常性的工作，并通过多种形式提高幼儿的安全意识和应对突发事件的能力。

——发现安全隐患后，能有意识地引导幼儿一起讨论解决的方法和策略，并付诸实施。

——注重家园合作中的安全教育。

——在安全演练活动中能关注并引导幼儿提高安全意识和自我保护能力。

三、游戏活动的支持与引导能力

10. 提供游戏机会与内容

标准：

◇保证幼儿游戏时间

◇有条件开展各种类型的游戏

◇内容健康，符合幼儿年龄特点，尊重幼儿意愿

不合格

——游戏时间无保证或时间不足，时间安排不合理。

——游戏活动类型单一，不能满足幼儿多方面发展的需要。

合格

——游戏时间有保证，时间安排基本合理。

——能够提供不同类型的游戏活动，满足幼儿多方面的发展需要。

——游戏内容健康且符合本班幼儿的兴趣和需要。

良好，即在合格的基础上还能做到

——游戏时间安排合理、充足，能充分满足本班幼儿的年龄特点。

——幼儿的游戏受到充分尊重，有些游戏区域因幼儿的提议而设置。

——游戏中幼儿自主、自由、快乐。

11. **材料丰富、适宜**

标准：

◇各种游戏区域内的材料数量和种类丰富

◇材料能支持、引发和促进幼儿游戏

不合格

——能提供材料，但数量少，品种单一，不能经常丰富或更换。

——区域材料不符合幼儿年龄特点及兴趣需要，无法支持幼儿开展相应的游戏活动。

——材料基本都是成品，自然物和自制材料没有或很少。

合格

——能提供充足的玩具和游戏材料，并随幼儿的兴趣和需要经常丰富或更换。

——区域内的材料能支持幼儿开展相应主题或内容的游戏活动。

——材料符合幼儿年龄特点及兴趣需要，有一定的适宜性和发展性。

——玩具材料具有很强的操作性和可变性，还能提供废旧材料、半成品、成品等多种性质的材料。

良好，即在合格的基础上还能做到

——能提供多种材料，材料充足且具有层次，能满足不同兴趣和不同水平幼儿的需要。

——材料具有结构性，能巧妙地物化教育目标和发展要求。

——能定期更换材料或提出新要求。

12. 鼓励幼儿自主游戏

标准：

◇自选内容，自己决定玩什么

◇自选伙伴，自己决定跟谁玩

◇自选材料，自己决定用什么材料和怎么用

不合格

——教师为幼儿指定或分配活动区；没有教师的允许幼儿不能自己选择活动区。

——教师要求幼儿使用规定的材料，或让幼儿按教师的要求使用材料。

——教师不允许幼儿根据自己的需要更换区域。

合格

——多数幼儿能按自己的意愿选择活动区域。

——幼儿在大多数情况下自由结伴进行游戏。

——幼儿基本上能按自己的设想活动。

——幼儿会使用玩具、材料、工具，会收拾整理。

良好，即在合格的基础上还能做到

——幼儿根据自己或伙伴的意见设定和变换游戏内容、目的、规则。

——教师支持幼儿能按自己的设想布置环境、进行活动。

——幼儿经常发起和创新材料的玩法。

——教师鼓励幼儿能把游戏中的新发现应用到其他活动中。

13. 引导幼儿在游戏中的发展

标准：

◇注意促进幼儿发展以满足其游戏快乐为前提，渗透自然不勉强

◇教师介入游戏的方式、时机适宜，效果良好

不合格

——没有关注幼儿的需要而生硬地介入幼儿的游戏，干扰和影响了幼儿的游

戏活动。

——忽视幼儿游戏的快乐，只注重引导幼儿认知和语言等方面的发展。

合格

——教师在幼儿有需要时介入游戏，基本上不干扰或影响幼儿活动。

——能够支持和引导幼儿的自主活动，发挥幼儿游戏的主体性。

——注意促进幼儿发展以满足其游戏快乐为前提，渗透自然。

良好，即在合格的基础上还能做到

——能够观察幼儿的游戏活动，根据不同幼儿的需要适时介入。

——通过适当的方式和角色支持引导幼儿的自主活动。

——能根据幼儿游戏的进展，适时适宜地促进幼儿各方面的发展。

四、教育活动的计划与实施能力

14. 有明确适宜的教育计划

标准：

◇有长短期兼顾、适宜的目标

◇有全面的计划与安排

◇有具体的活动方案，目标、内容、形式和方法适宜

◇考虑到教育在生活中的渗透

不合格

——没有计划或者计划不完善。

——教育活动目标不符合幼儿年龄特点。

——内容不符合幼儿年龄特点，远离幼儿生活。

——方法以讲授为主，不够生动、活泼。

合格

——有明确完整的计划，能够制订学年、学期、月、周、日、课时计划。

——教育目标符合本班幼儿实际水平，体现《3～6 岁儿童学习与发展指南》倡导的发展方向。

——能考虑全班幼儿的普遍需求和兴趣，也能兼顾不同幼儿的差异和个别

需要。

——能选择生动有趣、贴近幼儿生活、符合幼儿年龄特点的学习内容。

——能根据幼儿特点、教育目标和内容选择，使用多种教学方法和组织形式。

良好，即在合格的基础上还能做到

——计划具体，操作性强，各类计划间有横向和纵向联系，兼顾近期发展和长远目标。

——制订和实施教育活动计划时能灵活使用预设和生成两种活动途径。

——教育内容既符合幼儿当前发展水平又具有一定挑战性，并能在生活中随机渗透。

——能依据幼儿特点、需要和目标，合理选择适宜幼儿学习的多种方式开展教学。

——教学方法灵活，有利于支持和激发幼儿主动学习、建构经验，获得进步和发展。

15. 能观察幼儿并适时调整活动

标准：

◇能观察和判断幼儿的需求和发展水平

◇能在观察判断的基础上了解幼儿，给予幼儿适宜的指导

◇能灵活调整计划和方案

不合格

——按预先设计的方案进行教学活动，忽视幼儿的兴趣需要。

——对于幼儿出现的问题视而不见或不知如何应对。

合格

——教学中既按计划教学又能考虑到幼儿的反应。

——当幼儿兴趣转移时，能关注并给予一些回应。

——能根据幼儿的情况、各种条件的变化适当调整教学计划。

良好，即在合格的基础上还能做到

——重视并能看到幼儿兴趣点的转移，或与教学目标出现不一致时，能较准确地判断其价值，并顺应幼儿发展需要，及时灵活调整目标、内容和

方法。

——能将活动区和生活中幼儿感兴趣且具有教育意义的事件生成教育活动。

16. 活动的组织形式与方法适宜

标准：

◇具有趣味性、综合性和生活化特点

◇灵活运用集体、小组和个体活动形式

不合格

——活动形式和方法比较单一，幼儿没有兴趣。

——幼儿的听和看较多，动手动脑和表达表现机会较少。

——教育教学活动多以集体方式进行，以室内活动为主。

合格

——活动方式灵活富有趣味性，动静交替。

——幼儿的动手动脑、探索操作和表达表现机会较多，学习过程比较生动活泼。

——能根据活动内容、计划和方案，以及幼儿在活动中的反应，运用集体、小组和个体等不同的活动方式。

——对《幼儿园教育指导纲要》和《3～6岁儿童学习与发展指南》中各领域目标和核心价值有基本了解，能在教学中有意识地融入各领域目标。

良好，即在合格的基础上还能做到

——能灵活地将教育教学活动与区域活动建立有机的联系，如将活动区作为教育教学的引子，将幼儿仍有兴趣的教育教学活动在活动区继续和延展。

——把教育教学活动与日常生活建立联系。对《幼儿园教育指导纲要》和《3～6岁儿童学习与发展指南》中各领域目标和核心价值有较好的了解和把握，做到心中有目标，眼中有孩子，处处有教育。

——能抓住教育契机，随机引导或生成新的活动。

17. 鼓励和支持幼儿活动中的主动学习

标准：

◇教育情境创设引发主动学习

◇引导与回应适宜，有促进性

◇因人施教，过程中都关注到幼儿的个别差异

◇幼儿有较多操作探索、交流合作、表达表现机会

◇能促进幼儿多方面发展

不合格

——创设的教育情境有教育意义，蕴含教育目标，但幼儿不感兴趣。

——对幼儿的语言、动作、行为等反应不关注、不回应。

——对活动中出现的个体需要和个体差异不关注。

——单向灌输较多，幼儿没有或很少有自主探索与表达的机会。

合格

——创设的教育情境有教育意义，蕴含教育目标，能引发幼儿参与活动的兴趣。

——能关注幼儿的兴趣需要，并恰当地运用表情、动作、语言给予幼儿行为积极回应和适宜的支持引导。

——能利用一些资源和材料、形式，支持幼儿自由探索和自主操作。

——能有意识的为幼儿创造讨论、交流、表达的机会和条件。

——能关注到幼儿的个体差异。

良好，即在合格的基础上还能做到

——能创设适宜的问题情境、提供不同层次的材料，激发不同经验水平幼儿的主动学习和探索兴趣。

——活动中注重观察幼儿，尊重、倾听和接纳幼儿想法和做法，针对幼儿不同特点和学习方式、速度给予有针对性的支持、鼓励和引导。

——幼儿富有个性的想法和做法得到尊重和支持，幼儿有自信和成功的体验。

五、激励与评价能力

18.运用积极评价

标准：

◇关注幼儿日常表现，及时发现和赏识幼儿的点滴进步

不合格

——评价以各种测查为主，忽视幼儿日常生活中的行为表现。

——评价的重点在于发现幼儿的缺点和不足。

——注重幼儿的学习结果，不注重幼儿在原有水平上的发展和进步。

合格

——关注幼儿在日常生活中的表现，并将其作为评价信息的主要来源。

——评价的重点在于发现幼儿的优点和进步，关注幼儿的学习过程和多方面
　　的发展。

——为每个幼儿建立发展档案，记录幼儿的发展和进步。

良好，即在合格的基础上还能做到

——评价能关注每一个幼儿的发展，总是从积极的角度评价和引导幼儿。

——能判断幼儿的需求和原有经验水平，提供适宜的支持和引导，促进每一
　　个幼儿在原有水平上的发展。

19. 运用以观察为主的多种评价方法

标准：

◇能运用观察、谈话、作品分析获取信息，客观了解幼儿和评价幼儿

◇能与其他保教人员及家长沟通获取评价信息

◇注重幼儿的学习过程和发展变化

◇注意全面评价

不合格

——按部就班地进行教育教学活动，评价只在学期开始和学期末进行。

——评价方式以测查为主，观察、谈话、作品分析不多。

——对幼儿的评价依据其教育教学活动中的表现较多，从幼儿游戏活动和生
　　活活动中获得信息较少。

合格

——能针对评价的目标和对象，运用观察、谈话、作品分析等常见的评价手
　　段和方法，获得比较全面、客观的信息。

——能对幼儿在日常生活活动、游戏活动、教育教学活动和户外活动等各种
　　活动中的表现进行评价。

——根据幼儿言行，依据《3～6岁儿童学习与发展指南》五大领域的发展目标和典型表现，获得幼儿发展的全面信息。

——能从搭班教师、保育员、园领导以及家长、幼儿同伴等方面多渠道获得有关幼儿的信息。

良好，即在合格的基础上还能做到

——能针对有个别需要的幼儿进行连续的观察与评价，并给予适宜的支持与引导。

——能综合运用以观察为主的多种方法和手段，开展专题研究，以便更好地理解幼儿和创造性地开展教育教学。

——为幼儿建立具有连续性的反映发展过程的成长档案，有序地呈现并利用幼儿的发展信息。

20. 有效运用评价结果

标准：

◇了解和判断幼儿发展水平

◇指导和改进教育教学

◇向家长反馈，共同商讨教育对策

不合格

——不会运用获得的相关信息分析、判断幼儿的发展水平。

——评价结果只为了评价幼儿，很少与改进教学相联系。

——对家长反馈时较多地反映儿童的消极方面和不足之处。

合格

——综合分析收集到的各种信息，比较客观、准确地判断幼儿的需求和经验水平。

——参考评价结果制订更适宜的班级保教计划。

——适当利用观察获得的信息和评价结果，改进教育教学、游戏活动、生活活动等，更好地满足幼儿身心发展的需要。

——对家长反馈时能更多地反映儿童发展的积极方面，指出问题时注意保护幼儿的自尊心和自信心，策略地指出少数最突出的问题。

良好，即在合格的基础上还能做到

——定期对幼儿的发展进行综合分析与评价，并将其作为改进教育和引导策略的重要依据。

——根据观察和评价信息，及时发现问题，通过与同班教师的沟通协商，共同解决问题，改进保教工作。

——根据观察和评价信息，发现有特殊需求的幼儿，积极正面的引导和评价幼儿，并和家长共同协商给予具体可行的指导和帮助。

六、沟通与合作能力

21. 善于与幼儿沟通

标准：

◇使用符合幼儿年龄特点的语言和沟通方式

◇善于倾听，和蔼可亲，尊重幼儿

不合格

——倾听和及时回应幼儿不够。

——与幼儿沟通时语言成人化，沟通方式单一。

——沟通时忽略幼儿情绪，增加幼儿紧张感。

合格

——态度亲切和蔼，能认真倾听孩子的表述，及时回应。

——沟通时注意距离与姿势，接近和亲近幼儿，与幼儿平视。

——沟通语言易为幼儿接受，结合幼儿特点和具体情况，能采用不同的方式和方法。

——沟通中幼儿情绪稳定、愉快。

良好，即在合格的基础上还能做到

——沟通时肢体语言和姿态能保持认真倾听和接纳的态度，做到及时有效的应答。

——在一周内至少与每个幼儿有一次有目的的沟通。

——能针对不同幼儿的特点和当时的情况，采取适宜的方式和方法。

——幼儿在沟通时情绪愉悦，并能得到心理和情感的满足。

22. 与同事共同发展

标准：

◇能与同事交流、分享经验和资源

◇能与同事合作

◇能与同事互助

不合格

——只做自己的工作，没有与同事沟通交流的意识。

——很少与同事就幼儿发展和保教工作沟通交流、协商。

——不能很好地与同事合作，难以共同完成工作任务。

合格

——能与同事进行交流，通过不同形式分享经验、互相启发。

——能就幼儿发展和保教工作经常与同班、同年级的教师等进行沟通与合作，相互帮助。

——能与同事团结协作，共同完成日常工作任务或研究任务。

良好，即在合格的基础上还能做到

——能以尊重、真诚和开放的态度，与同事进行日常和学期的沟通与交流。

——通过多种形式与同事分享教育资源，探讨教育案例，研究个性化的教育方案，总结教育经验。

——在各项活动中都能团结协作，主动承担任务，有集体荣誉感。

23. 与家长沟通合作

标准：

◇与家长建立平等关系

◇与家长有效沟通

◇与家长共同商讨促进幼儿发展的对策

不合格

——没有或很少与家长沟通。

——沟通方式单一，对家长单向说教多，倾听家长想法和需求少。

——与家长沟通的内容以告知幼儿不良表现为主。

合格

——经常与家长沟通，能够倾听并理解家长的想法和需求。

——能通过家长会、家长园地、开放日或信息化手段等，主动与家长进行交流，保持沟通渠道的多样性。

——与家长沟通的内容以交流幼儿的发展与进步为主，吸引家长参与和支持幼儿教育，及时传递科学育儿的信息，宣传科学育儿的方法、手段。

良好，即在合格的基础上还能做到

——通过多种方式了解不同家长的需要，满足家长的合理需求。

——根据家长和幼儿的实际情况，采取不同的沟通方式，分层分类地进行沟通。

——共同建立幼儿成长档案，能够针对每个幼儿的不同需要商讨个别化的教育方案，并能与家长共同实施。

七、反思与发展能力

24．不断反思

标准：

◇主动从多方面收集相关信息

◇进行不同形式的反思

◇依据反思结果改进保教工作

不合格

——反思意识欠缺，不注意收集各种反馈信息。

——不能完成日常和定期的反思任务。

——反思流于形式，不能结合自身实际工作进行反思。

合格

——具有教育反思的意识，结合实际工作需要进行定期和随机反思。

——能通过多种方式，从幼儿、同事、家长等方面来收集保教工作实际效果的相关信息。

——认真对待日常的信息反馈并及时给予回应。

——能够总结和分析收集到的信息，制订可行的改进方案，并实施整改。

良好，即在合格的基础上还能做到

——能从儿童表现和教师行为等不同角度进行反思，针对性强。

——对于所收集的信息能认真、客观地梳理和分析，并能结合教育目标、幼儿发展情况与园所工作重点，制订可行、可检的方案，采取有效措施改进教育。

——通过个人反思、同伴互助、专家引领，以书面反思和口头反思等不同形式，进行教育反思。注重从儿童发展、教育目标、教育途径、效果反馈等多方面进行深入反思。

25. 研究和探索

标准：

◇有研究的意识和能力

◇能针对保教工作中的现实需要和问题，进行探索和研究

不合格

——缺乏研究意识，不愿意参加研究活动。

——不能发现日常工作中出现的问题。

合格

——对日常工作中出现的问题有观察和思考的习惯。

——能够参与不同形式的研究活动。

——能将学习到的教育理论和方法应用于解决实际问题。

——能对自身的实际工作进行总结和梳理。

良好，即在合格的基础上还能做到

——在日常工作中自发地开展研究，并能发现有价值的实践问题。

——能在实践工作过程中创造性地开展创新性的实践研究。

——能独立开展研究，也能与他人开展合作研究。

——能将研究结果用于改进教育实践。

26. 实现专业发展

标准：

◇制订切实可行的专业规划

◇通过多种途径和方式实现规划目标和内容

不合格

——缺乏专业规划与发展意识，未制订个人成长规划。

——规划不切实际，目标不具体，内容不明确，措施无法落实。

——未能依据规划参加相应活动，不能保证规划落实。

合格

——结合幼儿园的发展规划以及自身的成长阶段，制订个人成长规划。

——能根据实际情况制订专业成长方案，有明确的阶段目标和发展方向，有
　　具体可检测的量化指标，有可以操作和落实的措施和手段。

——能依据规划参加各种学习、培训和研修活动。

——定期对照规划进行自我评价，及时改进调整，保证规划的落实。

良好，即在合格的基础上还能做到

——能从自身优劣、机会和挑战进行多角度的分析，并制订既有针对性又有
　　发展性的个人专业发展规划。

——能结合幼儿园整体规划，将个人发展和园所发展、团队建设联系起来，
　　兼顾个人发展和园所发展。

——在园本研修中不断自我提高，并发挥骨干作用。

后 记

　　2008 年 3 月的北京，乍暖还寒，北京市首批学前教育名师工作室成立了。我们来自东城、西城、朝阳、崇文四个城区的 10 位市级骨干教师，怀着激动与兴奋、期待与忐忑的复杂心情相聚在了刘占兰老师的工作室。

　　回顾四年多的成长，老师们如同经历了加长的春夏秋冬，感受丰富，经历难忘。在对照榜样和反思中找到了自身与名师的差距，明确了走向名师的路径和方向；在根据自己的经验基础和兴趣爱好开展专题研究的过程中，体会到了教育的内涵与意蕴；在细心、系统观察孩子们的过程中，感悟到了他们的灵性与发展规律；在学习与思考、研究与探索、实践与感悟中，提升了专业能力，形成了教育智慧，修炼了人性与师德。专家的引领和帮扶让我们感激，成长的艰辛与快乐让我们难忘！

　　现在的我们，从认识到行为，从外在到内涵，都发生了根本性的变化，也可以说是"质"的飞跃。这其中，有北京市教委的支持、工作室所在幼儿园的帮助，有专家的引领、同伴的互助，更有老师们自身的努力和不断发生的蜕变。应该说，每一位教师的进步与成长都是多方面力量共同作用的结果。感谢工作室！感谢刘老师不离不弃和我们并肩前行！感谢所有支持和帮助我们的人！

　　当前呈献给大家的这本书，还不是我们真正作为名师的作品，而是我们在向着名师方向前行的途中留下的一些深浅不一的足迹。我们以开放和热情的姿态，恳请同行们批评指正！由于水平和时间有限，疏漏难免，也真诚期望同行们不吝赐教！

杨丽欣　执笔